青銅器時代 住居址 集成
청동기시대 주거지 집성

● 편집인

손준호

1972년 서울 출생
1998년 고려대학교 고고미술사학과 졸업
2002년 고려대학교 대학원 문화재학과 고고학전공(석사)
2006년 고려대학교 대학원 문화재학과 고고학전공(박사)
현재 고려대학교 한국고고환경연구소 책임연구원

논문 및 저서
2002, 「금강유역 송국리문화단계의 지석묘 검토」, 『고문화』60
2002, 「한반도 출토 반월형석도의 변천과 지역상」, 『선사와 고대』17
2003, 「반월형석도의 제작 및 사용방법 연구」, 『호서고고학』8
2003, 「마제석기 분석을 통한 관창리유적 B구역의 성격 검토」, 『한국고고학보』51
2004, 「금강유역 송국리문화의 군집 저장공 연구」, 『과기고고연구』10
2005, 「청동기시대 마제석기 연구의 현황과 문제점」, 『국립공주박물관기요』4
2005, 「마제석기 사용흔분석의 현황과 한국에서의 전망」, 『호남고고학보』21
2006, 「북한지역 청동기시대 마제석기의 변화상」, 『호서고고학』14
2006, 「한일 청동기시대 석기 비교」, 『영남고고학』38
2006, 『청동기시대 마제석기 연구』
2007, 『야요이시대의 석기』(번역)
2007, 「마제석촉의 변천과 형식별 기능 검토」, 『한국고고학보』62
2007, 「송국리유적 재고」, 『고문화』70
2008, 「朝鮮半島における磨製石劍の展開と起源について」, 『地域・文化の考古學』

고려대학교 한국고고환경연구소 학술총서 7

청동기시대 주거지 집성 II

초판인쇄일	2009년 1월 3일
초판발행일	2009년 1월 10일
편 집 인	손준호
발 행 인	김선경
발 행 처	도서출판 서경문화사
	주소 : 서울 종로구 동숭동 199 - 15(105호)
	전화 : 743 - 8203, 8205 / 팩스 : 743 - 8210
	메일 : sk8203@chollian.net
인 쇄	한성인쇄
제 책	반도제책사
등 록 번 호	제 1 - 1664호

ISBN 978-89-6062-038-4   93900

정가 21,000원

청동기시대 주거지 집성 II

- 충청남 · 북도 -

손준호

서경문화사

일러두기

1. 본 책에서는 대전광역시, 충청남도, 충청북도에 위치하는 유적 가운데 2008년 6월 25일까지 발간 및 배포된 보고서만을 검토 대상으로 하여, 청동기시대에 해당하는 주거지 도면을 모두 집성하였다.

2. 청동기시대의 시기구분은 최근의 연구성과에 따라 전기와 후기로 나누었으며, 초기철기시대에 해당하는 유구는 검토 대상에서 제외하였다. 단, 초기철기시대의 유물이 청동기시대 후기 유물과 공반하는 경우는 검토 대상에 포함시켰다.

3. 유적 및 유구에 대한 세부 내용은 대부분 보고자의 견해를 그대로 따랐으나, 일부 생각을 달리하는 부분은 수정한 내용을 별도로 기술하였다.

4. 주거지의 축척은 모두 1/100로 통일하였으나, 편집상 이를 벗어나는 경우는 도면 하단에 따로 표시하였다.

5. 주거지의 화재 유무는 최신 연구성과를 받아들여 바닥에 탄목이나 탄재가 관찰되는 것을 기준으로 판단하였다 (허의행·오규진, 2008, 「청동기시대 복원주거의 화재실험」『嶺南考古學』44, 嶺南考古學會, 70쪽). 단, 사진이나 도면에서 이러한 흔적을 확인할 수 없지만 유구 설명에서 화재 주거지라 언급한 경우도 화재폐기로 인정하였다.

6. 주거지의 절대연대는 보고서에 제시된 보정연대(2σ)를 기록하였으며, 보정연대가 제시되지 않은 경우는 OxCal 3.10을 이용하여 연대 값을 산출하였다.

책머리에

이 책은 『한국 청동기시대 주거지 집성』 시리즈의 네 번째 간행물이다. 2004년도에 첫 번째 책이 출간된 이후로 5년 만에 충청남북도 편이 완성된 것이다. 여러 가지 사정으로 출판사가 변경되면서 제목이나 전체적인 체제 등이 기존 자료집과는 약간 다르게 구성되었다. 특히 주거지에서 출토된 유물의 도면을 수록하지 못하였는데, 이는 주거지 도면을 하나도 빠짐없이 제시하면서 동시에 활용 가능한 축척으로 나타내고자 한 필자의 편집 의도가 반영된 결과이다. 현재 같은 연구소에서 근무하는 허의행 선생을 중심으로 호서지역 주거지 출토 유물의 집성 작업이 이루어지고 있다. 즉, 본 책의 속편에 해당한다고 할 수 있는데, 이 책이 출간되면 주거지와 출토 유물의 직접적인 비교·검토가 가능할 것이다. 한편, 본 자료집에서는 초고가 완성된 시점인 2008년 6월 25일까지 발간 및 배포된 보고서만을 검토 대상으로 하고 있다. 자료집의 출간이 늦어진 관계로 현재까지 새로이 보고된 다수의 주거지 자료를 모두 다루지 못한 점 또한 아쉬움으로 남는다.

당초 편집을 담당하기로 내정되어 있었던 선생님의 개인적인 사정 때문에 갑작스럽게 자료집의 정리를 본인이 떠맡게 되었다. 일람표의 작성에 상당히 많은 시간을 할애하였는데, 개인적으로 많은 공부가 되기는 하였지만 솔직히 무척 고단하고 힘든 작업이었다. 먼저 필자에게 고된 작업의 기회를 주신 김무중 선생님과 부족한 점이 많은 책을 또 한번 학술총서로 출간하게 해주신 이홍종 선생님께 감사 드린다. 그리고 도면 작업을 도와주신 동료 연구원들, 특히 대부분의 편집과 보정 작업을 맡아주신 임정주 연구원께 고마움을 전하고 싶다. 마지막으로 팔리지도 않으면서 두껍기만 한 책의 출간을 선뜻 허락해주신 서경문화사의 김선경 사장님과 직원 여러분들께 진심으로 죄송하다는 말씀을 드리고 싶다. 아무쪼록 관련 연구자들에게 조금이나마 도움이 될 수 있었으면 하는 바램이다.

손준호

차 례

당진군

태안군

서산시

아산시

천안시

예산군

연기군

홍성군

공주시

청양군

계룡시

대전광역시

보령시

부여군

논산시

금산군

서천군

I 충청남도

청동기시대 주거지 집성

忠淸南道

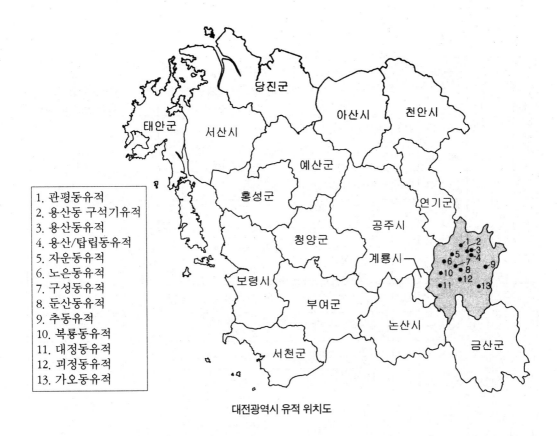

1. 관평동유적
2. 용산동 구석기유적
3. 용산동유적
4. 용산/탑립동유적
5. 자운동유적
6. 노은동유적
7. 구성동유적
8. 둔산동유적
9. 추동유적
10. 복룡동유적
11. 대정동유적
12. 괴정동유적
13. 가오동유적

대전광역시 유적 위치도

1. 대전 관평동유적

1) 조사 개요

유적 위치	대전광역시 유성구 관평동 · 용산동 일대
조사 기간	2002년 3월 26일~7월 23일
조사 면적	25,600m²
조사 기관	중앙문화재연구원
보고서	중앙문화재연구원, 2002, 『대전 관평동유적』
주거지 수	13
유적 입지	I지구-구릉(해발 67m 내외), II지구-구릉(해발 66~74m)
추정 연대	전기-가락동유형이 금강유역 각지로 확산~주거지가 세장방형화되는 시기
관련 유구	없음

2) 주거지 속성

유구번호	형태	규모(cm)			면적(m²)	내부시설	주요 출토유물	화재유무	선후관계	절대연대(BC)
		장축	단축	깊이						
I-2호	장방형	364 잔존	264 잔존	11	·	저장공	이중구연구순각목단사선문토기, 연석	무		2,890·2,780/3,270·3,010/2,970/810 AMS
II-2호	장방형	444	250	38	11.1	토광형노지, 저장공	무문토기저부	무		
II-3호	장방형	1,344	580	10	78.0	위석식노지 2개, 초석, 저장공, 일부불다짐	단사선문토기, 일단병검, 유혈구석검, 어형석도	무		458-298 TL
II-4호	장방형	724	474	44	34.3	위석식노지 2개, 초석	무문토기저부, 일단병검, 합인석부	무		
II-5호	장방형	576	408 잔존	32	·	위석식노지, 초석, 일부점토다짐	연석	무		
II-6호	장방형	858	502	36	43.1	위석식노지, 초석, 저장공, 일부불다짐	이중구연토기, 석촉미제품, 연석	무	6호→11호	
II-7호	세장방형	580 잔존	282	20	·	위석식노지, 일부불다짐	무문토기저부	무	11호→7호	
II-8호	세장방형	888	360	32	32.0	위석식노지, 저장공	외반구연토기, 연석	무		
II-9호	세장방형	1,126	380	89	42.8	위석식노지 3개	횡침선구순각목단사선문토기, 주형석도, 지석	무		
II-10호	장방형	682	314	61	21.4	저장공, 점토다짐	구순각목문토기, 이단경촉	무		
II-11호	장방형	882	290	54	25.6	위석식노지 2개, 초석, 저장공	무문토기저부, 방추차	무	6호→11호→7호	
II-12호	타원형	468	424 추정	38	15.6 추정	타원형토광	무문토기구연부, 방추차	무		
II-13호	타원형	542	424 추정	22	18.0 추정	타원형토광	외반구연토기, 무문토기저부	무		

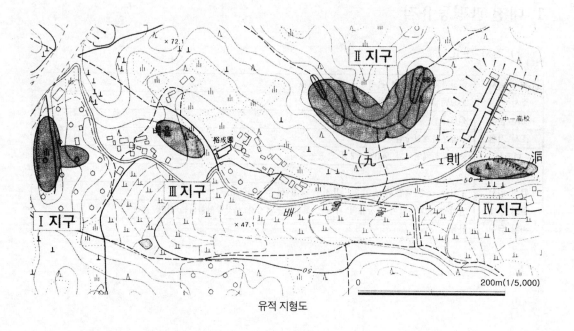

유적 지형도

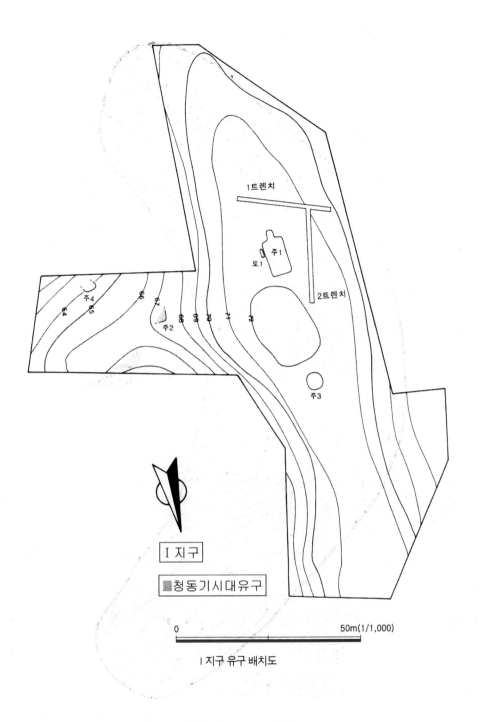

1트렌치

토1　주1

2트렌치

주4

66
67
64　65
68　69
70　71
72

주2

주3

Ⅰ지구

■청동기시대유구

0 ──────────── 50m(1/1,000)

Ⅰ지구 유구 배치도

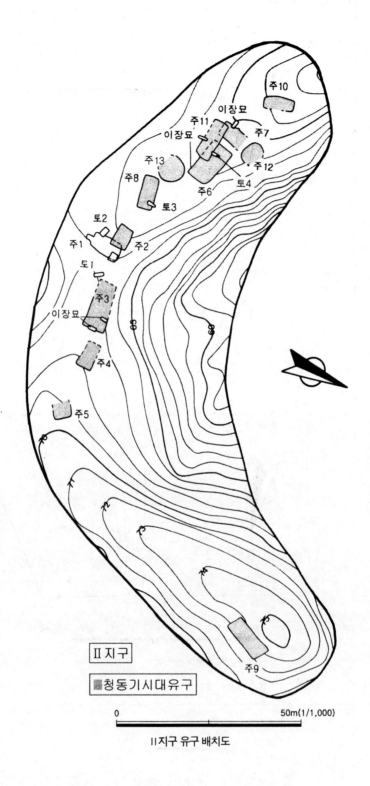

주10

이장묘
주11   주7
이장묘
주13   주12
주8   주6   토4
토3
토2
주1   주2

토1
주3
이장묘
주4
주5

주9

Ⅱ지구

■청동기시대유구

0   50m(1/1,000)

Ⅱ지구 유구 배치도

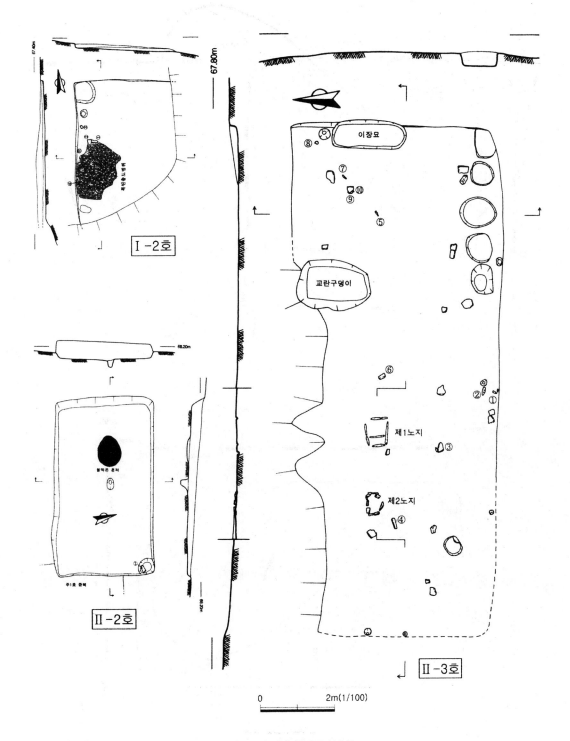

I-2·II-2·3호 주거지 실측도

I -2호

II-2호

II-3호

이장묘

교란구덩이

제1노지

제2노지

0　　　　　2m(1/100)

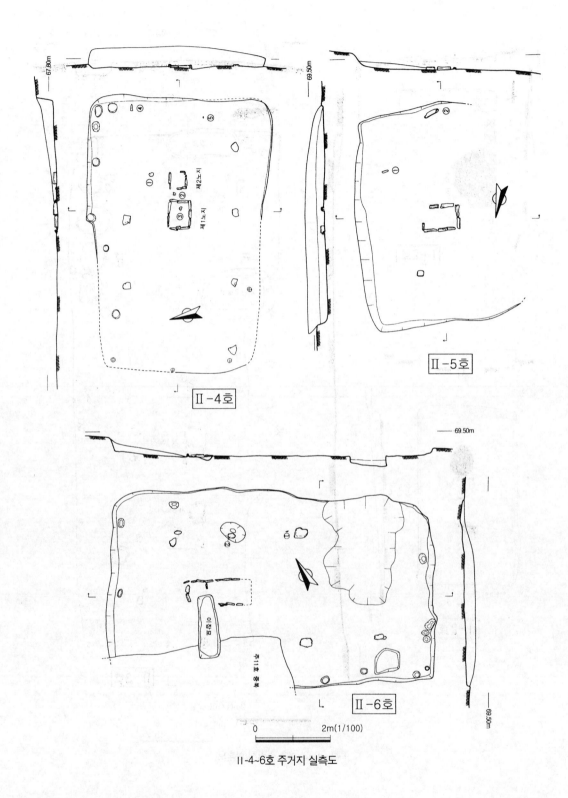

제2노지

제1노지

Ⅱ-4호

Ⅱ-5호

주혈ㅁ

주11호

Ⅱ-6호

0   2m(1/100)

Ⅱ-4~6호 주거지 실측도

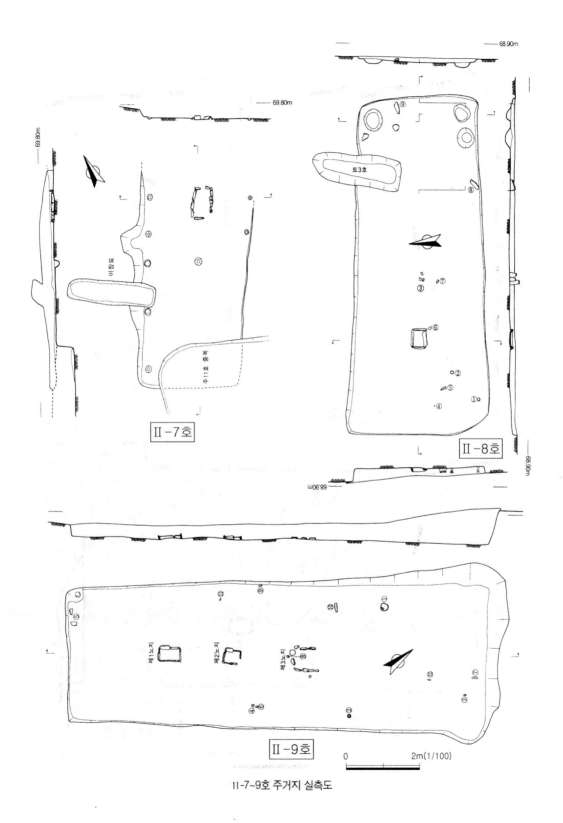

Ⅱ-7호

Ⅱ-8호

Ⅱ-9호

0   2m(1/100)

11-7~9호 주거지 실측도

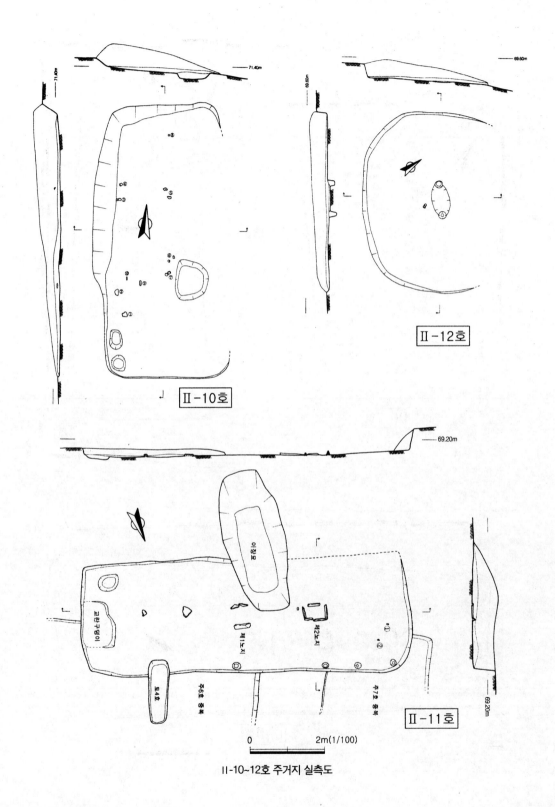

II-10~12호 주거지 실측도

0   2m(1/100)

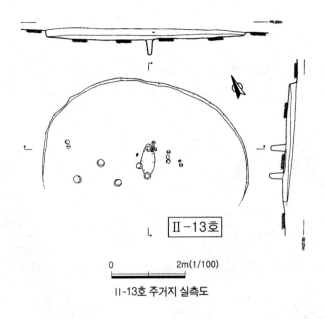

Ⅱ-13호

0   2m(1/100)

Ⅱ-13호 주거지 실측도

2. 대전 용산동 구석기유적

1) 조사 개요

유적 위치	대전광역시 유성구 용산동·관평동 일대
조사 기간	2003년 12월 3일~2004년 7월 3일
조사 면적	36,000m²
조사 기관	중앙문화재연구원
보고서	중앙문화재연구원, 2007, 『대전 용산동 구석기유적』
주거지 수	1
유적 입지	구릉(해발 45m 내외)
추정 연대	청동기시대 전기
관련 유구	없음

2) 주거지 속성

유구 번호	형태	규모(cm)			면적 (m²)	내부시설	주요 출토유물	화재 유무
		장축	단축	깊이				
1호	장방형	256 잔존	158 잔존	15	·		이중구연단사선문토기	무

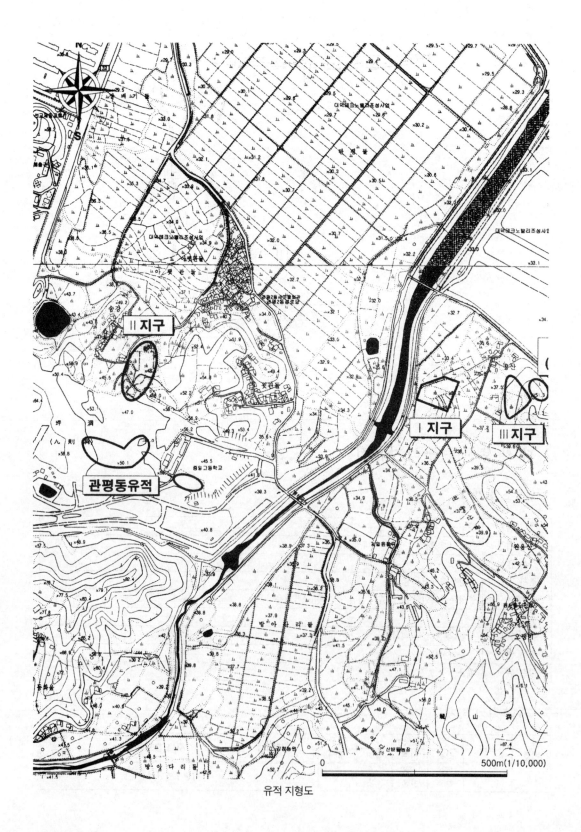

유적 지형도

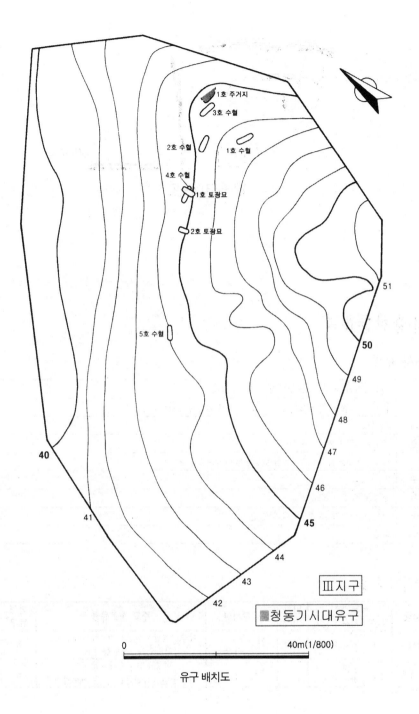

1호 주거지
3호 수혈
2호 수혈
1호 수혈
4호 수혈
1호 토광묘
2호 토광묘
5호 수혈

51
50
49
48
47
46
45
44
43
42
41
40

Ⅲ지구
청동기시대유구

0   40m(1/800)

유구 배치도

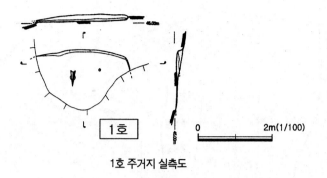

1호 주거지 실측도

3. 대전 용산동유적

1) 조사 개요

유적 위치	대전광역시 유성구 용산동 산4-1번지 일대
조사 기간	1997년 12월 30일~1998년 1월 16일, 1998년 2월 16일~3월 7일
조사 면적	7,280m²
조사 기관	충남대학교박물관
보고서	성정용·이형원, 2002, 『용산동』, 충남대학교박물관
주거지 수	2
유적 입지	구릉(해발 52~60m)
추정 연대	기원전 13세기 전반~10세기 전반
관련 유구	없음

2) 주거지 속성

유구 번호	형태	규모(cm)			면적 (m²)	내부시설	주요 출토유물	화재 유무	절대연대 (BC)
		장축	단축	깊이					
1호	장방형	816	550	44	44.9	위석식노지, 초석, 저장공	이중구연단사선문토기, 적색마연토기, 편평만입촉, 장방형석도, 지석	유	940/1,005 C14연대
2호	장방형	470	238 잔존	26	·	초석, 저장공	이중구연구순각목문토기, 이중구연단사선문토기, 무문토기저부	유	

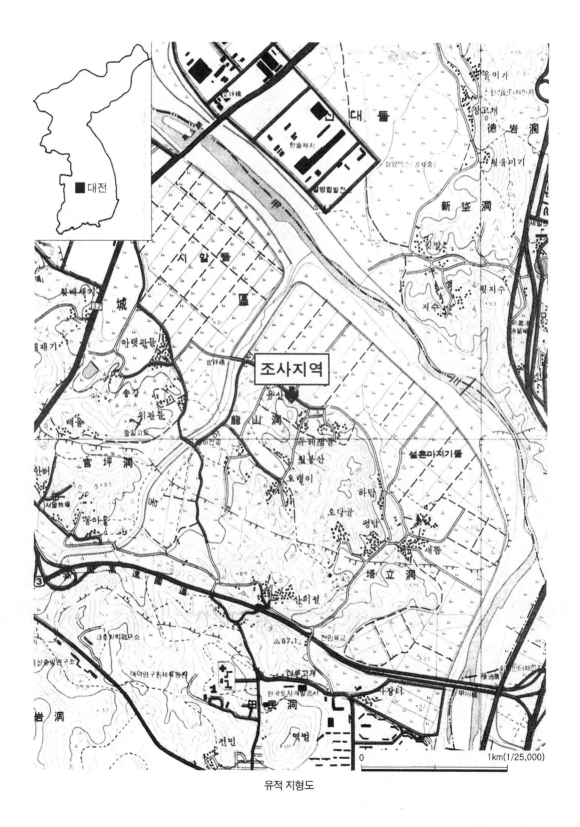

유적 지형도

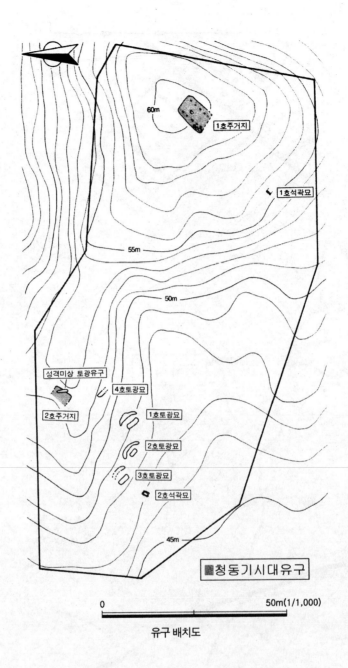

60m

1호주거지

1호석곽묘

55m

50m

성격미상 토광유구

4호토광묘

2호주거지

1호토광묘

2호토광묘

3호토광묘

2호석곽묘

45m

■청동기시대유구

0   50m(1/1,000)

유구 배치도

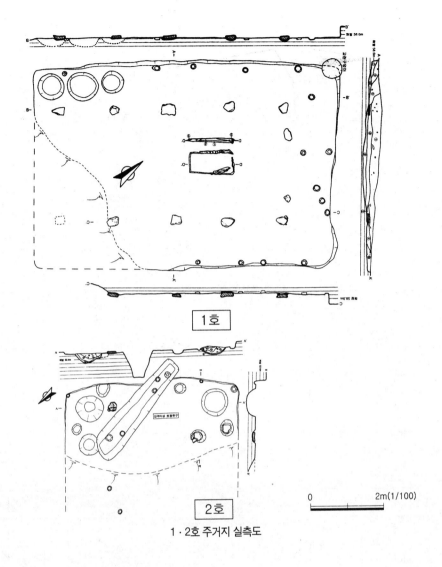

1호

2호

1 · 2호 주거지 실측도

0   2m(1/100)

4. 대전 용산 · 탑립동유적

1) 조사 개요

유적 위치	대전광역시 유성구 용산동 · 탑립동 일대
조사 기간	2005년 5월 23일~2006년 2월 2일
조사 면적	120,300m²
조사 기관	중앙문화재연구원
보고서	중앙문화재연구원, 2008, 『대전 용산 · 탑립동유적』
주거지 수	23
유적 입지	2지구-구릉(해발 51~54m), 4지구-구릉(해발 48~50m), 5지구 · 6지구-구릉(해발 55m 내외)
추정 연대	전기-기원전 12~10세기, 후기-8~6세기
관련 유구	소형수혈유구 5기, 석관묘 1기

2) 주거지 속성

유구 번호	형태	규모(cm)			면적 (m²)	내부시설	주요 출토유물	화재 유무	선후 관계	절대연대 (BC)
		장축	단축	깊이						
2-1 호	장방형	1,280	442	48	56.6	위석식노지 2개, 초석, 저장공	구순각목문토기, 적색마연토기, 이단병검, 이단경촉, 편평만입촉, 지석	무	1호→5 호수혈	1,090 AMS
2-2 호	장방형	726 잔존	358	100	·	위석식노지, 초석	무문토기저부, 편평촉, 유구석부	무		1,160 AMS
2-3 호	장방형	894	450	16	40.2	위석식노지 3개, 초석	무문토기저부, 주형석도, 지석	무		980 AMS
2-4 호	장방형	807	396	66	32.0	위석식노지, 초석, 저장공	이중구연단사선문토기, 유혈구석검, 어망추, 납석제장신구	무		1,060/1,020 AMS
2-5 호	장방형	1,292	512	50	66.2	위석식노지 3개, 초석, 저장공	구순각목문토기, 편평편인석부	무	5호→8 ·9호	1,090/1,060 AMS
2-6 호	원형	444	412	31	14.4	타원형토광	무문토기구연부, 무문토기저부	무		670 AMS
2-7 호	원형	440	428	20	14.8	타원형토광	무문토기저부, 석촉, 지석	무		890 AMS
2-8 호	원형	492 추정	478	11	18.5 추정	타원형토광		무	5호→8 호	
2-9 호	원형	427	386	40	12.9	타원형토광	무문토기저부	무	5호→9 호	
2-10 호	방형	283	276 잔존	16	·		우각형파수부	무		
2-11 호	원형	408 추정	396 추정	8	12.7 추정	타원형토광	무문토기저부	무	11·12 호 중복	
2-12 호	세장방 형	916	292	76	26.7	저장공	외반구연토기, 무문토기저부, 지석	무	11·12 호 중복	1,070 AMS
2-14 호	말각장 방형	250 잔존	211 잔존	12		토광형노지	무문토기저부	무		1,280 AMS
2-15 호	장방형	252 잔존	242	17			방추차	무		
2-16 호	장방형	350	262 잔존	40	·	토광형노지	무문토기저부	무	16호→ 1호수혈	
4-1 호	장방형	995	608	75	60.5	위석식노지, 초석, 저장공	거치문토기, 주형석도, 지석	유		1,190 AMS
4-2 호	방형	666	608	45	40.5	위석식노지, 초석, 저장공	이중구연단사선문토기, 이중구연토기, 횡침선거치문토기, 지석	무		890/1,060/1 ,070 AMS
4-3 호	장방형	716	450 잔존	32			무문토기저부, 방추차	무		
4-4 호	장방형	538 잔존	369 잔존	15	·	초석	절상돌대토기, 석촉	무		
4-5 호	방형	314	302	28	9.5	저장공	이중구연단사선절상돌대각목문토기, 어망추	무		1,060 AMS
5-1 호	장방형	871	524	63	45.6	위석식노지, 초석, 저장공	무문토기저부, 합인석부, 어망추, 지석	무		970 AMS
6-10 호	방형	508	382	57	19.4	저장공	이중구연단사선문토기, 적색마연토기, 석검	무		970 AMS
6-12 호	장방형	968	332	69	32.1	위석식노지 2개, 초석, 저장공	즐문토기, 횡침선단사선문토기, 적색마연토기, 방추차	무		900/920 AMS

- 범례 -

▱ : 발굴조사

▱ : 시굴조사

유적 지형도

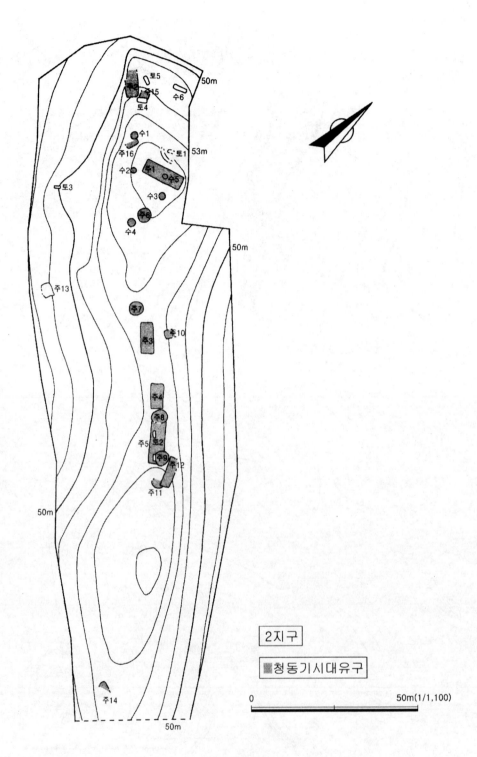

토5
수15
토4
수6
50m

수1
주16
토1 53m
수2
주1
수5
토3
수3
주6
수4

주13

주7
주3
수10

주4
주8
주5
토2
주9
주12
주11

50m

50m

주14
50m

2지구
■청동기시대유구

0   50m(1/1,100)

2지구 유구 배치도

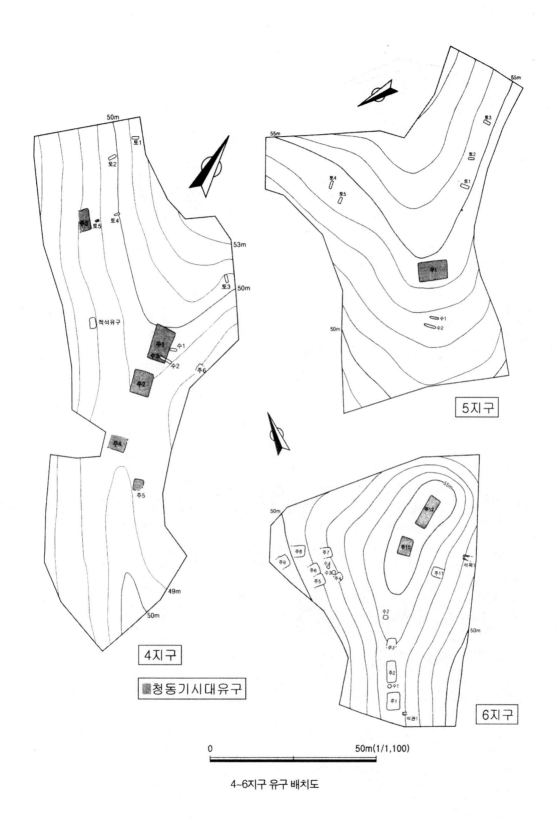

토1

토2

토3
토5

토4

적석유구

주3

주1
수1
수2
수2

주2

주6

토3

주4

주5

4지구

토3

토2

토4

토5

토1

주1

수1
수2

5지구

주8
주9
주7
주6
주5
수3
수4

석곽1

주1A

주1D

주11

수2

주3

주2

수1

주1

석관1

6지구

■청동기시대유구

0   50m(1/1,100)

4~6지구 유구 배치도

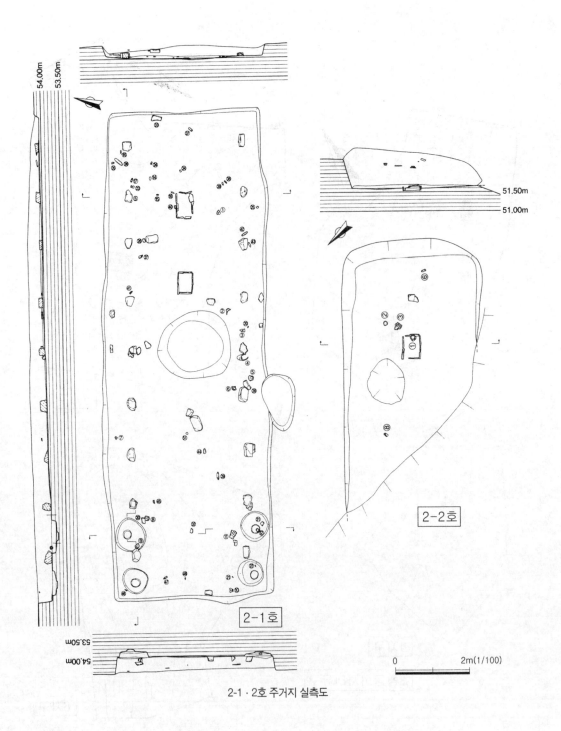

54.00m
53.50m

51.50m
51.00m

2-2호

2-1호

53.50m
54.00m

2-1·2호 주거지 실측도

0　　　　　2m(1/100)

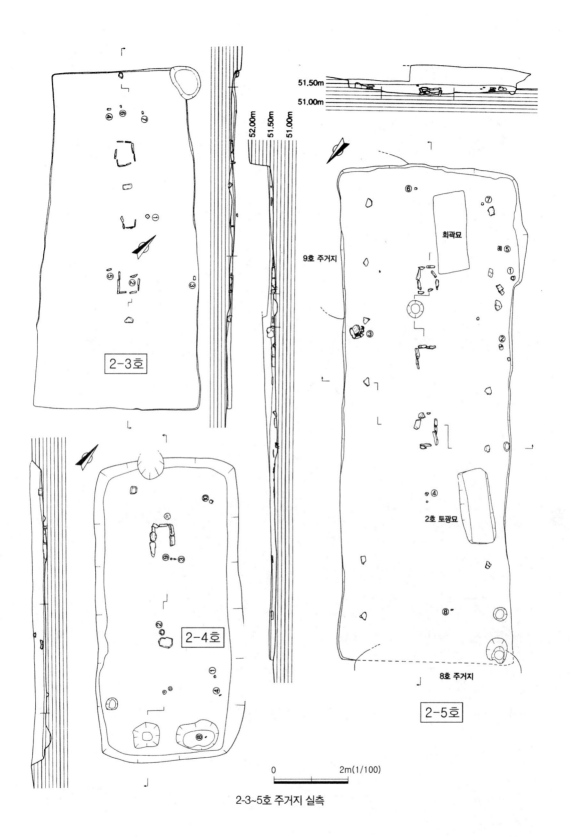

51.50m
51.00m

52.00m
51.50m
51.00m

9호 주거지

회곽묘

2호 토광묘

8호 주거지

2-3호

2-4호

2-5호

0   2m(1/100)

2-3~5호 주거지 실측

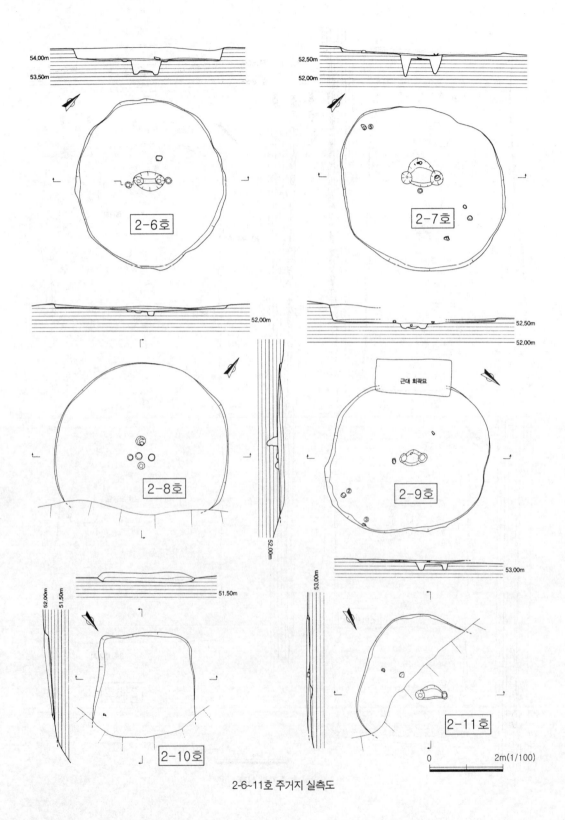

54.00m
53.50m

2-6호

52.50m
52.00m

2-7호

52.00m

2-8호

52.00m

52.50m
52.00m

근대 회곽묘

2-9호

52.00m
51.50m

51.50m

2-10호

53.00m

53.00m

2-11호

0   2m(1/100)

2-6~11호 주거지 실측도

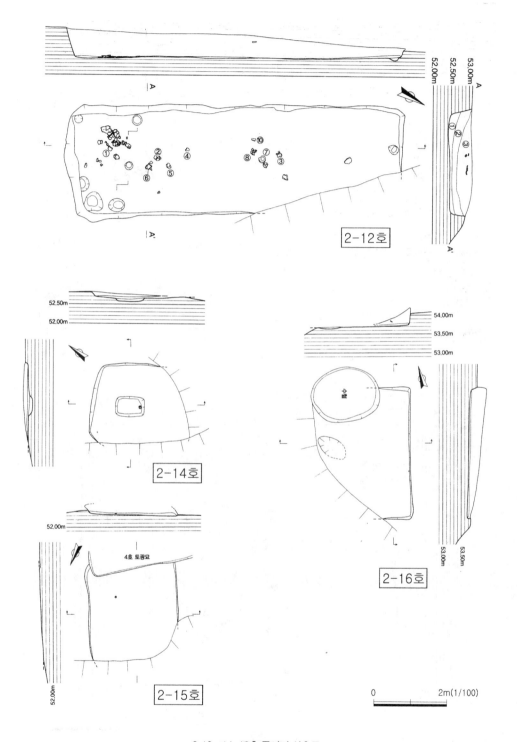

53.00m
52.50m
52.00m
A

A'
A

2-12호

52.50m
52.00m

2-14호

54.00m
53.50m
53.00m

53.00m
53.50m

2-16호

52.00m

4호 토광묘

52.00m

2-15호

0   2m(1/100)

2-12 · 14~16호 주거지 실측도

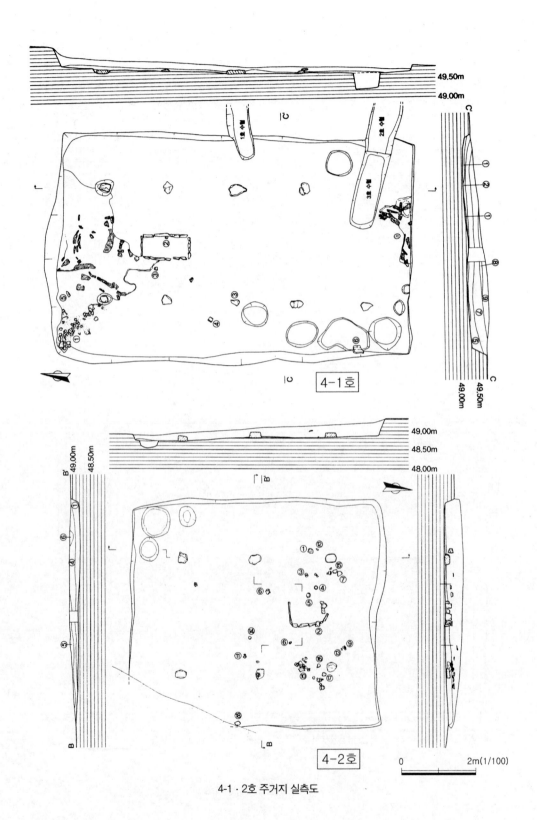

49.50m
49.00m

49.50m
49.00m

49.50m
49.00m

4-1호

49.00m
48.50m
48.00m

B' 49.00m
48.50m

4-2호

0   2m(1/100)

4-1 · 2호 주거지 실측도

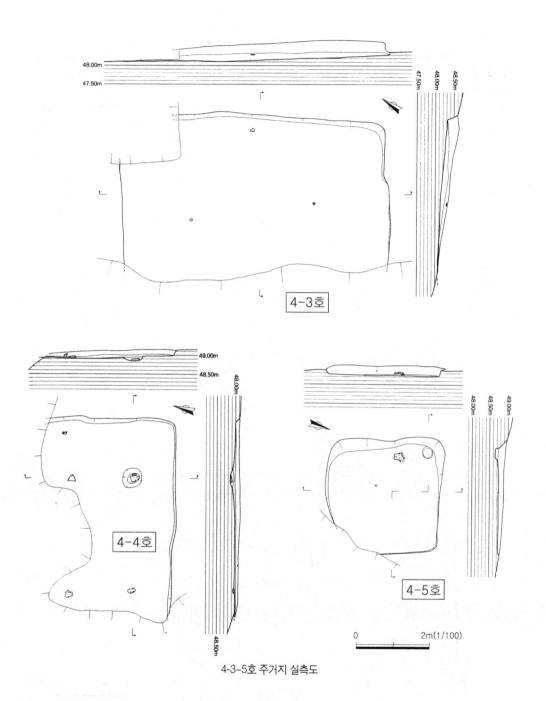

48.00m
47.50m

48.50m
48.00m
48.50m

4-3호

49.00m
48.50m

49.00m

4-4호

48.50m

48.00m
48.50m
49.00m

4-5호

0   2m(1/100)

4-3~5호 주거지 실측도

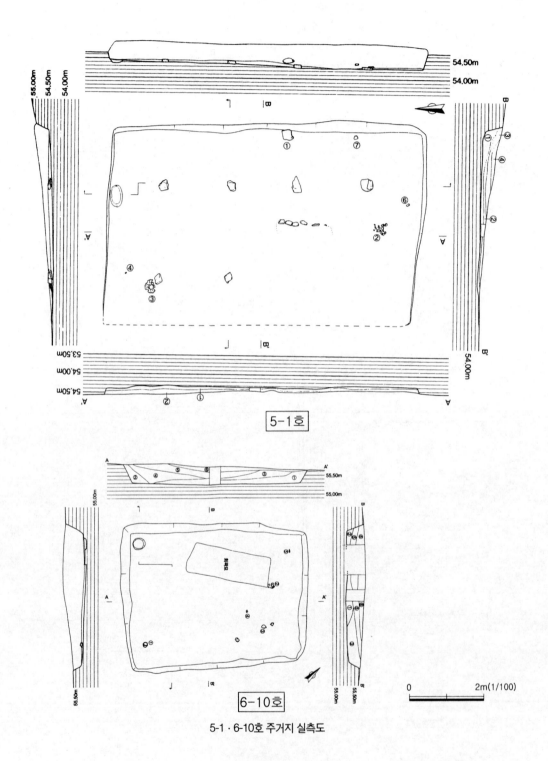

54.50m
54.00m

55.00m
54.50m
54.00m

54.50m
54.00m
53.50m

5-1호

55.00m
55.50m

55.50m

55.50m

6-10호

5-1 · 6-10호 주거지 실측도

0   2m(1/100)

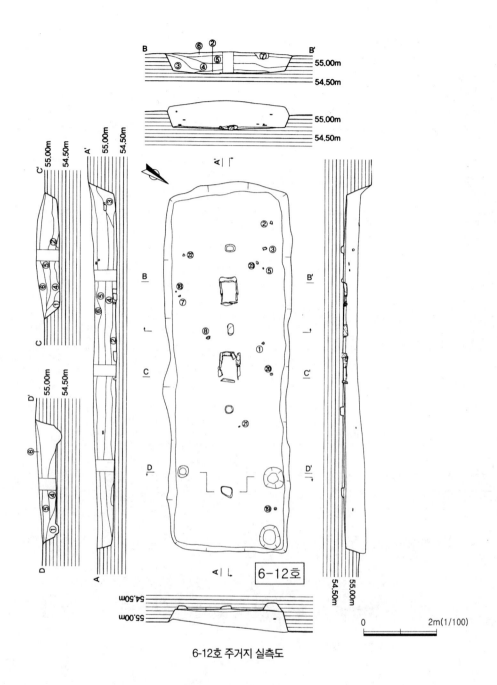

B   55.00m
   54.50m

55.00m
54.50m

6-12호

6-12호 주거지 실측도

0   2m(1/100)

5. 대전 자운동유적

1) 조사 개요

유적 위치	대전광역시 유성구 자운동 산3-11번지 일대
조사 기간	2002년 6월 8일~8월 16일
조사 면적	1,455㎡(Ⅱ지점)
조사 기관	충청문화재연구원
보고서	김진태, 2004, 『대전 자운동·추목동유적』, 충청문화재연구원
주거지 수	5
유적 입지	구릉(해발 88~94m)
추정 연대	기원전 6~5세기
관련 유구	소형수혈유구 7기

2) 주거지 속성

유구 번호	형태	규모(cm)			면적 (㎡)	내부시설	주요 출토유물	화재 유무	절대연대 (BC)
		장축	단축	깊이					
1호	원형	480	448	58	16.9	타원형토광, 점토다짐	외반구연토기, 무문토기저부, 유경석검, 일단경촉, 지석	무	800-750·700-540 C14연대
2호	원형	382	376	52	11.3	타원형토광, 점토다짐	무문토기저부, 지석	무	790-500·460-430 C14연대
3호	원형	400	388	66	12.2	타원형토광, 구시설	외반구연토기, 무문토기저부	무	820-390 C14연대
4호	원형	380	360	80	10.7	타원형토광	외반구연토기, 무문토기저부	무	835-500·465-425 C14연대
5호	방형	312	290	30	9.0	토광형노지 3개, 저장공	외반구연토기	무	

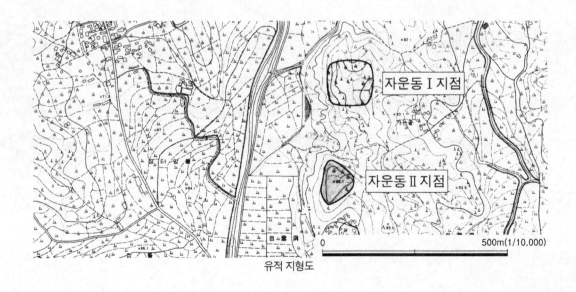

유적 지형도

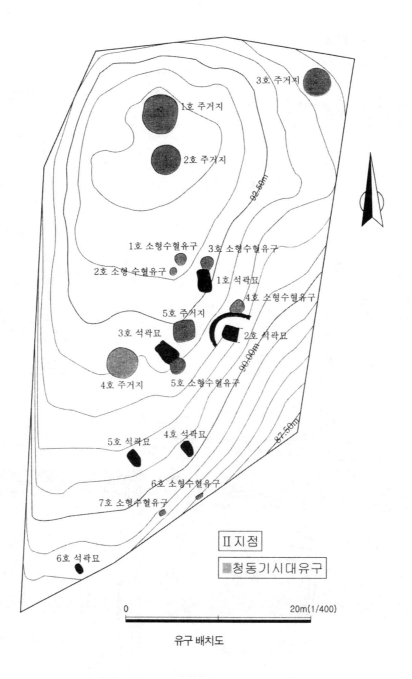

3호 주거지

1호 주거지

2호 주거지

92.50m

1호 소형수혈유구   3호 소형수혈유구

2호 소형 수혈유구

1호 석곽묘

4호 소형수혈유구

5호 주거지

3호 석곽묘

2호 석곽묘

90.00m

4호 주거지

5호 소형수혈유구

5호 석곽묘   4호 석곽묘

87.50m

6호 소형수혈유구

7호 소형수혈유구

6호 석곽묘

Ⅱ지점

청동기시대유구

0   20m(1/400)

유구 배치도

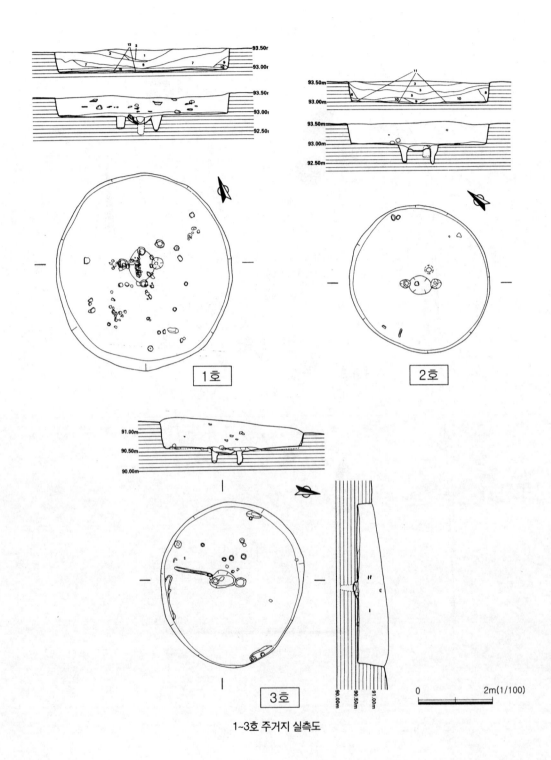

1~3호 주거지 실측도

0   2m(1/100)

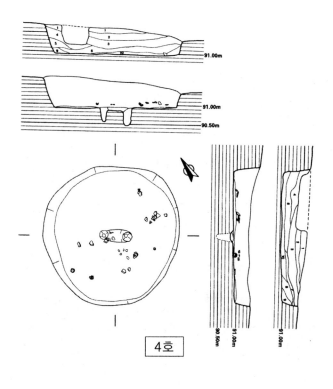

4호

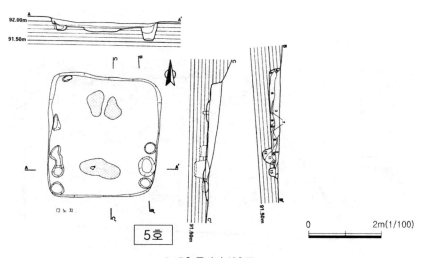

5호

4 · 5호 주거지 실측도

6. 대전 노은동유적

1) 조사 개요

유적 위치	대전광역시 유성구 노은동 산10-2번지 일대
조사 기간	1998년 6월 18일~11월 14일, 1999년 1월 14일~2월 3일
조사 면적	33,000m²
조사 기관	한남대학교중앙박물관
보고서	한창균·김근완·류기정·허세연·전일용·서대원·구자진, 2003, 『대전 노은동유적』, 한남대학교중앙박물관
주거지 수	3
유적 입지	구릉(해발 58~73m)
추정 연대	기원전 8~6세기
관련 유구	소형수혈유구 8기

2) 주거지 속성

유구 번호	형태	규모(cm)			면적 (m²)	내부시설	주요 출토유물	화재 유무	절대연대 (BC)
		장축	단축	깊이					
A-1-1호	원형	526	523 추정	43	21.6 추정	타원형토광	외반구연토기, 무문토기저부, 편평편인석부	유	200-AD55/760-260 C14연대
A-1-2호	원형	262	243 추정	8	5.0 추정	주공	무문토기동체부	무	
A-2-2호	타원형	310	176 잔존	11	·		무문토기저부	무	

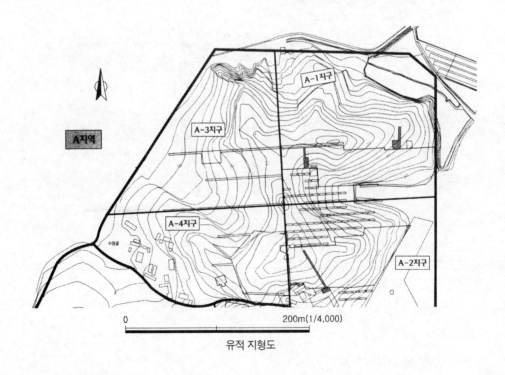

유적 지형도

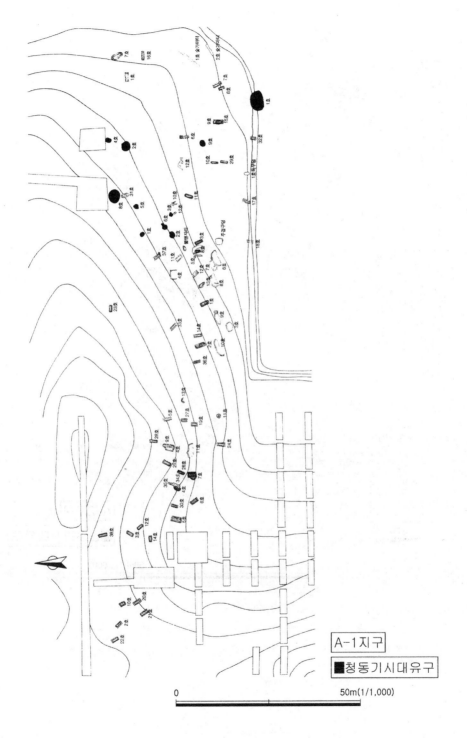

A-1지구 유구 배치도

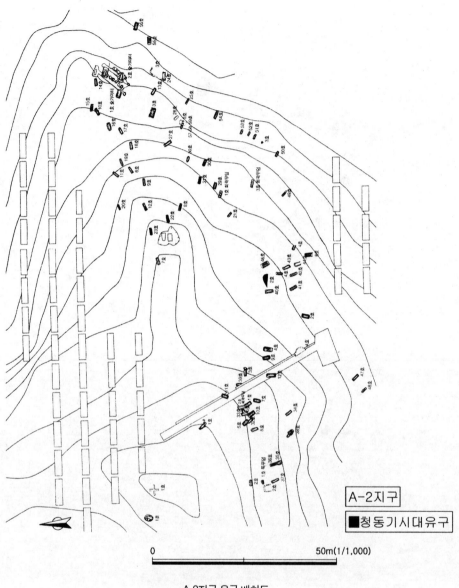

A-2지구

■청동기시대유구

0   50m(1/1,000)

A-2지구 유구 배치도

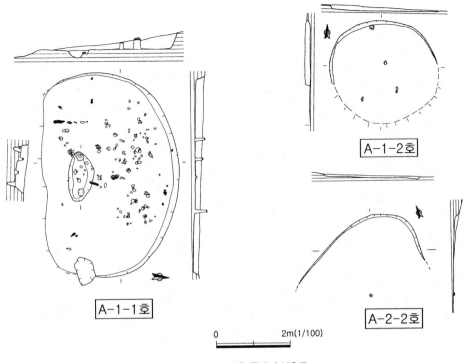

A-1-1 · 2 · 2-2호 주거지 실측도

0   2m(1/100)

7. 대전 구성동유적

1) 조사 개요

유적 위치	대전광역시 유성구 구성동 산20-1, 22번지 일대
조사 기간	1994년 8월 18일~12월 15일
조사 면적	5,296m[2]
조사 기관	한남대학교박물관
보고서	최병현·류기정, 1997, 『대전 구성동유적』, 한남대학교박물관
주거지 수	10
유적 입지	구릉(해발 66~72m)
추정 연대	기원전 6~4세기
관련 유구	없음

2) 주거지 속성

유구 번호	형태	규모(cm)			면적 (m²)	내부시설	주요 출토유물	화재 유무	선후 관계
		장축	단축	깊이					
C-1호	원형	434 추정	425	30	14.5 추정	타원형토광	외반구연구순각목문토기, 외반구연토기, 무문토기저부, 유경촉, 지석	유	
C-2호	원형	527	490	45	20.3	타원형토광	외반구연토기, 무문토기저부, 석검, 유구석부, 지석	무	
C-3호	원형	480 추정	440 추정	35	16.6 추정	타원형토광	적색마연토기, 무문토기저부	유	C-4호→ C-3호
C-4호	원형	420	385	40	12.7	타원형토광	외반구연토기, 적색마연토기, 무문토기저부	유	C-4호→ C-3호
C-5호	원형	540	500	22	21.2		외반구연토기, 무문토기저부, 일단경촉, 역제형석도, 지석	유	
C-6호	원형	475 잔존	295 잔존	12	·		무문토기저부	무	
D-1호	방형	420	210 잔존	25	·	무시설식노지	외반구연토기, 적색마연토기, 무문토기저부, 합인석부	무	
D-2호	방형	280 잔존	140 잔존	20	·		무문토기	무	
D-3호	원형	400 추정	400 추정	40	12.6 추정	타원형토광	적색마연토기, 무문토기저부	무	
D-4호	원형	200 잔존	165 잔존	30			무문토기저부	무	

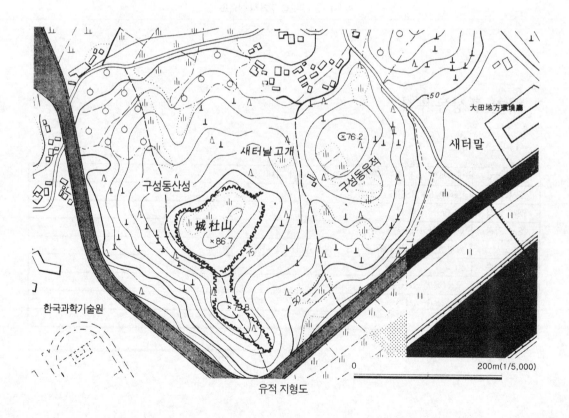

유적 지형도

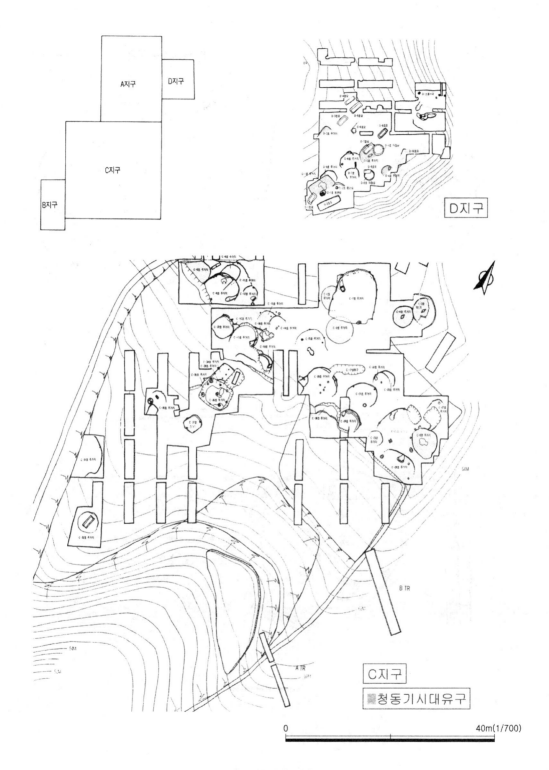

C · D지구 유구 배치도

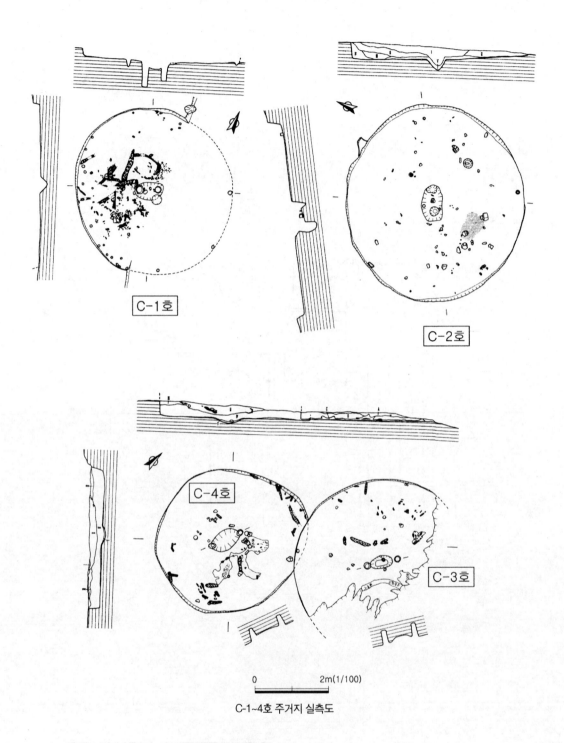

C-1호

C-2호

C-4호

C-3호

0   2m(1/100)

C-1~4호 주거지 실측도

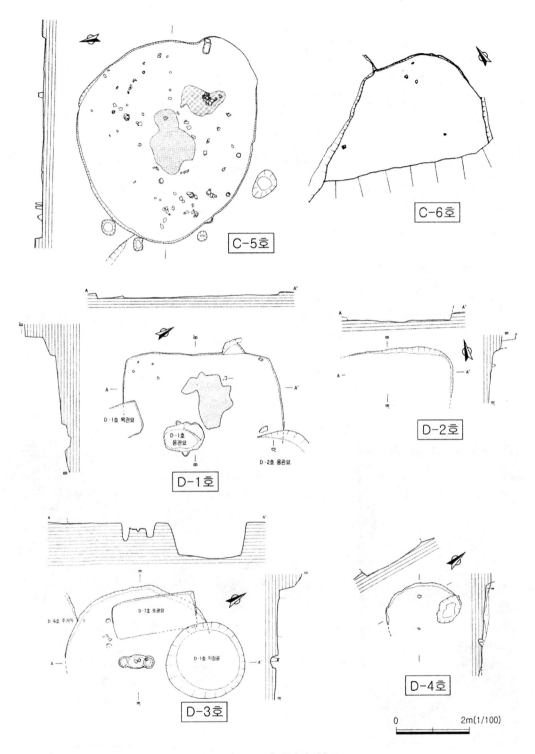

C-5·6·D-1~4호 주거지 실측도

8. 대전 둔산동유적

1) 조사 개요

유적 위치	대전광역시 서구 둔산동 675-2, 산2-2번지 일대
조사 기간	1991년 5월 10일~6월 28일, 1991년 8월 10일~8월 30일
조사 면적	1,320m²
조사 기관	충남대학교박물관
보고서	이강승·박순발, 1995, 「신석기·청동기시대 유적 조사」, 『둔산』, 충남대학교박물관
주거지 수	3
유적 입지	구릉(해발 60m 내외)
추정 연대	기원전 10~9세기
관련 유구	없음

2) 주거지 속성

유구 번호	형태	규모(cm)			면적 (m²)	내부시설	주요 출토유물	화재 유무
		장축	단축	깊이				
1호	장방형	730	420	67	30.7	위석식노지, 저장공	이중구연구순각목단사선문토기, 이중구연단사선문토기, 횡침선점렬문토기, 두형토기, 합인석부	무
2호	장방형	680	580	30	39.4	초석, 저장공	이중구연단사선문토기, 무문토기저부, 석검병부, 편평만입촉	무
3호	장방형	580 잔존	400	67	·	위석식노지, 저장공	이중구연단사선문토기, 무문토기저부, 어망추, 방추차	무

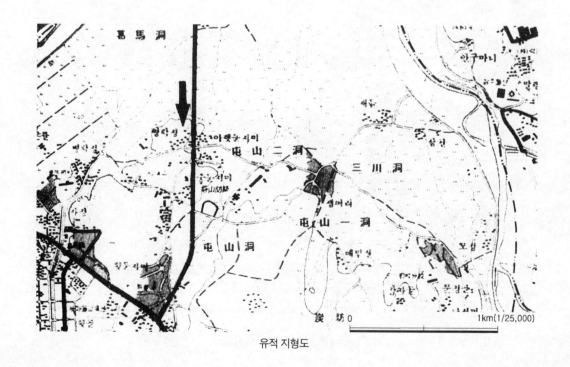

유적 지형도

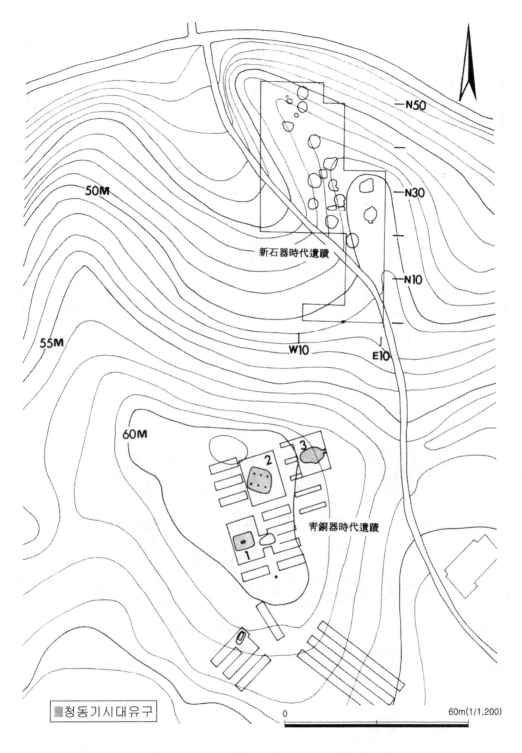

- N50
- N30
- N10

50M

55M

60M

新石器時代遺蹟

靑銅器時代遺蹟

W10   E10

2

3

1

청동기시대유구

0   60m(1/1,200)

유구 배치도

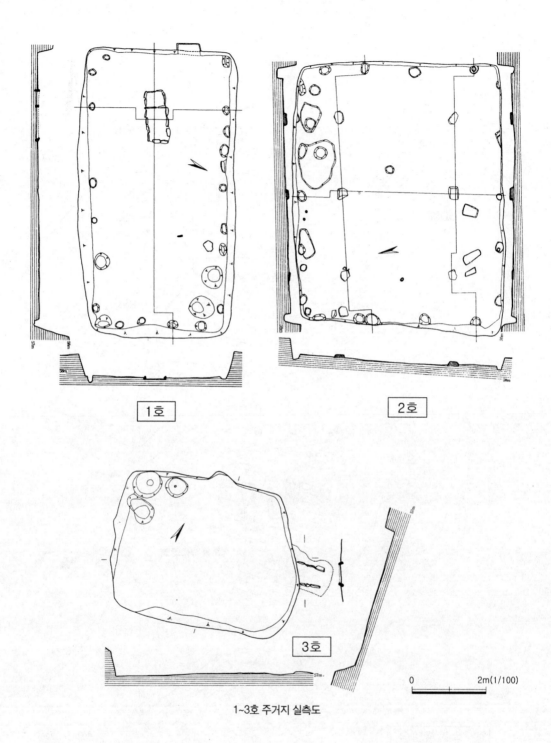

1호

2호

3호

1~3호 주거지 실측도

0   2m(1/100)

9. 대전 추동유적

1) 조사 개요

유적 위치	대전광역시 동구 추동 산9-1번지 일대
조사 기간	2004년 10월 1일~2005년 1월 5일
조사 면적	17,502m²
조사 기관	중앙문화재연구원
보고서	중앙문화재연구원, 2005, 『대전 추동(하추·성뫼)유적』
주거지 수	1
유적 입지	구릉(해발 74m 내외)
추정 연대	기원전 7세기
관련 유구	없음

2) 주거지 속성

유구 번호	형태	규모(cm)			면적 (m²)	내부시설	주요 출토유물	화재 유무	절대연대 (BC)
		장축	단축	깊이					
1호	원형	350 잔존	174 잔존	40	·	점토다짐	외반구연토기, 무문토기저부, 석촉, 즐형석도	유	620 AMS

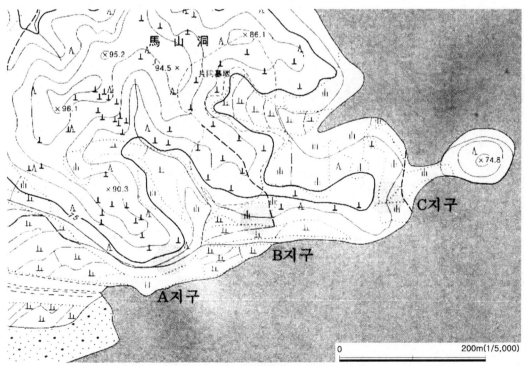

유적 지형도

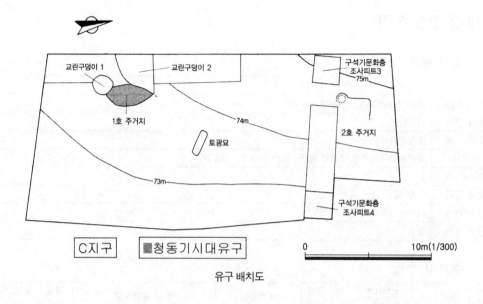

C지구   ■청동기시대유구

유구 배치도

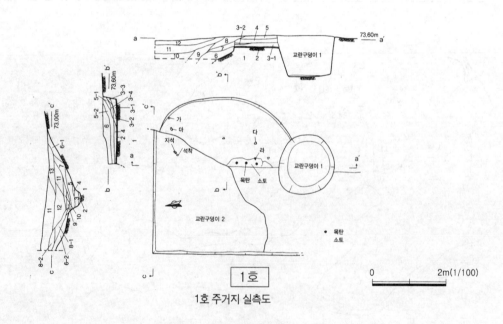

1호

1호 주거지 실측도

10. 대전 복룡동유적

1) 조사 개요

유적 위치	대전광역시 유성구 복룡동 산13-1번지 일대
조사 기간	2003년 11월 7일~2004년 1월 20일
조사 면적	11,000m²
조사 기관	중앙문화재연구원
보고서	중앙문화재연구원, 2005, 『대전 복룡동유적』
주거지 수	3
유적 입지	구릉(해발 80~90m)
추정 연대	송국리문화 단계 가운데 늦은 시기
관련 유구	소형수혈유구 35기, 석관묘 1기

2) 주거지 속성

유구 번호	형태	규모(cm)			면적 (m²)	내부시설	주요 출토유물	화재 유무
		장축	단축	깊이				
1호	장방형	370	288 잔존	64	·	토광형노지, 구시설	발형토기, 일단병검	무
2호	말각방형	434 추정	372	85	16.1 추정	타원형토광, 저장공	주구토기, 발형토기, 외반구연토기, 플라스크형토기	무
3호	원형	564 추정	480 추정	50	21.3 추정	타원형토광, 4주(추정)	무문토기저부	무

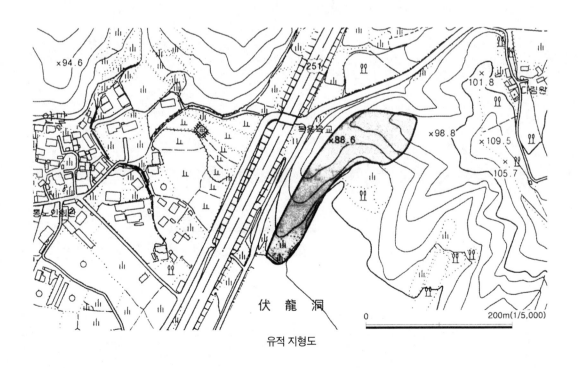

유적 지형도

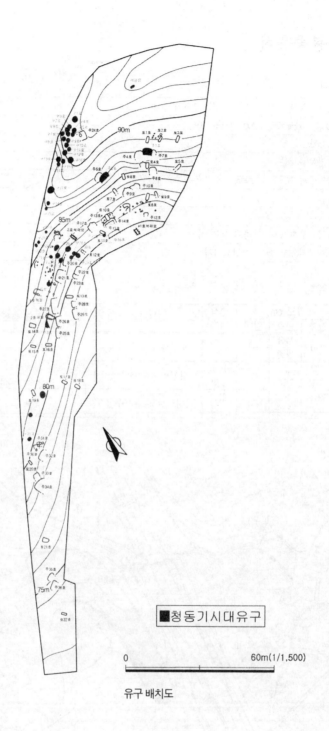

■청동기시대유구

0 ⎯⎯⎯⎯⎯⎯⎯⎯⎯⎯⎯⎯⎯ 60m(1/1,500)

유구 배치도

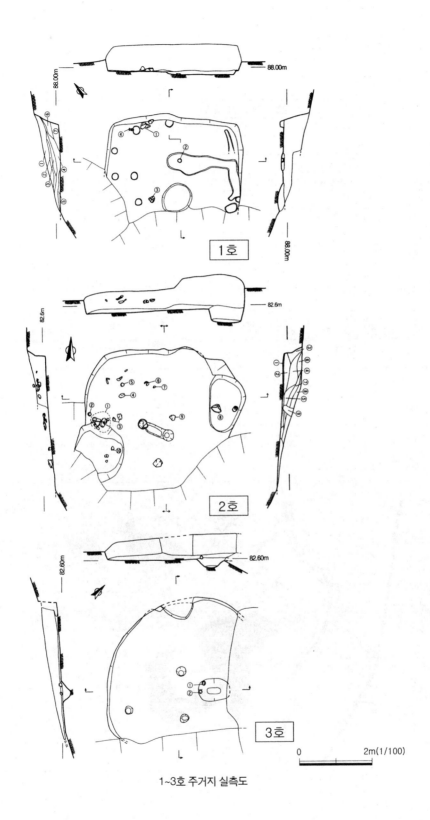

1~3호 주거지 실측도

11. 대전 대정동유적

1) 조사 개요

유적 위치	대전광역시 유성구 대정동 300-2번지 일대
조사 기간	2000년 10월 11일~12월 31일, 2001년 2월 8일~2002년 2월 10일
조사 면적	73,689m²
조사 기관	고려대학교매장문화재연구소
보고서	이홍종·최종택·박성희, 2002, 『대정동유적』, 고려대학교매장문화재연구소
주거지 수	5
유적 입지	구릉(해발 76~83m)
추정 연대	기원전 6~5세기
관련 유구	지석묘 3기

2) 주거지 속성

유구 번호	형태	규모(cm)			면적 (m²)	내부시설	주요 출토유물	화재 유무	절대연대 (BC)
		장축	단축	깊이					
KC 001	원형	450	450	35	15.9	타원형토광	외반구연토기, 적색마연토기, 무문토기저부	유	
KC 004	원형	470	415	85	15.3	타원형토광	무문토기저부, 방추차, 지석	무	725·475 AMS
KC 005	원형	525	510	100	21.0	타원형토광	적색마연토기, 무문토기저부, 편주형석도, 지석	유	375·260/775·615 AMS
KC 006	원형	545	525	64	22.4	타원형토광	적색마연토기, 무문토기저부, 일단경촉, 삼각형석도, 지석	무	
KC 007	원형	370	370	66	10.7	타원형토광	무문토기저부, 삼각형석도, 지석	무	

유적 지형도

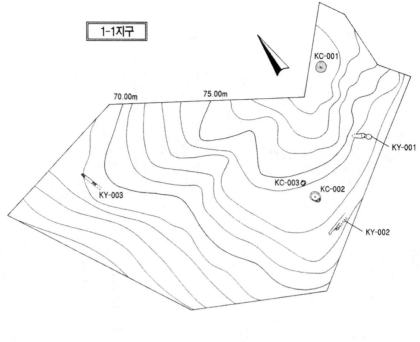

1-1지구

70.00m   75.00m

KC-001

KY-001

KC-003 KC-002

KY-003

KY-002

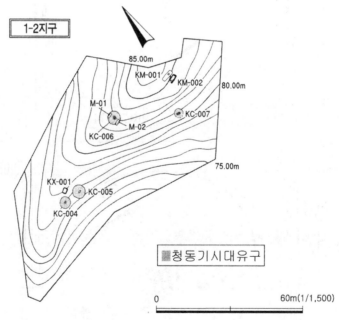

1-2지구

85.00m

KM-001
KM-002   80.00m

M-01
KC-007

M-02
KC-006   75.00m

KX-001
KC-005

KC-004

▨청동기시대유구

0   60m(1/1,500)

1-1·2지구 유구 배치도

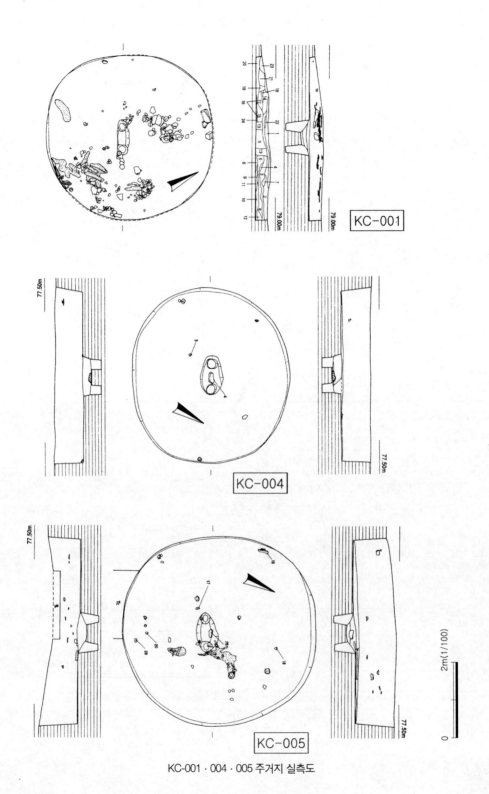

KC-001

KC-004

KC-005

KC-001 · 004 · 005 주거지 실측도

2m(1/100)

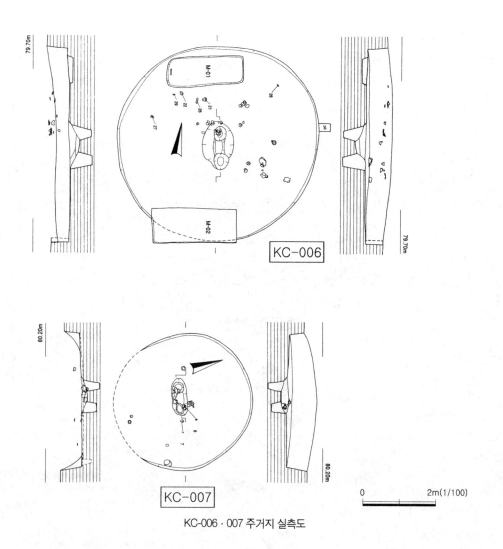

KC-006 · 007 주거지 실측도

12. 대전 괴정동유적

1) 조사 개요

유적 위치	대전광역시 서구 괴정동 120번지 일대
조사 기간	2004년 12월 21일~2005년 1월 11일
조사 면적	2,100㎡
조사 기관	중앙문화재연구원
보고서	중앙문화재연구원, 2007, 『대전 괴정고등학교 신축부지내 유적 발굴조사보고서』
주거지 수	1
유적 입지	구릉(해발 71m 내외)
추정 연대	청동기시대 전기
관련 유구	없음

2) 주거지 속성

유구 번호	형태	규모(cm)			면적 (m²)	내부시설	주요 출토유물	화재 유무
		장축	단축	깊이				
1호	장방형	360	330 잔존	20	·	위석식노지, 소형수혈	무문토기동체부, 무문토기저부, 편평촉	무

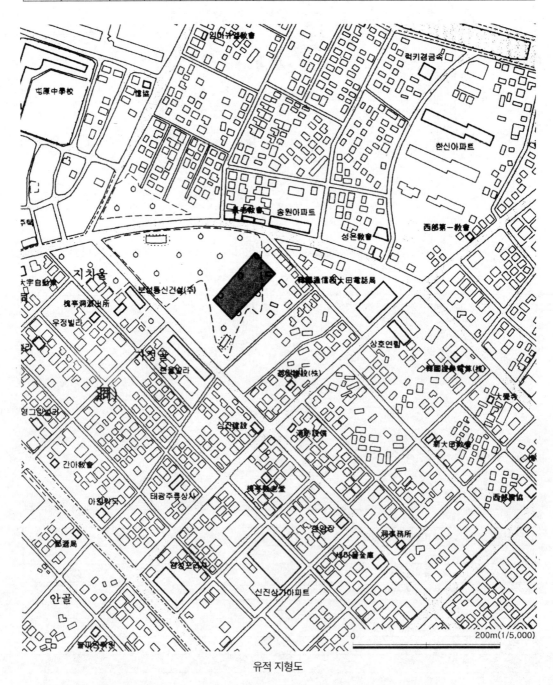

유적 지형도

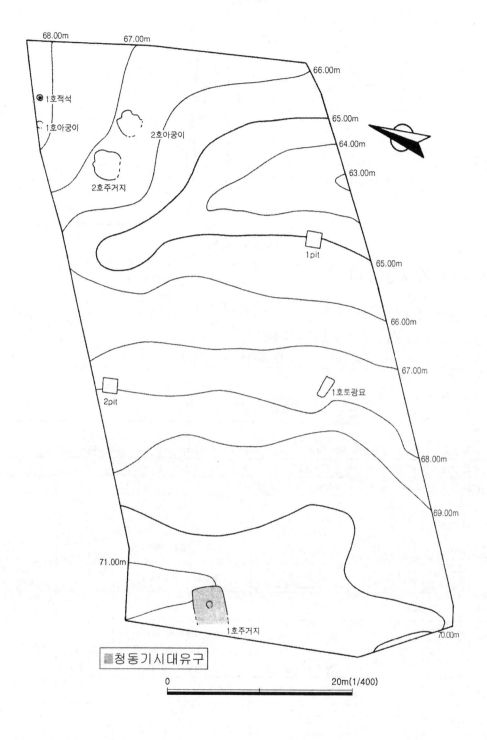

68.00m 67.00m

66.00m

65.00m

64.00m

● 1호적석

⌒ 1호아궁이

2호아궁이

63.00m

2호주거지

1pit

65.00m

66.00m

67.00m

2pit

1호토광묘

68.00m

69.00m

71.00m

1호주거지

70.00m

▨청동기시대유구

0   20m(1/400)

유구 배치도

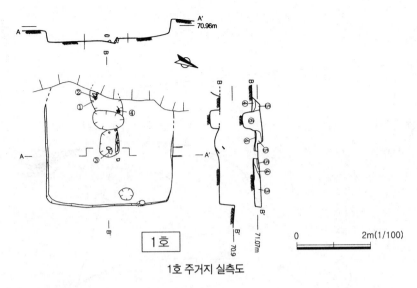

1호 주거지 실측도

13. 대전 가오동유적

1) 조사 개요

유적 위치	대전광역시 동구 가오동 101번지 일대
조사 기간	2002년 9월 25일~2003년 2월 14일, 2003년 7월 14일~7월 30일
조사 면적	25,699m²
조사 기관	중앙문화재연구원
보고서	중앙문화재연구원, 2003, 『대전 가오동유적』
주거지 수	8
유적 입지	Ⅱ지구-구릉(해발 91m 내외), Ⅲ지구-구릉(해발 89~93m), Ⅳ지구-구릉(해발 93m 내외)
추정 연대	장방형주거지-기원전 11~9세기
관련 유구	소형수혈유구 9기, 구상유구 1기, 지석묘 1기

2) 주거지 속성

유구번호	형태	규모(cm)			면적(m²)	내부시설	주요 출토유물	화재유무	선후관계	절대연대(BC)
		장축	단축	깊이						
1호	세장방형	940 잔존	400	40	·	위석식노지 3개, 초석, 점토다짐	즐문토기, 무문토기	무		1,310/1,360 OSL 885/820 AMS
2호	세장방형	684 잔존	354	10	·	토광형노지 4개	즐문토기, 무문토기저부	무		1,350/1,440 OSL 810 AMS
3호	장방형	500 잔존	280 잔존	7	·	위석식노지, 저장공	무문토기동체부, 편평촉	무		
4호	세장방형	1,050 잔존	354	70	·	위석식노지 2개, 초석, 저장공, 점토다짐	외반구연구순각목문토기, 적색마연토기, 주형석도	무	4호→5호수혈	
5호	원형	470	384 추정	3	14.2 추정	타원형토광, 벽구		무	5·7호 중복	
6호	원형	592 추정	592 추정	8	27.5 추정	타원형토광, 4주		무		
7호	원형	500	240 잔존	15	·		무문토기저부	무	5·7호 중복	420 OSL
8호	원형	500	492 추정	53	19.3 추정	타원형토광	외반구연토기, 주구토기, 흑색마연토기, 점토대토기, 지석	무		

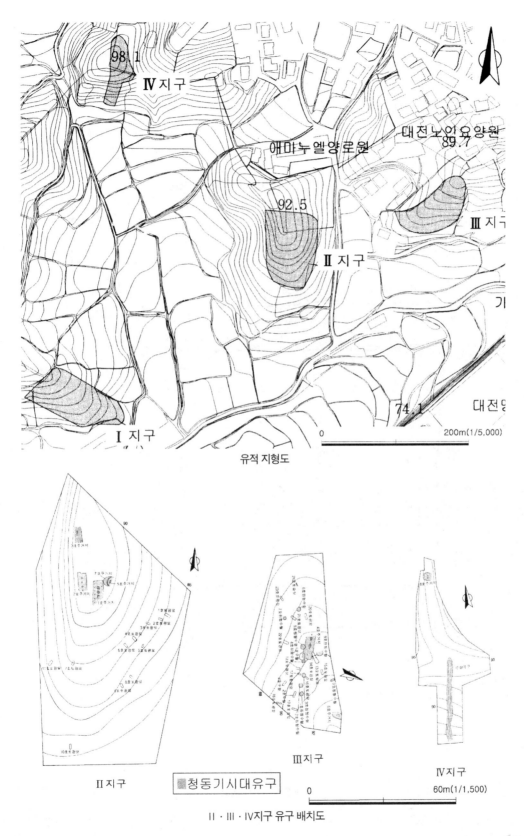

98.1

Ⅳ지구

애마누엘양로원

대전노인요양원

89.7

92.5

Ⅲ지구

Ⅱ지구

기

74.1

대전양

0   200m(1/5,000)

Ⅰ지구

유적 지형도

90

85

Ⅱ지구

Ⅲ지구

Ⅳ지구

청동기시대유구

0   60m(1/1,500)

Ⅱ·Ⅲ·Ⅳ지구 유구 배치도

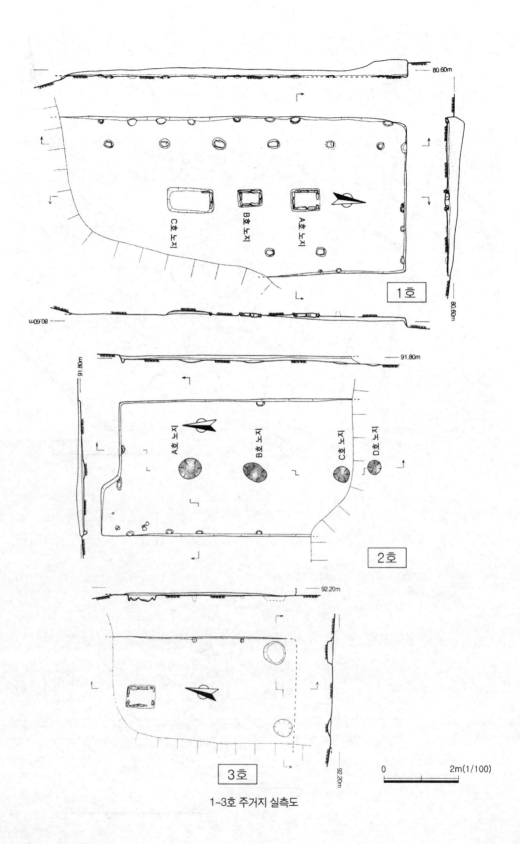

C호 노지 B호 노지 A호 노지

1호

A호 노지 B호 노지 C호 노지 D호 노지

2호

3호

1~3호 주거지 실측도

0   2m(1/100)

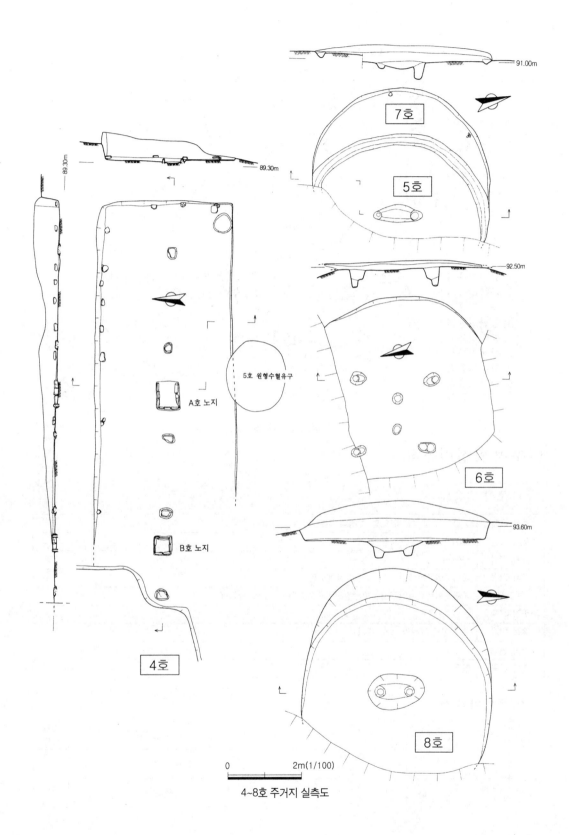

91.00m

7호

5호

89.30m

89.30m

92.50m

5호 원형수혈유구

A호 노지

6호

B호 노지

93.60m

4호

8호

0   2m(1/100)

4~8호 주거지 실측도

1. 합정리유적
2. 나복리유적
3. 송국리유적
4. 증산리유적
5. 송학리유적
6. 삼룡리유적
7. 좌홍리유적
8. 신안리유적

부여군 유적 위치도

1. 부여 합정리유적

1) 조사 개요

유적 위치	충청남도 부여군 규암면 합정리 일대
조사 기간	2000년 4월 25일~7월 25일
조사 면적	8,910m²
조사 기관	국립부여문화재연구소, 충남발전연구원
보고서	국립부여문화재연구소·충남발전연구원, 2001, 『부여 합정리』
주거지 수	2
유적 입지	구릉-B지구(해발 25m 내외)
추정 연대	
관련 유구	없음

2) 주거지 속성

유구 번호	형태	규모(cm)			면적 (m²)	내부시설	주요 출토유물	화재 유무
		장축	단축	깊이				
1호	원형	500	400 추정	22	15.7 추정	타원형토광, 벽구	무문토기저부, 적색마연토기, 지석	무
2호	원형	506 추정	490	40	19.5 추정	타원형토광	무문토기동체부	무

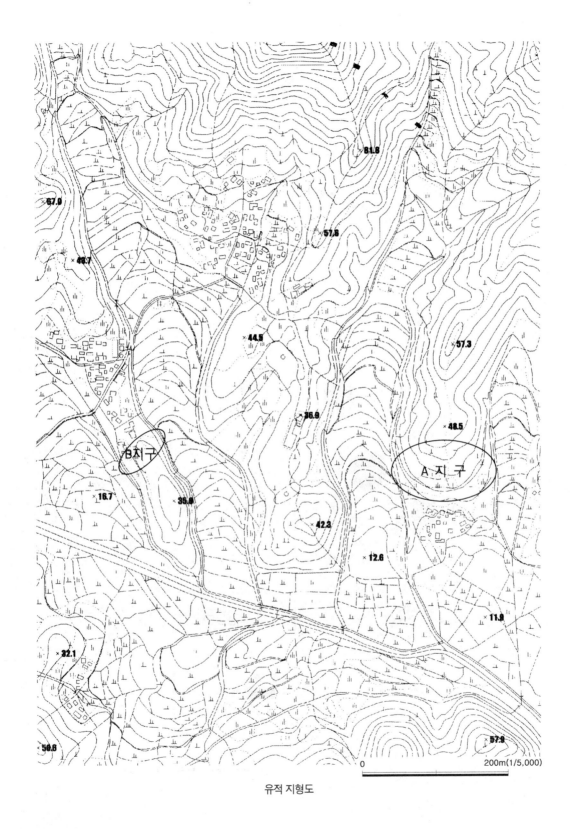

유적 지형도

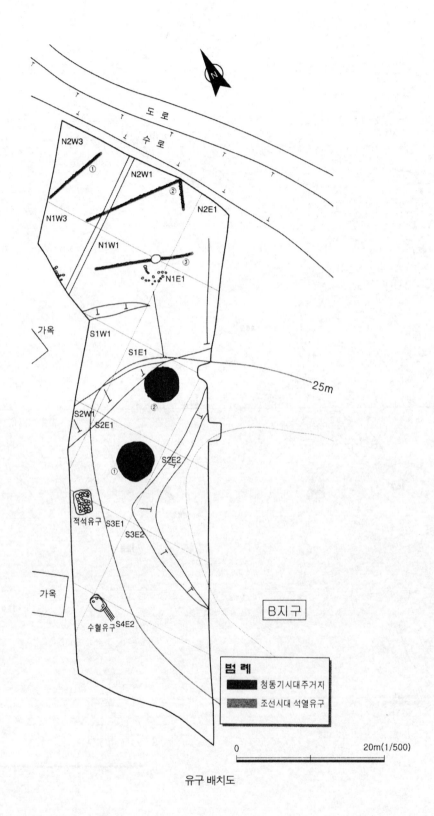

유구 배치도

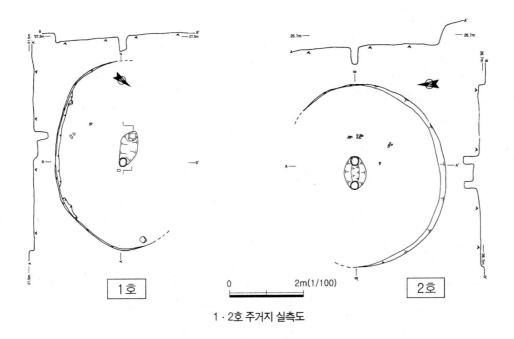

1·2호 주거지 실측도

2. 부여 나복리유적

1) 조사 개요

유적 위치	충청남도 부여군 규암면 나복리 470번지 일대
조사 기간	2002년 1월 16일~5월 25일
조사 면적	23,140㎡
조사 기관	충청남도역사문화원
보고서	충청남도역사문화원, 2004, 『부여 나복리유적』
주거지 수	22
유적 입지	구릉(해발 25~39m)
추정 연대	방형주거지(기원전 8세기 전후)→원형주거지(기원전 5세기 전후)
관련 유구	저장공 1기, 소형수혈유구 2기, 석관묘 5기, 석개토광묘 2기, 토광묘 3기, 옹관묘 1기

2) 주거지 속성

유구번호	형태	규모(cm) 장축	단축	깊이	면적(m²)	내부시설	주요 출토유물	화재유무	절대연대(BC)
1호	방형	286	102 잔존	15	·	무시설식노지	무문토기구연부	무	
2호	원형	324 추정	320 추정	28	8.1 추정	타원형토광	지석	무	
3호	원형	520	504 추정	36	20.6 추정	타원형토광, 벽구	무문토기저부, 지석	무	
4호	말각방형	332	264 추정	36	8.8 추정	타원형토광	적색마연토기, 석도	무	910-800 AMS
5호	원형	480	456	60	17.2	타원형토광, 점토다짐	외반구연토기, 선형석기, 지석	무	
6호	장방형	400 잔존	156 잔존	16	·	소형수혈	무문토기저부	무	
7호	원형	506	498	84	19.8	타원형토광, 구시설, 불다짐	일단경촉	무	
8호	원형	405	400	88	12.7	타원형토광, 벽구, 불다짐	외반구연구순각목문토기, 외반구연토기, 점토대토기	무	760-680·670 -400 AMS
9호	원형	614	562	70	27.1	타원형토광, 4주, 장방형수혈 2개, 점토다짐	외반구연토기, 적색마연토기, 이단병검, 일단경촉	무	
10호	말각방형	408 추정	408 추정	55	16.6 추정	타원형토광	무문토기저부, 석촉	무	
11호	말각장방형	560	144 잔존	46	·	소형수혈	석촉	무	
12호	장방형	660 추정	510	66	33.7 추정	타원형토광 2개	무문토기저부, 일단경촉	무	
13호	말각장방형	690 잔존	258 잔존	35	·	타원형토광 3개, 점토다짐	일단경촉, 편평편인석부	무	
14호	원형	540	492 추정	34	20.9 추정	타원형토광, 점토다짐	일단경촉, 선형석기, 지석	무	
15호	말각방형	350	132 잔존	24	·	소형수혈	무문토기동체부	무	
16호	원형	420	396 추정	50	13.1 추정	타원형토광	일단경촉, 지석	무	
17호	방형	340	96 잔존	35	·		무문토기동체부	무	
18호	말각방형	468 추정	456 추정	16	21.3 추정	타원형토광	무문토기저부, 석검	무	
19호	원형	300 잔존	150 잔존	28	·	주공	지석	무	
20호	원형	820	760	33	48.9	타원형토광, 4주, 점토다짐	적색마연토기, 점토대토기, 석도, 요석	무	
21호	원형	612 추정	570	84	27.4 추정	타원형토광, 점토다짐	외반구연구순각목문토기, 외반구연토기, 일단경촉, 유구석부	무	
22호		240 잔존	198 잔존	12	·	타원형토광	발형토기, 무문토기저부	무	

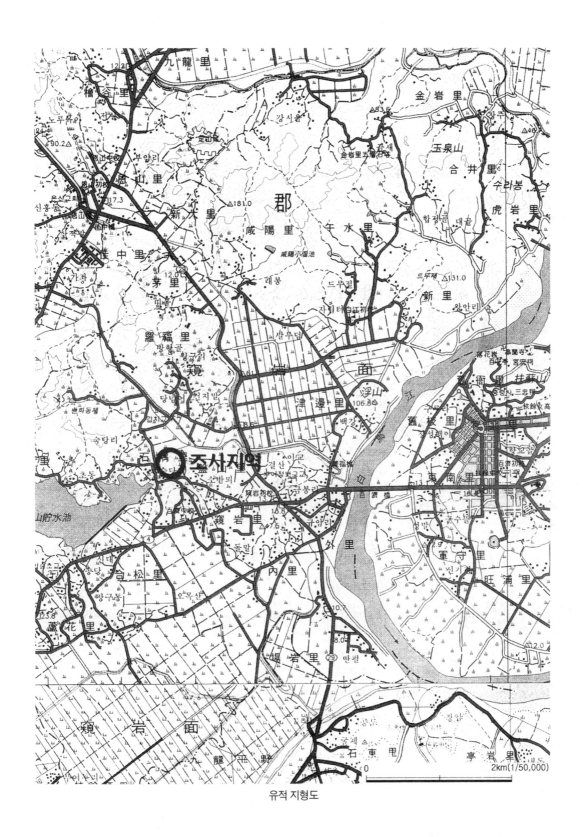

유적 지형도

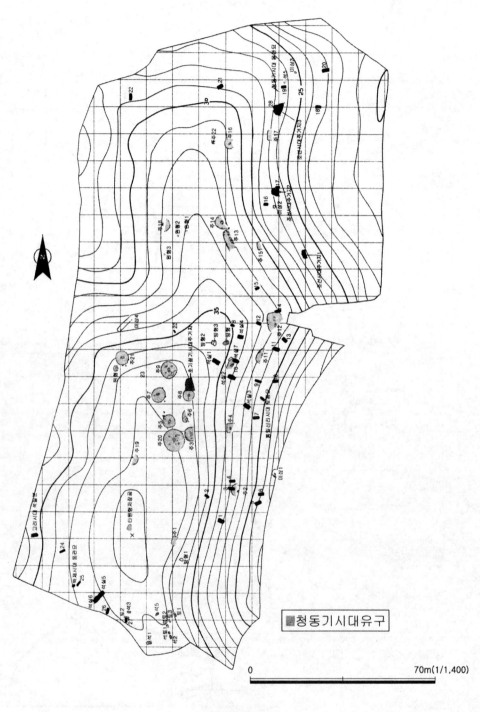

유구 배치도

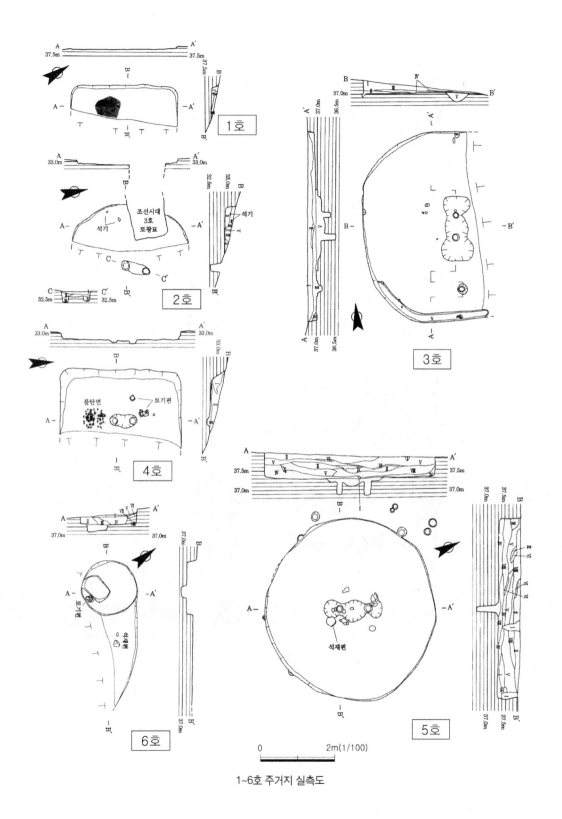

1~6호 주거지 실측도

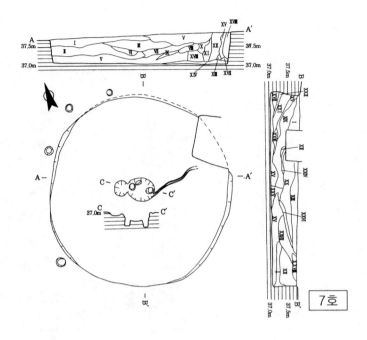

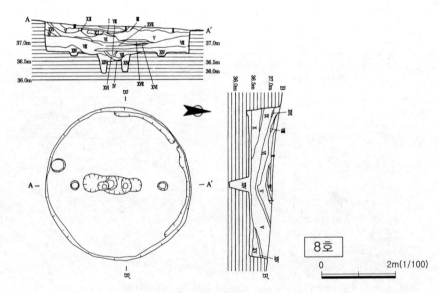

7·8호 주거지 실측도

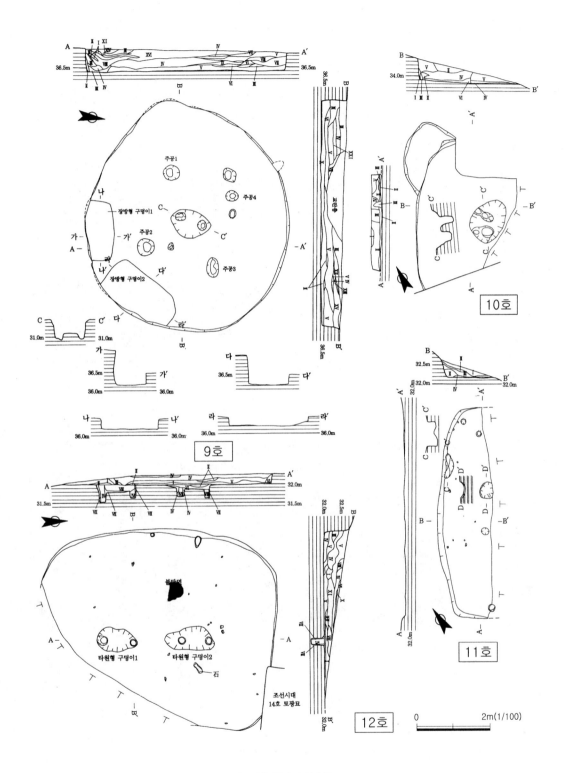

주공1

주공4

나

장방형 구멍이1

C

가 ─ ┌ 가

주공2

A ─

나

장방형 구멍이2

다'

C'

주공3

다

C ┌──┐ C'
31.0m ── ──── ── 31.0m

라

B

가 ┌─────┐ 가'
36.5m ─ 36.5m
36.0m ── ──── ── 36.0m

다 ┌───┐ 다'
36.5m ─ 36.5m
36.0m ── ──── ── 36.0m

나 ┌──┐ 나'
36.0m ── ──── 36.0m

라 ┌─┐ 라'
36.0m ─── ──── 36.0m

9호

10호

11호

타원형 구멍이1

타원형 구멍이2

石

조선시대
14호 토광묘

12호

0 ───────── 2m(1/100)

9~12호 주거지 실측도

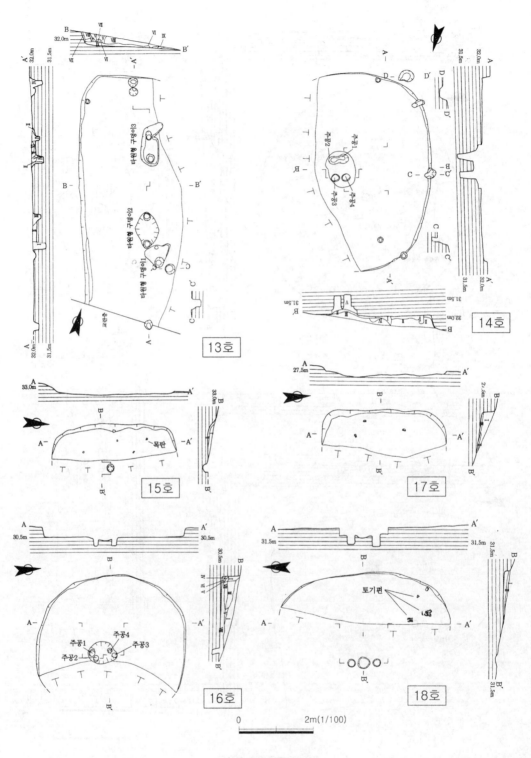

13~18호 주거지 실측도

0   2m(1/100)

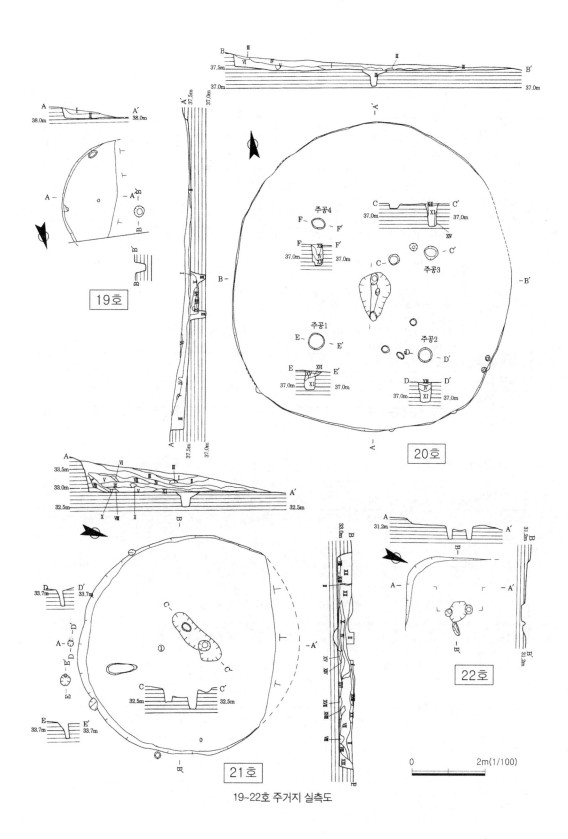

19~22호 주거지 실측도

3. 부여 송국리유적

1) 조사 개요

유적 위치	충청남도 부여군 초촌면 송국리 일대
조사 기간	1974년 4월 19일, 1975년 9월 25일~12월 25일, 1976년 4월 6일~4월 17일, 1977년 11월 15일~11월 26일, 1978년 5월 2일~5월 18일, 1985년 9월 23일~10월 19일, 1986년 10월 10일~11월 2일, 1987년 10월 12일~11월 7일, 1991년 3월 10일~3월 20일, 1992년 3월 20일~3월 28일, 1992년 4월 27일~6월 23일, 1993년 2월 8일~4월 8일, 1997년 3월 6일~6월 12일
조사 면적	450,000m²
조사 기관	국립중앙박물관, 국립공주박물관, 국립부여박물관
보고서	김영배·안승주, 1975, 「부여 송국리 요령식동검출토 석관묘」, 『백제문화』7·8, 공주사범대학부설백제문화연구소 안승주, 1980, 「공주 남산리지역의 고대문화」, 『백제문화』13, 공주사범대학부설백제문화연구소 강인구·이건무·한영희·이강승, 1979, 『송국리』I, 국립중앙박물관 지건길·안승모·송의정, 1986, 『송국리』II, 국립중앙박물관 국립중앙박물관, 1987, 『송국리』III 김길식, 1993, 『송국리』V, 국립공주박물관 김길식, 1998, 「부여 송국리 무문토기시대묘」, 『고고학지』9, 한국고고미술연구소 국립부여박물관, 2000, 『송국리』VI
주거지 수	41(미조사 주거지 제외)
유적 입지	구릉(해발 30~45m)
추정 연대	기원전 6~4세기
관련 유구	부속유구 6기, 저장공 3기, 요지 2기, 석관묘 3기, 토광묘 5기, 옹관묘 6기, 호상유구 2기, 목책렬, 녹채, 굴립주건물지, 대지조성면(미조사 유구 제외)

2) 주거지 속성

유구 번호	형태	규모(cm) 장축	규모(cm) 단축	규모(cm) 깊이	면적 (m²)	내부시설	주요 출토유물	화재 유무	선후 관계	절대연대 (BC)
17-1호	원형	350	340	58	9.3	타원형토광, 점토다짐	외반구연토기, 지석	무		
50-1호	원형	420	400	20	13.2	타원형토광	외반구연토기, 두형토기, 유경석검, 일단경촉, 삼각형석도	무		
50-2호	원형	500 추정	470	80	18.4 추정	타원형토광, 점토다짐	외반구연토기, 석검, 일단경촉, 토구	무		
50-3호	원형	530	490	100	20.4	타원형토광 점토다짐	외반구연토기, 석검, 일단경촉	무	50-3호·2호 저장공 중복	
50-4호	장방형	350	240 잔존	40	·	소형수혈	외반구연토기, 일단경촉	무		
53-1호	장방형	390	260	12	10.1	주공	외반구연토기, 마연발, 일단경촉	유		
53-A호	장방형	465 잔존	320 잔존	35	·	일부점토다짐	삼각형석도	유	53-A호→ 대지조성면	
54-1호	장방형	580 잔존	400	20	·	일부점토다짐	외반구연토기, 일단경촉, 벼	유		980-660/900-400 C14연대
54-2호	장방형	710	400	27	28.4	일부점토다짐	외반구연토기, 플라스크형토기, 유경석검, 삼각형석도, 관옥	유		
54-3호	장방형	570	420	30	23.9	일부점토다짐	외반구연토기, 삼각형석도	유		
54-5호	방형	468	410	35	19.2	토광형노지	외반구연토기, 플라스크형토기, 마연호, 마연발, 삼각형석도	유		800-400 C14연대

54-6호	장방형	565	418	25	23.6	토광형노지, 점토다짐	외반구연토기, 마연발	무	
54-7호	장방형	420	290	40	12.2	무시설식노지	플라스크형토기, 관옥	유	
54-8호	장방형	415	305	30	12.7	토광형노지	외반구연토기, 적철광	무	
54-9호	장방형	640 추정	310	35 추정	19.8 추정	무시설식노지 2개	외반구연토기, 마연발	무	
54-10호	장방형	430 잔존	300	37	·	주공	외반구연토기, 일단경촉	유	
54-11호	방형	494	416	30	20.6	무시설식노지, 일부점토다짐	외반구연토기, 유경석검, 주형석도, 벼	유	
54-12호	장방형	824 추정	460	45	37.9 추정	토광형노지 3개, 점토다짐	외반구연토기, 파수토기	유	목책렬→ 54-12호
54-13호	장방형	305	220 잔존	20	·	주공	외반구연토기, 벼	유	
54-14호	장방형	580	315	30	18.3	토광형노지 3개	외반구연토기, 플라스크형토기, 삼각형석도	유	목책렬→ 54-14호
54-15호	장방형	747	377	45	28.2	무시설식노지 3개	외반구연토기, 마연발, 유경석검, 유구석부, 석겸	유	목책렬→ 54-15호
54-16호	방형	270	270	15	7.3	무시설식노지	지석	무	
54-18호	방형	330	310	10	10.2	무시설식노지	외반구연토기	무	
54-19호	장방형	446	327	20	14.6	토광형노지	삼각형석도	무	
54-20호	방형	607	470	30	28.5		외반구연토기, 벼	유	
54-21호	장방형	650	360	40	23.4	토광형노지	외반구연토기, 유경석검, 조	무	
54-22호	장방형	480	340	23	16.3	무시설식노지	적색마연양이부호, 일단경촉, 유구석부, 조	유	
54-23호	세장방형	1,380	580	45	80.0	부분조사	외반구연토기, 유경석검, 일단경촉, 환상석부, 관옥	유	목책렬→ 54-23호
54-A호	원형	333	323	32	8.4	타원형토광	관옥	무	
54-B호	원형	475	420	60	15.7	타원형토광	지석, 방추차	무	목책렬→ 54-B호
54-1호 원형	원형	430	375	30	12.7	타원형토광, 일부점토다짐	지석, 방추차	무	
54-2호 원형	원형	480	480	130	18.1	타원형토광, 점토다짐	외반구연토기	무	
55-1호	원형	530	530	140	22.1	타원형토광, 불씨보관소	외반구연토기, 일단경촉	무	
55-2호	원형	460	460	80	16.6	타원형토광, 일부점토다짐	외반구연토기, 흑도, 유경석검, 유구석부	유	55-2호→ 55-2-1호
55-2-1호	원형	570 추정	490 추정	50	21.9 추정	타원형토광		무	55-2호→ 55-2-1호
55-3호	원형	490	480	110	18.5	타원형토광, 일부점토다짐	일단경촉, 유구석부	무	
55-4호	타원형	700	550	90	30.2	타원형토광, 4주, 벽구	외반구연토기, 일단경촉, 환상석부	무	
55-5호	원형	490	470	93	18.1	타원형토광	외반구연토기, 두형토기, 삼각형석도, 유구석부	무	

55-6호	원형	500	500	150	19.6	타원형토광, 점토다짐	외반구연토기, 플라스크형토기, 흑도, 유경석검, 삼각형석도	무		
55-7호	원형	470	460	80	17.0	타원형토광, 점토다짐	석검, 일단경촉	무		
57-1호	장방형	550 추정	280	30	15.4 추정	일부점토다짐	외반구연토기, 일단경촉	유		

※ 송국리유적에 대한 세부적인 내용은 필자의 논문에서 이미 재검토한 바 있어 이를 따라 수정하였다
(孫晙鎬, 2007, 「松菊里遺蹟 再考」 『古文化』70, 한국대학박물관협회).

유적 지형도

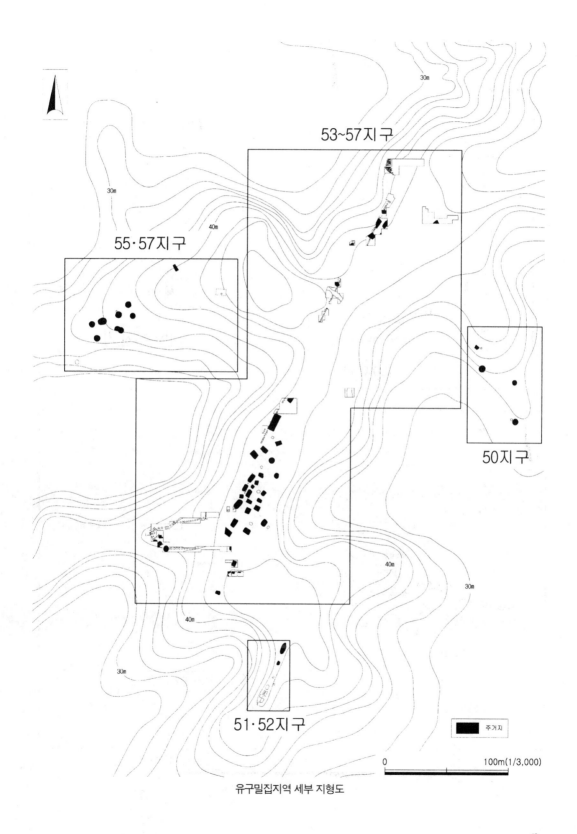

53~57지구

55·57지구

50지구

51·52지구

주거지

0   100m(1/3,000)

유구밀집지역 세부 지형도

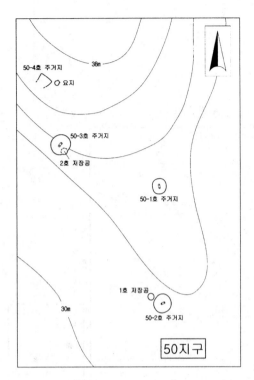

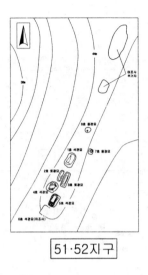

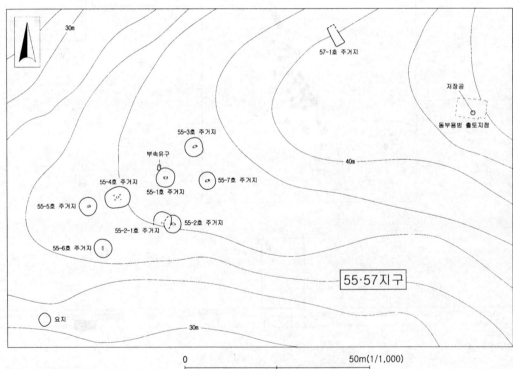

50~52 · 55 · 57지구 유구 배치도

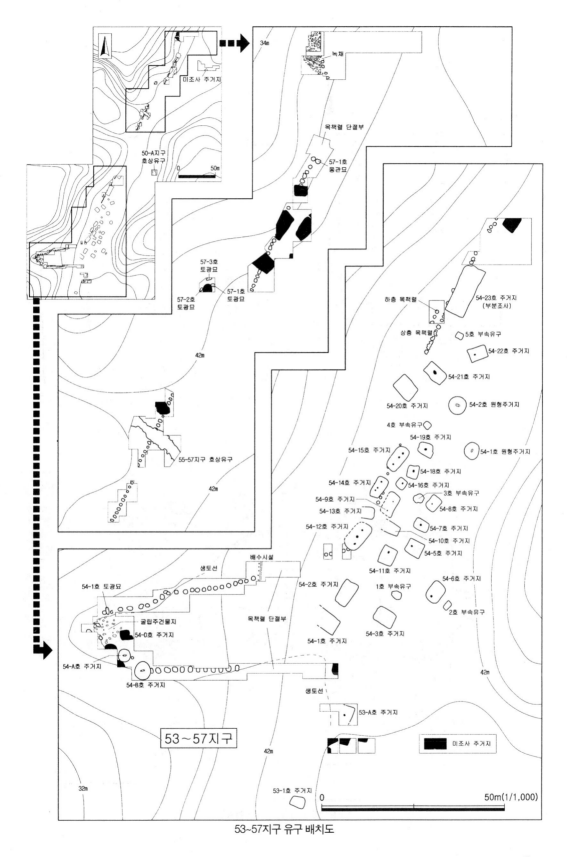

34m

녹채

목책렬 단절부

57-1호
옹관묘

50-A지구
호상유구

0   50m

57-3호
토광묘

57-1호
토광묘

57-2호
토광묘

하층 목책렬

상층 목책렬

54-23호 주거지
(부분조사)

5호 부속유구

54-22호 주거지

54-21호 주거지

54-20호 주거지

54-2호 원형주거지

4호 부속유구

42m

54-19호 주거지

54-15호 주거지

54-1호 원형주거지

55-57지구 호상유구

54-18호 주거지

54-14호 주거지

54-16호 주거지

3호 부속유구

42m

54-9호 주거지

54-13호 주거지

54-8호 주거지

54-12호 주거지

54-7호 주거지

54-10호 주거지

54-5호 주거지

54-11호 주거지

생토선

배수시설

54-1호 토광묘

1호 부속유구

54-6호 주거지

54-2호 주거지

굴립주건물지

목책렬 단절부

2호 부속유구

54-D호 주거지

54-A호 주거지

54-1호 주거지

54-3호 주거지

54-B호 주거지

생토선

53~57지구

53-A호 주거지

42m

미조사 주거지

32m

42m

53-1호 주거지

0   50m(1/1,000)

53~57지구 유구 배치도

충청남도 • 83

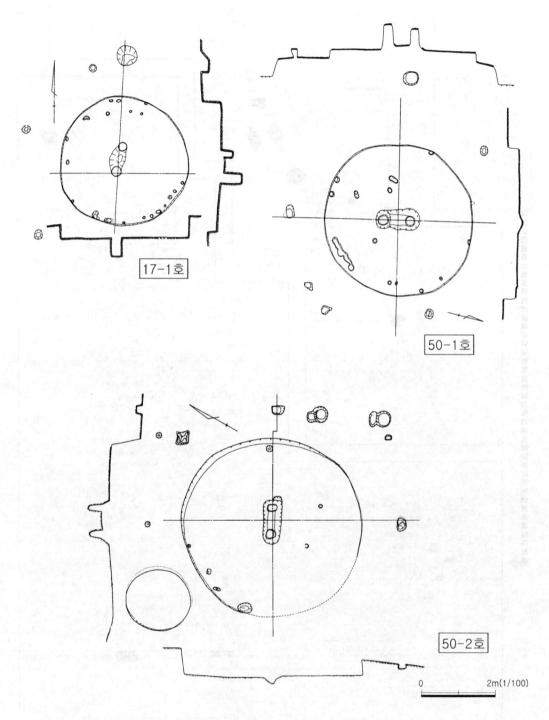

17-1호

50-1호

50-2호

0   2m(1/100)

17-1 · 50-1 · 2호 주거지 실측도

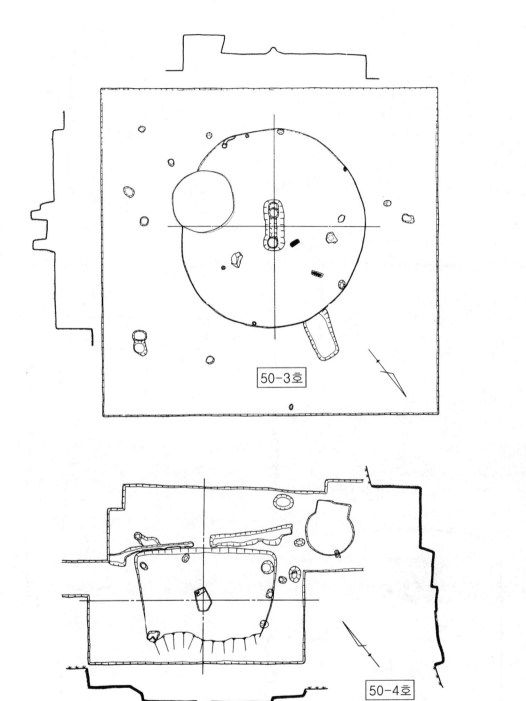

50-3호

50-4호

0   2m(1/100)

50-3·4호 주거지 실측도

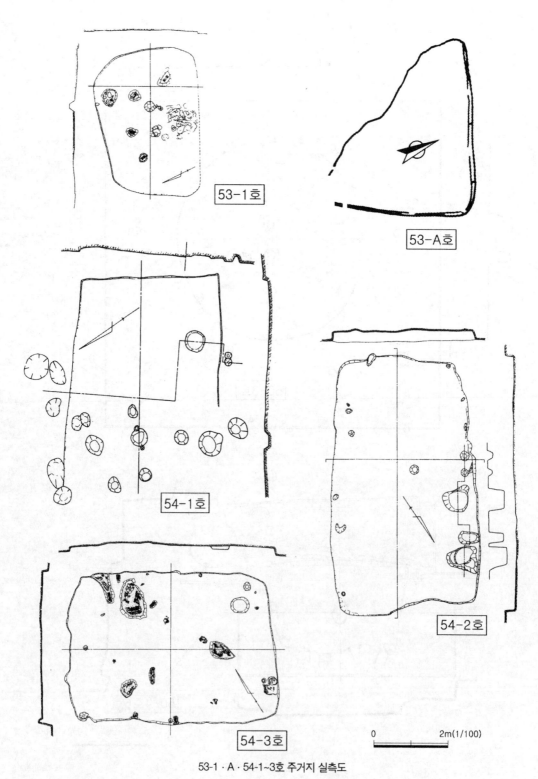

53-1호

53-A호

54-1호

54-2호

54-3호

0   2m(1/100)

53-1 · A · 54-1~3호 주거지 실측도

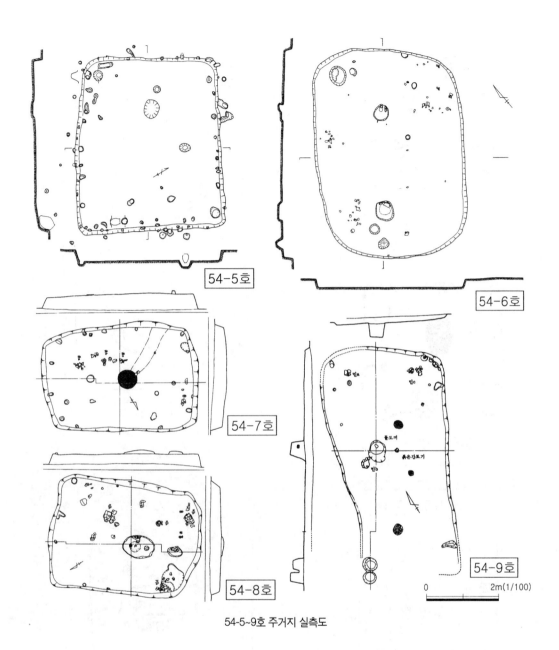

54-5호

54-6호

54-7호

54-8호

54-9호

0   2m(1/100)

54-5~9호 주거지 실측도

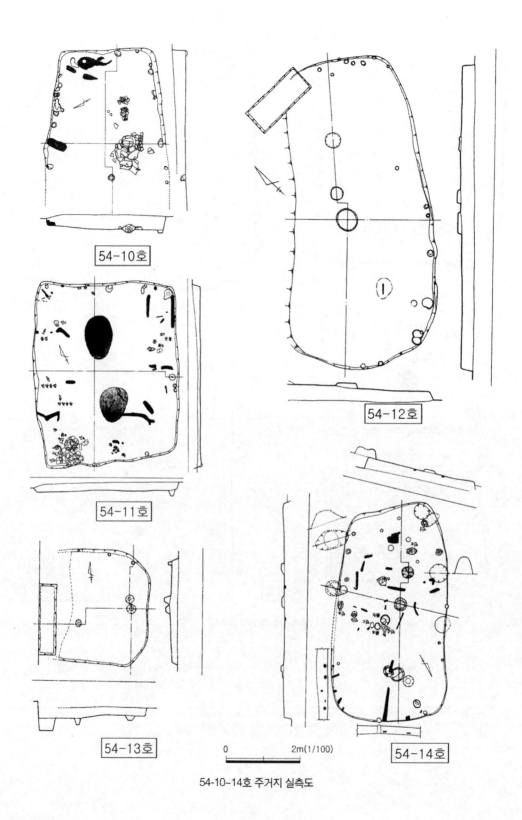

54-10호

54-12호

54-11호

54-13호

0   2m(1/100)

54-14호

54-10~14호 주거지 실측도

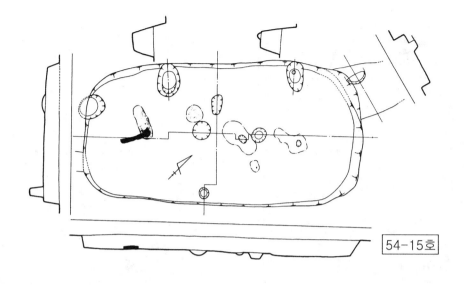

54-15호

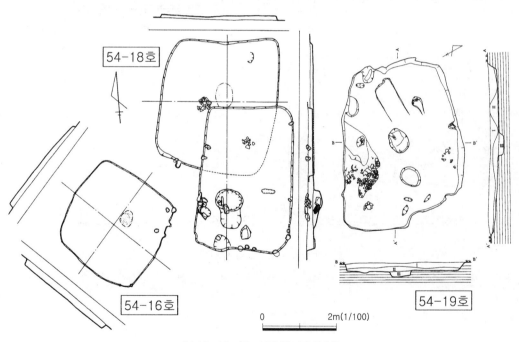

54-18호

54-16호

54-19호

0   2m(1/100)

54-15 · 16 · 18 · 19호 주거지 실측도

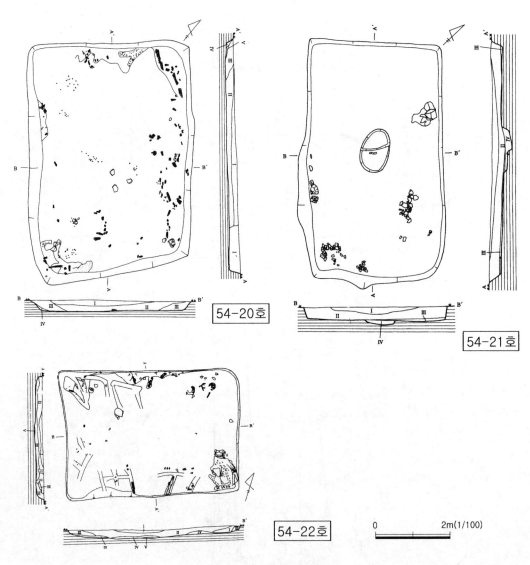

54-20호

54-21호

54-22호

0   2m(1/100)

54-20~22호 주거지 실측도

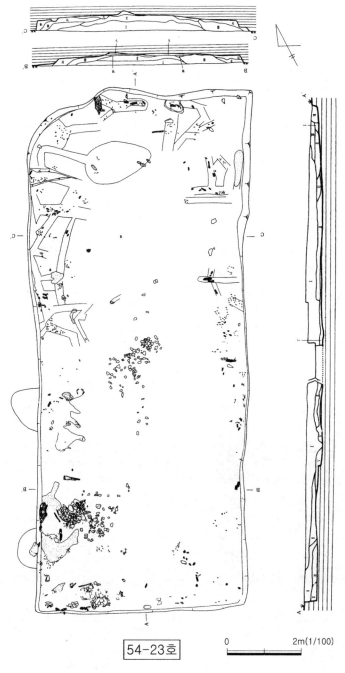

54-23호

0   2m(1/100)

54-23호 주거지 실측도

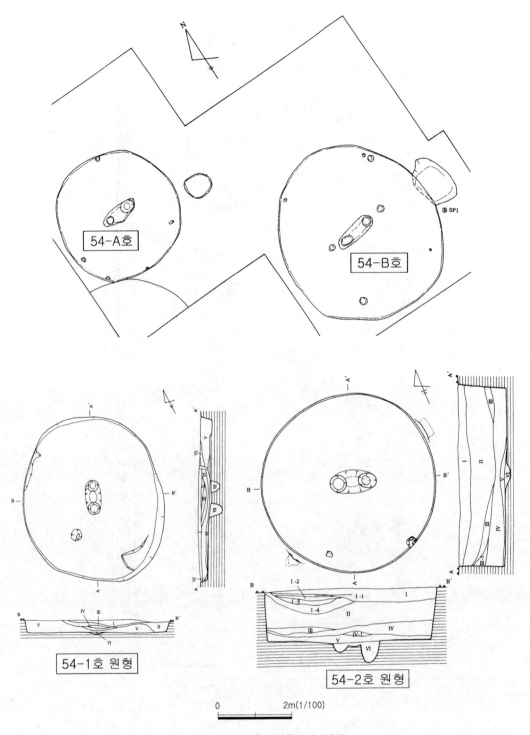

54-A호

54-B호

SP1

54-1호 원형

54-2호 원형

0   2m(1/100)

54-A · B호 · 1 · 2호 원형 주거지 실측도

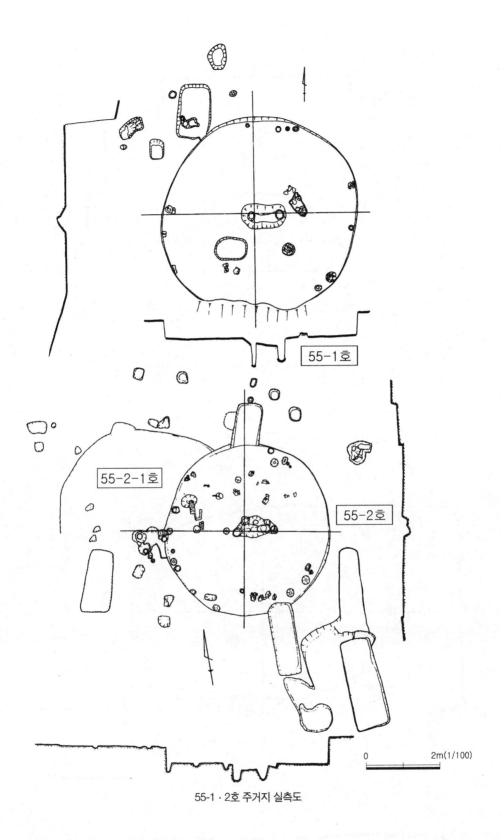

55-1호

55-2-1호

55-2호

0   2m(1/100)

55-1 · 2호 주거지 실측도

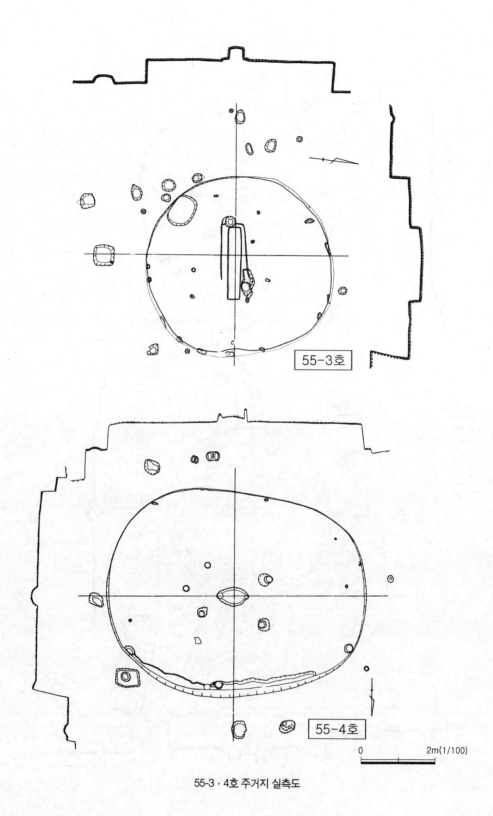

55-3호

55-4호

0   2m(1/100)

55-3 · 4호 주거지 실측도

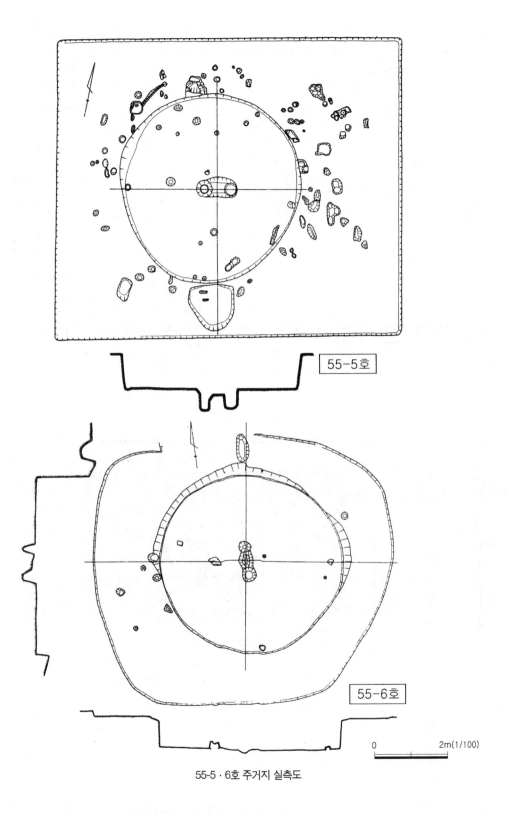

55-5호

55-6호

0   2m(1/100)

55-5 · 6호 주거지 실측도

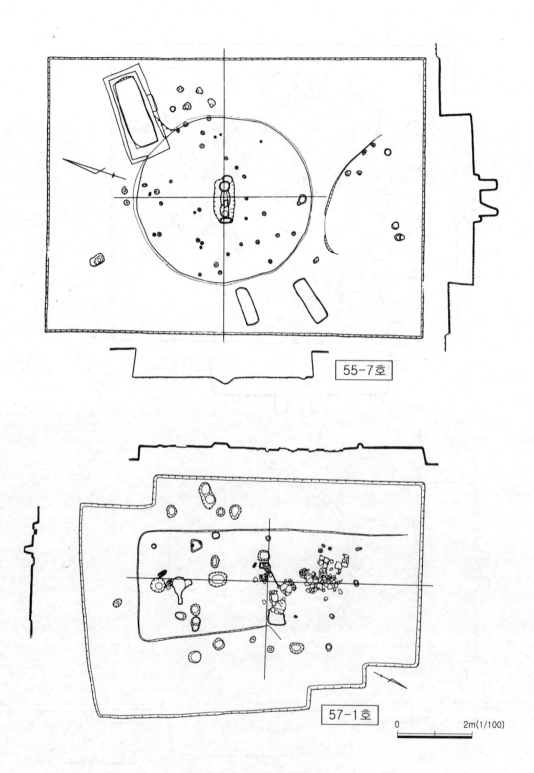

55-7호

57-1호

0   2m(1/100)

55-7 · 57-1호 주거지 실측도

4. 부여 증산리유적

1) 조사 개요

유적 위치	충청남도 부여군 석성면 증산리 1289-21번지 일대
조사 기간	2002년 9월 2일~10월 31일
조사 면적	4,000m²
조사 기관	충청남도역사문화원
보고서	충청남도역사문화원, 2004, 『부여 증산리유적』
주거지 수	14
유적 입지	I지점-구릉(해발 30~40m)
추정 연대	송국리형문화 단계
관련 유구	소형수혈유구 7기

2) 주거지 속성

유구 번호	형태	규모(cm)			면적 (m²)	내부시설	주요 출토유물	화재 유무	선후 관계	절대연대 (BC)
		장축	단축	깊이						
1호	원형	468 추정	456 추정	56	17.4 추정	타원형토광, 불다짐	무문토기저부	무		800-200 C14연대
2호	원형	456	450	40	16.1	타원형토광, 불다짐	무문토기동체부, 방추차	무		1,300-550 C14연대
3호	장타원형	686	478	69	25.7	벽감, 불다짐	무문토기저부, 적색마연토기, 지석	무		770-480 · 470 -410 AMS
4-1호	원형	420 추정	378	44	12.5 추정	타원형토광, 불다짐	외반구연토기, 무문토기저부, 적색마연토기, 석도	무	4-1호→4-2 호	
4-2호	원형	560	384 잔존	24	·	소토부 2개, 불다짐		무	4-1·5호→ 4-2호	
5호	원형	408	400 추정	30	12.8 추정	벽구, 불다짐		무	5호→4-2· 6호	
6호	원형	438	432	50	14.9	타원형토광, 불다짐	외반구연토기, 적색마연토기, 지석	무	소형수혈 · 5호→6호	800-510 AMS
7호	원형	618	612	122	29.7	타원형토광, 불다짐	외반구연토기, 적색마연토기, 일단경촉, 삼각형석도, 지석	유		900-520 C14연대
8호	원형	432 추정	396	36	13.4 추정	타원형토광	외반구연토기, 무문토기저부	무	9호→8호	
9호	원형	462	300 잔존	40	·			무	9호→8호	
10호	원형	570	534	60	23.9	타원형토광, 벽감, 불다짐	외반구연토기, 무문토기저부, 일단경촉	무	10호→11호	
11호	원형	456	438	60	15.7	타원형토광, 벽감, 불다짐	외반구연토기, 방추차, 지석	무	10호→11호	
12호	원형	378	312	40	9.3	타원형토광, 불다짐	외반구연토기, 방추차	무		
13호	원형	426	414	25	13.8	타원형토광, 불다짐	외반구연토기, 적색마연토기, 지석	무		800-150 C14연대

※ 보고자는 4-1 · 2호를 한 주거지의 증축 양상으로 파악하였으나, 제시된 층위 도면을 볼 때 4-1호 주거지가 폐기된 다음 4-2호 주거지가 축조된 것으로 판단된다. 이는 앞서 축조된 주거지의 벽면을 재이용한 사례로 생각되며, 따라서 주거지는 총 14기가 된다. 한편, 6호 주거지 내부에서 확인된 원형 시설물도 층위 양상을 통하여 주거지보다 앞서 축조된 유구로 판단되기 때문에, 이를 소형수혈유구로 상정하였다.

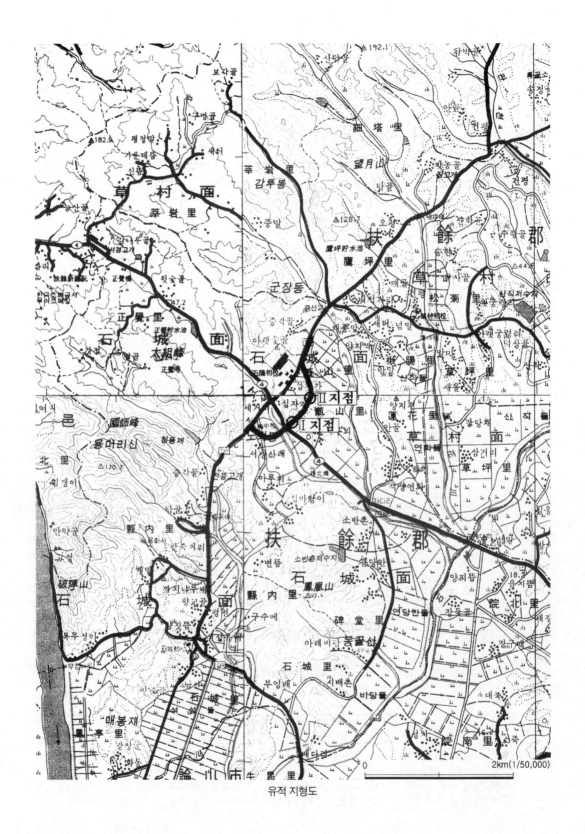

유적 지형도

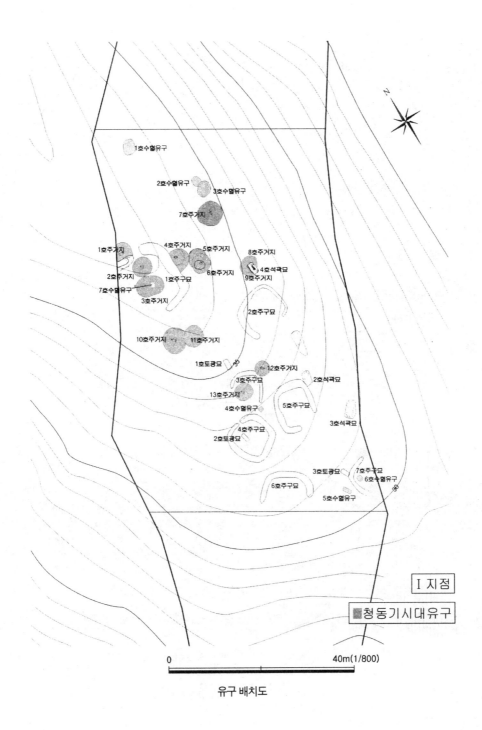

1호수혈유구

2호수혈유구
3호수혈유구

7호주거지

1호주거지   4호주거지   5호주거지   8호주거지

2호주거지   6호주거지   4호석곽묘
7호수혈유구   1호주구묘   9호주거지

3호주거지
                                            2호주구묘

10호주거지   11호주거지

1호토광묘   12호주거지

3호주구묘   2호석곽묘
13호주거지

4호수혈유구   5호주구묘

4호주구묘   3호석곽묘
2호토광묘

3호토광묘   7호주구묘
6호주구묘   6호수혈유구
5호수혈유구

Ⅰ지점

청동기시대유구

0   40m(1/800)

유구 배치도

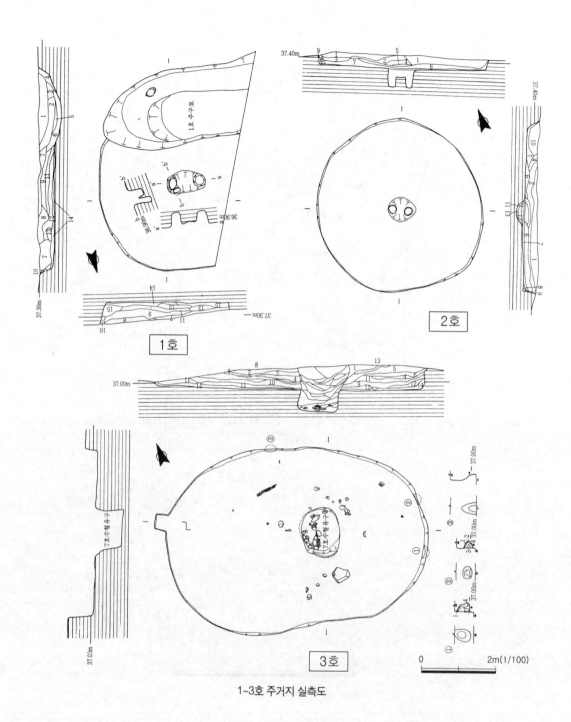

1~3호 주거지 실측도

2m(1/100)

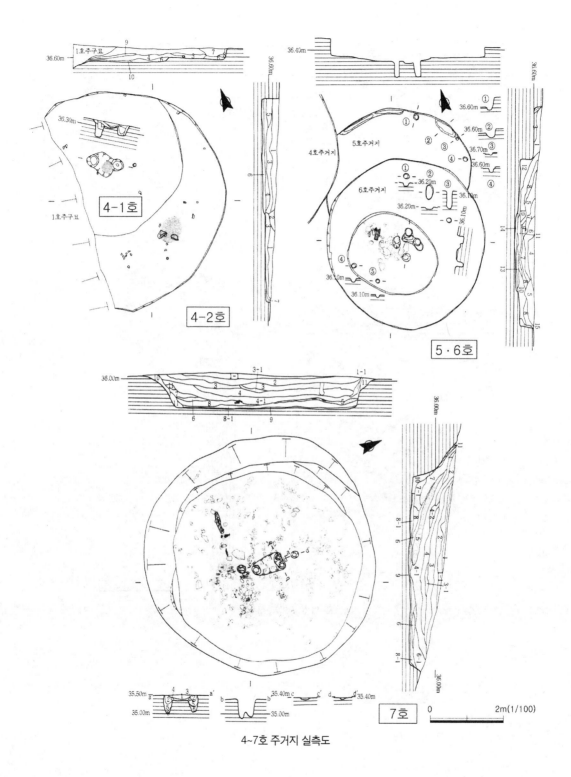

4~7호 주거지 실측도

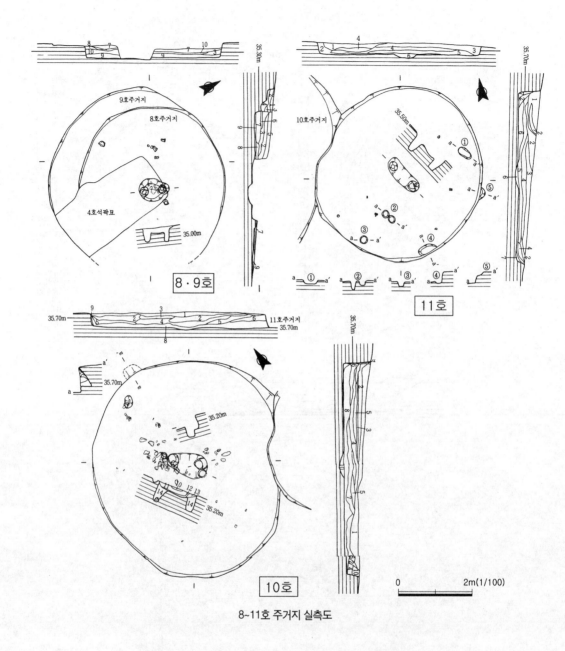

8~11호 주거지 실측도

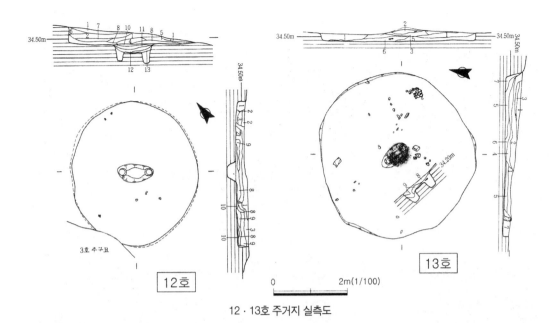

12 · 13호 주거지 실측도

5. 부여 송학리유적

1) 조사 개요

유적 위치	충청남도 부여군 남면 송학리 일대
조사 기간	2004년 4월 13일~7월 2일
조사 면적	13,403m²
조사 기관	고려대학교고고환경연구소
보고서	이홍종·손준호·山本孝文·최인건, 2006,『부여-구룡간 도로확장 및 포장공사 구간내 문화유적 발굴조사보고서』, 고려대학교고고환경연구소
주거지 수	5
유적 입지	'나'유적-구릉(해발 23~27m)
추정 연대	기원전 850년 전후
관련 유구	석관묘 1기, 구시설, 논유구

2) 주거지 속성

유구 번호	형태	규모(cm)			면적 (m²)	내부시설	주요 출토유물	화재 유무	절대연대 (BC)
		장축	단축	깊이					
KC 001	말각방형	438 추정	423 추정	39	18.5 추정	타원형토광, 벽구	무문토기저부, 방추차	무	
KC 002	방형	429	354	36	15.2	타원형토광	무문토기저부, 편평편인석부, 선형석기	무	
KC 003	방형	405	354	54	14.3	타원형토광	편평편인석부, 선형석기, 지석	무	
KC 004	방형	390	324	54	12.6	타원형토광	지석	무	840 AMS
KC 005	방형	435	156 잔존	35	·		무문토기저부	무	

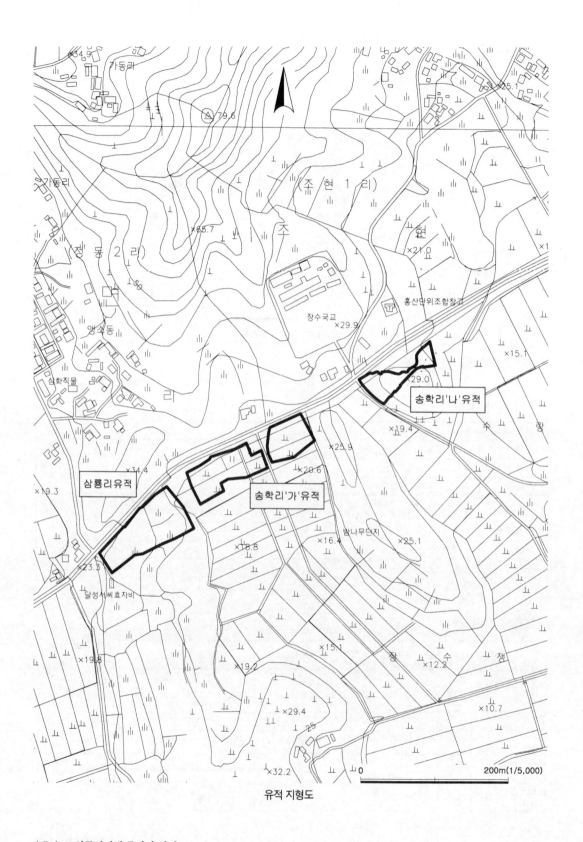

유적 지형도

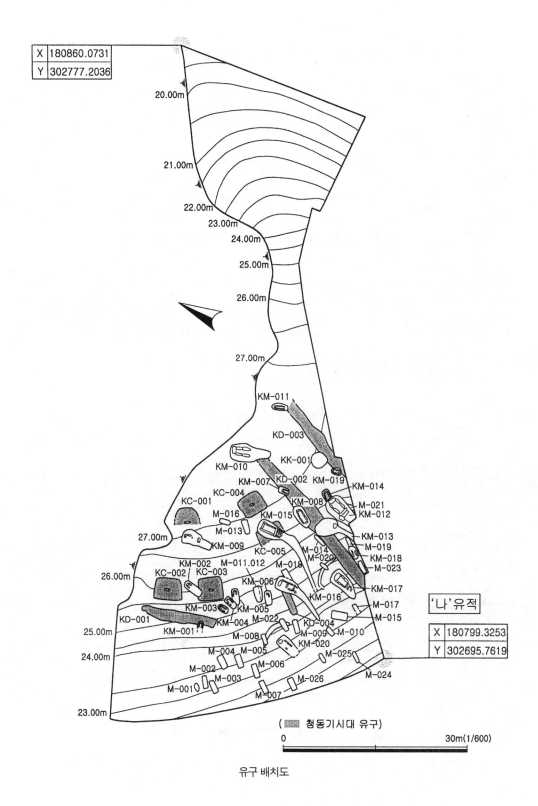

X 180860.0731
Y 302777.2036

20.00m

21.00m

22.00m
23.00m
24.00m

25.00m

26.00m

27.00m

KM-011

KD-003

KM-010

KK-001

KM-007 KD-002 KM-019 KM-014

KC-004

KC-001 KM-008 M-021
KM-012

M-016 KM-015

M-013

27.00m KM-009 KM-013
M-019

KC-005 M-014 KM-018
M-020 M-023

KM-002 M-011.012 M-018

26.00m KC-002 KC-003 KM-017

KM-006

KM-016

KD-001 KM-003 KM-005 M-017
M-015

KM-004 M-022

25.00m KM-001 KD-004

M-008 M-009 M-010

KM-020

24.00m M-004 M-005 M-025

M-002 M-006

M-001 M-003 M-026 M-024

M-007

23.00m

'나'유적

X 180799.3253
Y 302695.7619

(▨ 청동기시대 유구)

0   30m(1/600)

유구 배치도

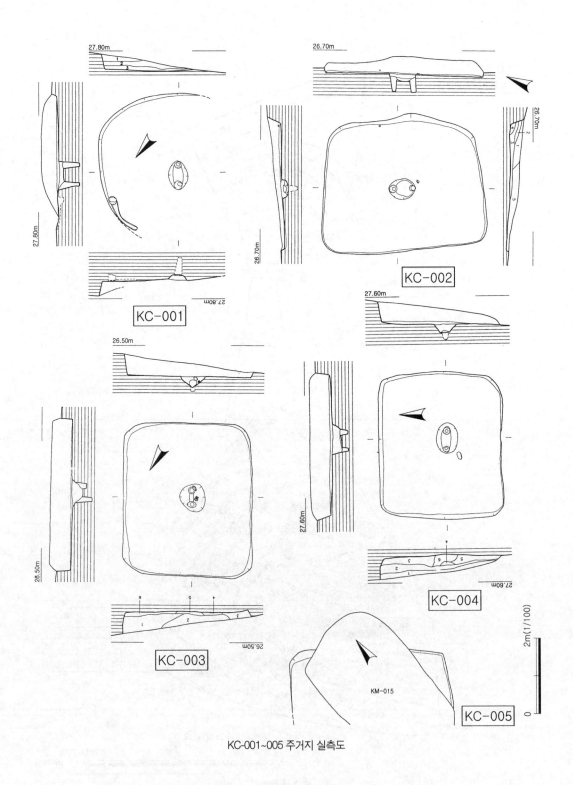

KC-001

KC-002

KC-003

KC-004

KC-005

KM-015

27.80m

26.70m

26.50m

27.60m

2m(1/100)

0

KC-001~005 주거지 실측도

6. 부여 삼룡리유적

1) 조사 개요

유적 위치	충청남도 부여군 남면 삼룡리 일대
조사 기간	2004년 3월 23일~4월 12일
조사 면적	5,994m²
조사 기관	고려대학교고고환경연구소
보고서	이홍종·손준호·山本孝文·최인건, 2006,『부여-구룡간 도로확장 및 포장공사 구간내 문화유적 발굴조사보고서』, 고려대학교고고환경연구소
주거지 수	3
유적 입지	구릉(해발 26~30m)
추정 연대	기원전 850년 전후
관련 유구	없음

2) 주거지 속성

유구 번호	형태	규모(cm)			면적 (m²)	내부시설	주요 출토유물	화재 유무
		장축	단축	깊이				
KC 002		·	·	·	·	타원형토광	지석	무
KC 003	장방형	894	352 추정	35	31.5 추정	토광형노지 2개, 벽구	무문토기저부, 환석	무
KC 004	방형	300 추정	300 추정	12	9.0 추정	타원형토광	무문토기	무

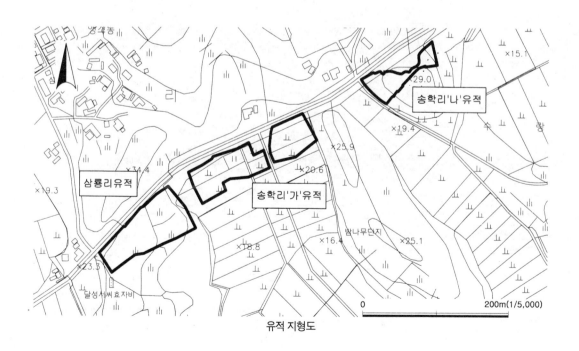

유적 지형도

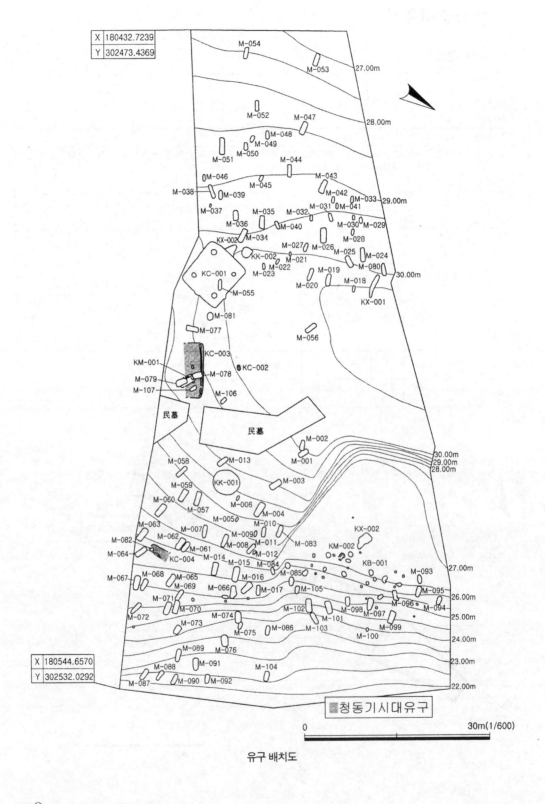

X | 180432.7239
Y | 302473.4369

M-054
M-053   27.00m

M-052
M-047   28.00m
M-048
M-049
M-050
M-051
M-044
M-046   M-043
M-038   M-039 M-045   M-042   M-033 29.00m
M-037   M-035   M-032 M-031 M-041
M-036   M-040   M-030 M-029
KX-002   M-034   M-028
KK-002   M-027 M-026 M-025 M-024
M-021 M-022   M-080
KC-001   M-023   M-019 M-018 30.00m
M-055   M-020   KX-001

M-081
M-077
KM-001   KC-003
M-079   M-078   KC-002
M-107   M-106
M-056

民墓   民墓

M-002
M-001   30.00m
M-013   29.00m
M-058   28.00m
KK-001   M-003
M-059
M-060   M-006
M-057   M-005   M-004
M-063   M-010
M-082   M-062   M-007   M-009   M-083   KX-002
M-064   M-061   M-008   M-011   KM-002   KB-001
KC-004   M-014   M-012   M-084   27.00m
M-067   M-068 M-065   M-016   M-085   M-093
M-069   M-105   M-095 26.00m
M-071   M-066   M-017   M-096 M-094
M-070   M-102   M-098 M-097 25.00m
M-072   M-073 M-074   M-101   M-099
M-075   M-086   M-103   M-100   24.00m
M-089   M-076   23.00m
X | 180544.6570
Y | 302532.0292   M-088 M-091   M-104   22.00m
M-087   M-090 M-092

■ 청동기시대유구

0   30m(1/600)

유구 배치도

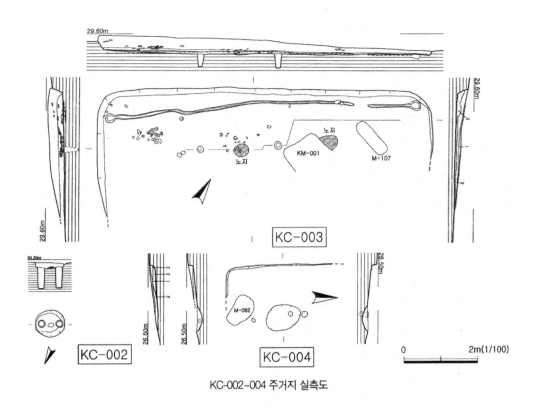

KC-002~004 주거지 실측도

7. 부여 좌홍리유적

1) 조사 개요

유적 위치	충청남도 부여군 홍산면 좌홍리 일대
조사 기간	2004년 3월 23일~4월 12일
조사 면적	3,374m²
조사 기관	고려대학교고고환경연구소
보고서	이홍종·손준호·山本孝文·최인건, 2006, 『부여-구룡간 도로확장 및 포장공사 구간내 문화유적 발굴조사보고서』, 고려대학교고고환경연구소
주거지 수	2
유적 입지	구릉(해발 20~21m)
추정 연대	기원전 850년 전후
관련 유구	없음

2) 주거지 속성

유구 번호	형태	규모(cm)			면적 (m²)	내부시설	주요 출토유물	화재 유무
		장축	단축	깊이				
KC 001	타원형	252	222	45	4.4			무
KC 002	원형	330	330 추정	28	8.5 추정	주공	외반구연토기, 무문토기저부	무

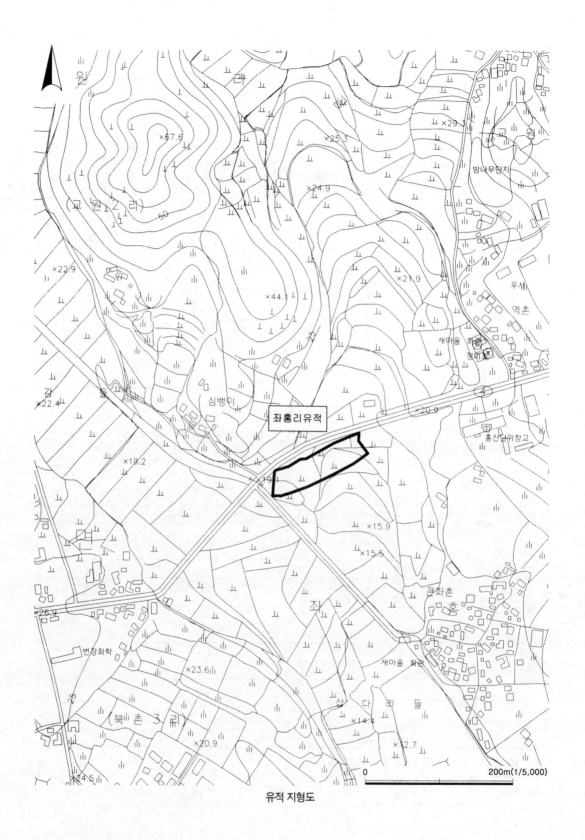

좌홍리유적

0   200m(1/5,000)

유적 지형도

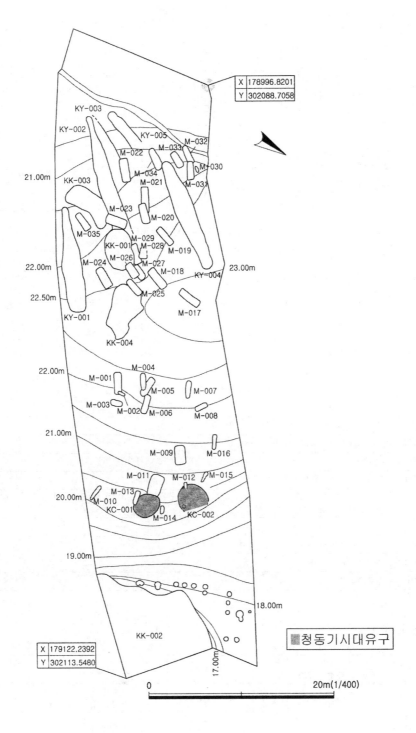

KY-003
KY-002
KY-005
M-032
M-022
M-033
M-030
M-034
M-021
M-031
21.00m
KK-003
M-023
M-020
M-035
M-029
KK-001
M-028
M-019
M-024
M-026
M-027
22.00m
M-018
23.00m
22.50m
M-025
KY-004
KY-001
M-017
KK-004

22.00m
M-004
M-001
M-005
M-007
M-003
M-002
M-006
M-008

21.00m
M-009
M-016

M-011
M-012
M-015
M-013
20.00m
M-010
KC-001
M-014
KC-002

19.00m

18.00m

| X | 179122.2392 |
| Y | 302113.5480 |

KK-002

17.00m

청동기시대유구

0   20m(1/400)

유구 배치도

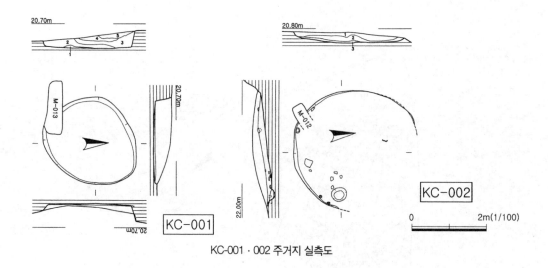

KC-001 · 002 주거지 실측도

8. 부여 신안리유적

1) 조사 개요

유적 위치	충청남도 부여군 옥산면 신안리 일대
조사 기간	2004년 7월 4일~8월 31일
조사 면적	2,273m²
조사 기관	고려대학교고고환경연구소
보고서	이홍종·손준호·山本孝文·최인건, 2006, 『부여-구룡간 도로확장 및 포장공사 구간내 문화유적 발굴조사보고서』, 고려대학교고고환경연구소
주거지 수	1
유적 입지	구릉(해발 38~40m)
추정 연대	기원전 850년 전후
관련 유구	석관묘 5기

2) 주거지 속성

유구 번호	형태	규모(cm)			면적 (m²)	내부시설	주요 출토유물	화재 유무	절대연대 (BC)
		장축	단축	깊이					
KC 001	방형	400	364 추정	50	14.4 추정	타원형토광	외반구연토기, 무문토기저부, 선형석기, 지석	무	860 AMS

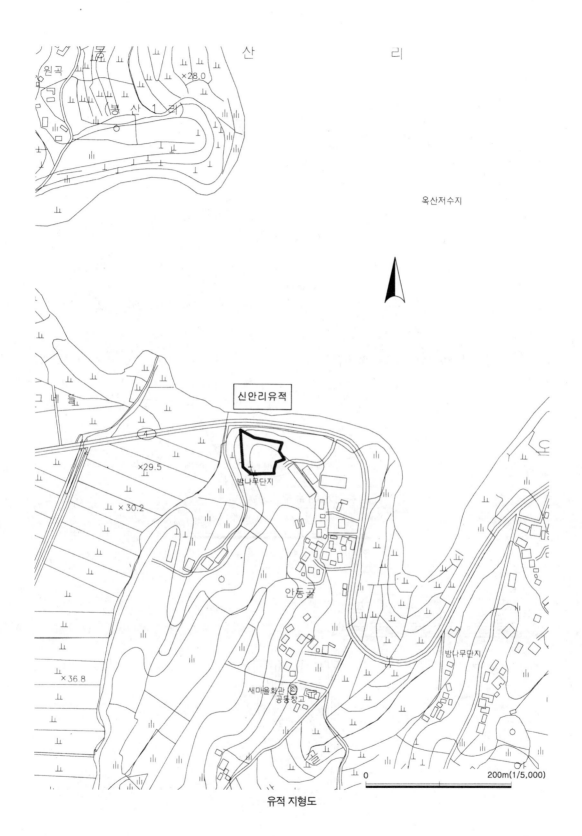

원곡

봉 산 1 리

산

리

×28.0

옥산저수지

그 네 들

신안리유적

×29.5

밤나무단지

×30.2

안동굴

밤나무단지

×36.8

새마을회관
공동창고

0   200m(1/5,000)

유적 지형도

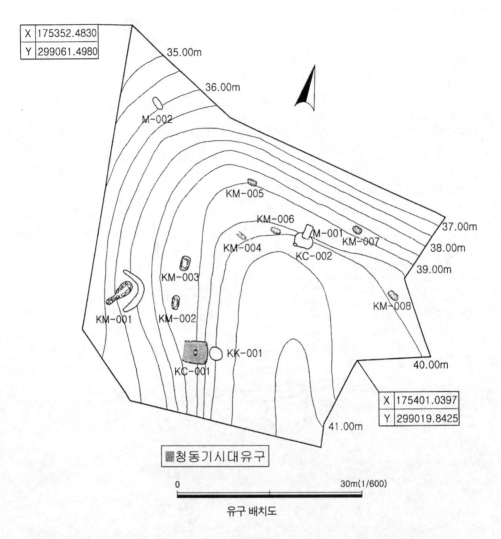

X 175352.4830
Y 299061.4980

35.00m

36.00m

M-002

KM-005

KM-006

KM-004

M-001
KM-007

KC-002

37.00m

38.00m

39.00m

KM-003

KM-001   KM-002

KM-008

KK-001

KC-001

40.00m

X 175401.0397
Y 299019.8425

41.00m

■청동기시대유구

0   30m(1/600)

유구 배치도

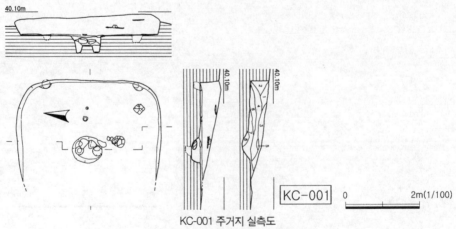

40.10m

40.10m

40.10m

KC-001   0   2m(1/100)

KC-001 주거지 실측도

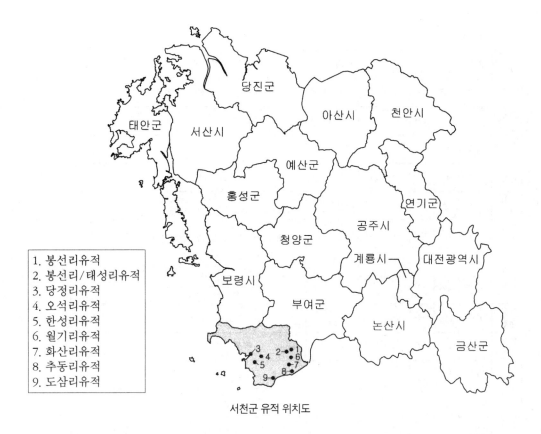

서천군 유적 위치도

1. 서천 봉선리유적

1) 조사 개요

유적 위치	충청남도 서천군 시초면 봉선리 일대
조사 기간	2003년 2월 10일~12월 16일
조사 면적	52,833m²
조사 기관	충청남도역사문화원
보고서	충청남도역사문화원, 2005, 『서천 봉선리유적』
주거지 수	25
유적 입지	3지역-구릉(해발 30~60m)
추정 연대	청동기시대 후기에서 다소 이른 시기
관련 유구	저장공 8기, 석관묘 13기

2) 주거지 속성

유구번호	형태	규모(cm) 장축	단축	깊이	면적(㎡)	내부시설	주요 출토유물	화재유무	선후관계	절대연대(BC)
3-Ⅰ-1호	원형	435	419 추정	57	14.3 추정	타원형토광	무문토기저부, 적색마연토기	무		
3-Ⅰ-2호	원형	372	360	34	10.5	타원형토광	무문토기저부	무		
3-Ⅰ-3호	원형	460	·	15	·		일단경촉	무		
3-Ⅰ-4호	원형	550	420 추정	50	18.1 추정	타원형토광	무문토기저부	무		
3-Ⅱ-1호	원형	520	510	70	20.8	타원형토광	외반구연구순각목문토기, 유경석검, 유혈구이단병검, 외반구연토기	무		
3-Ⅱ-2호	원형	400	339	47	10.6	타원형토광, 소형수혈	외반구연구순각목문토기, 외반구연토기, 일단경촉, 유구석부	무		
3-Ⅱ-3호	원형	425	410	44	13.7	타원형토광	외반구연구순각목문토기, 외반구연토기, 일단병검, 일단경촉	무		900-760 · 680-670 AMS
3-Ⅱ-4호	원형	500	420 추정	64	16.5 추정	타원형토광	갈색마연토기, 편평만입촉	무		
3-Ⅱ-5호	원형	715	650	65	36.5	소형수혈, 주공	외반구연토기, 일단경촉	무		
3-Ⅱ-6호	원형	492	446	20	17.2	타원형토광	무문토기저부	무	6호→12호석관묘	
3-Ⅱ-7호	방형	440	140 잔존	20	·		방추차	무		
3-Ⅱ-8호	장방형	310	165 잔존	40	·		일단경촉	무		
3-Ⅱ-9호	장방형	325	140 잔존	25	·		무문토기	무		
3-Ⅱ-10호	방형	600	200 잔존	25	·		무문토기저부, 일단경촉	무		
3-Ⅲ-1호	원형	396	380	70	11.8	타원형토광	무문토기저부, 석검	무	1호→저장공	970-950 · 930-800 AMS
3-Ⅲ-2호	원형	516	500	75	20.3	타원형토광	무문토기저부, 지석	무		
3-Ⅲ-3호	원형	440	391	60	13.5	타원형토광	외반구연토기, 무문토기저부	무		
3-Ⅲ-4호	원형	402	372	80	11.7	타원형토광	외반구연토기, 무문토기저부	무		
3-Ⅲ-5호	원형	522	200 잔존	22	·		외반구연토기	무		
3-Ⅲ-6호	장방형	458	140 잔존	34	·		무문토기동체부	무		
3-Ⅲ-7호	원형	636 추정	600	145	30.0 추정	타원형토광	외반구연토기, 석검, 편평편인석부	무		
3-Ⅲ-8호	말각세장방형	704	220 잔존	76	·	토광형노지	외반구연구순각목문토기, 외반구연토기, 방추차	무		
3-Ⅲ-9호	말각장방형	266 잔존	90 잔존	38	·		무문토기	무		
3-Ⅲ-10호	원형	900	684 추정	135	48.3 추정	타원형토광, 벽구	외반구연구순각목문토기, 외반구연토기, 적색마연토기, 두형토기	무		
3-Ⅲ-11호	말각방형	570	552 추정	80	31.5 추정	타원형토광	외반구연구순각목문토기, 외반구연토기	무		

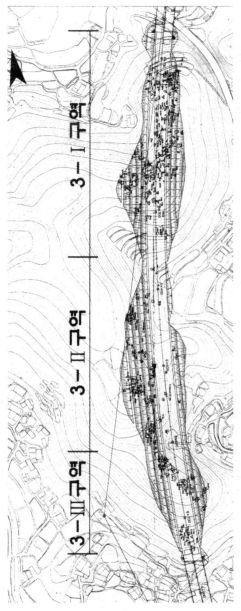

3-I구역

3-II구역

3-III구역

0　　　　　　　　　　　　200m(1/5,000)

유적 지형도

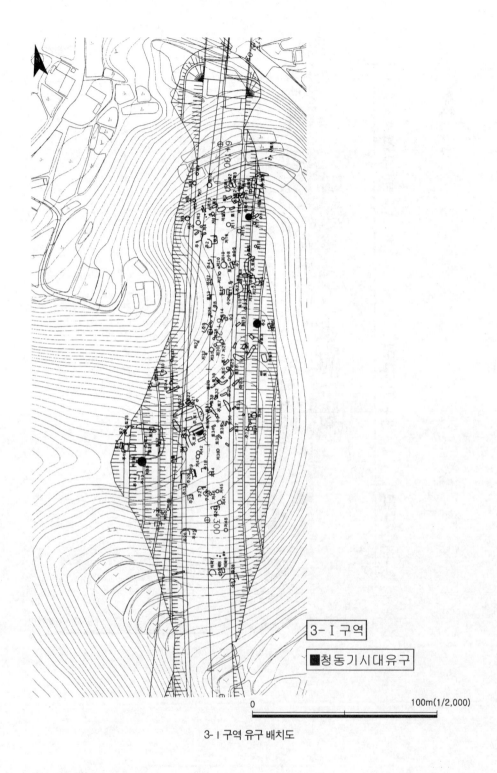

3-Ⅰ구역

■청동기시대유구

0   100m(1/2,000)

3-Ⅰ구역 유구 배치도

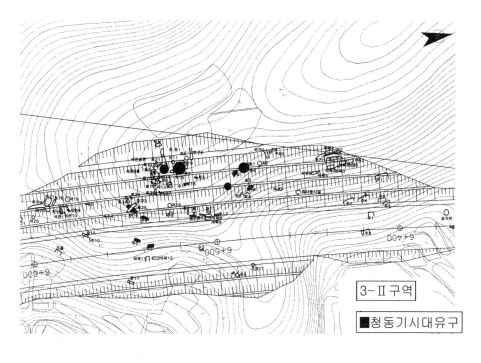

3-Ⅱ구역

■청동기시대유구

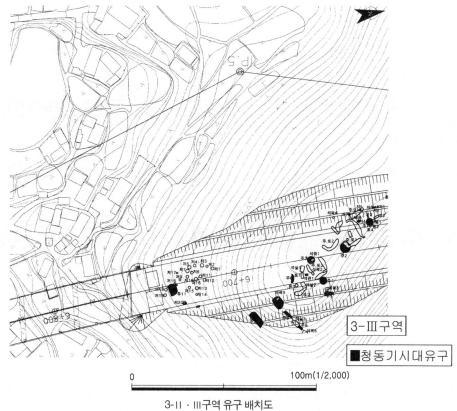

3-Ⅲ구역

■청동기시대유구

0   100m(1/2,000)

3-Ⅱ·Ⅲ구역 유구 배치도

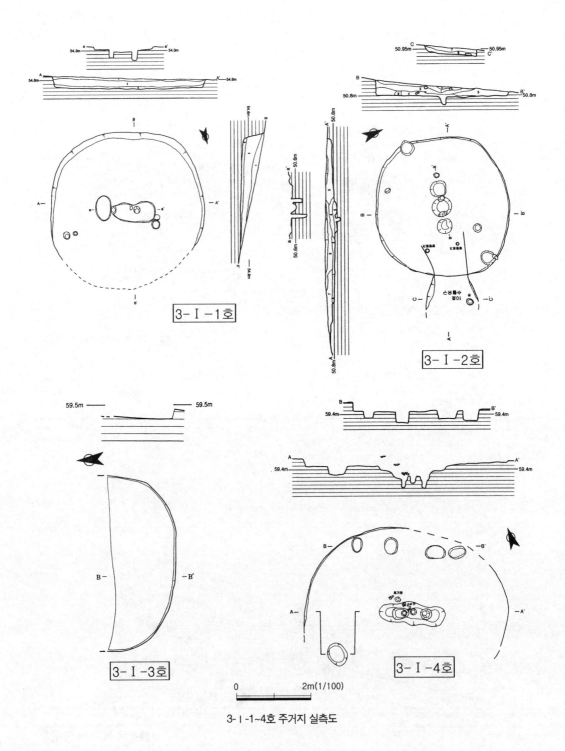

3-Ⅰ-1호

3-Ⅰ-2호

3-Ⅰ-3호

3-Ⅰ-4호

0   2m(1/100)

3-Ⅰ-1~4호 주거지 실측도

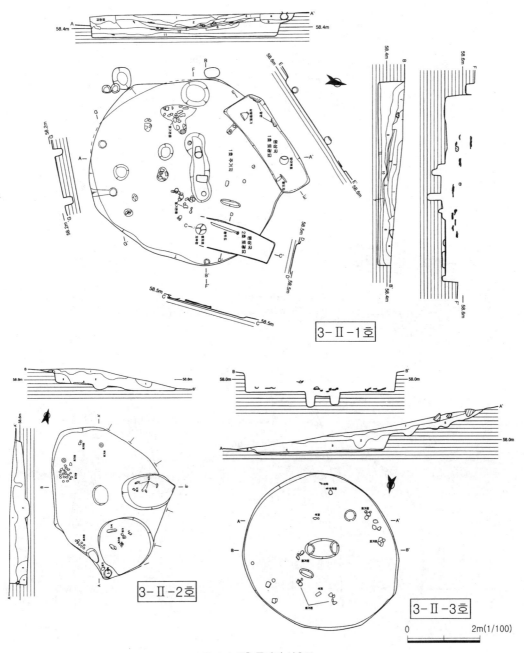

3-II-1호

3-II-2호

3-II-3호

0 ⸻ 2m(1/100)

3-II-1~3호 주거지 실측도

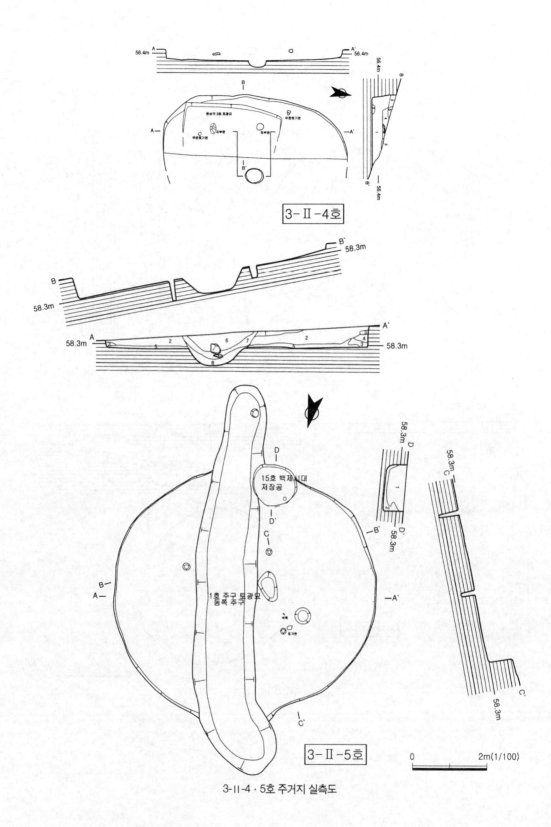

3-II-4·5호 주거지 실측도

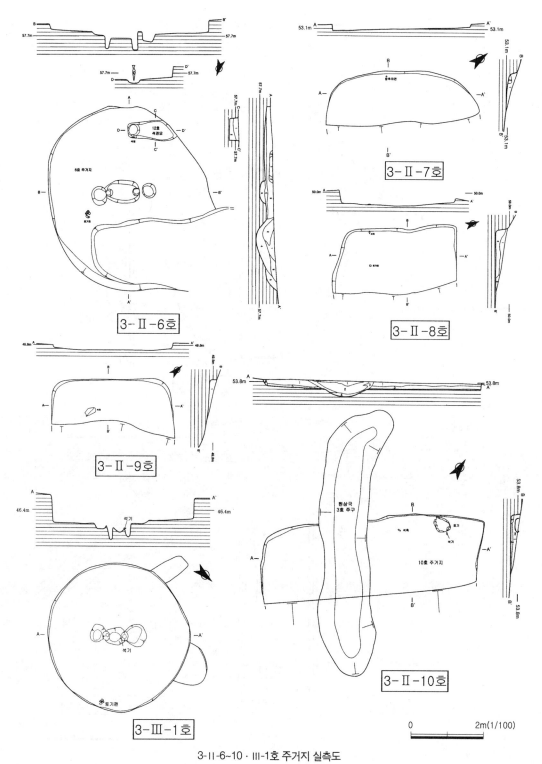

3-II-6호

3-II-7호

3-II-8호

3-II-9호

3-III-1호

3-II-10호

0   2m(1/100)

3-II-6~10 · III-1호 주거지 실측도

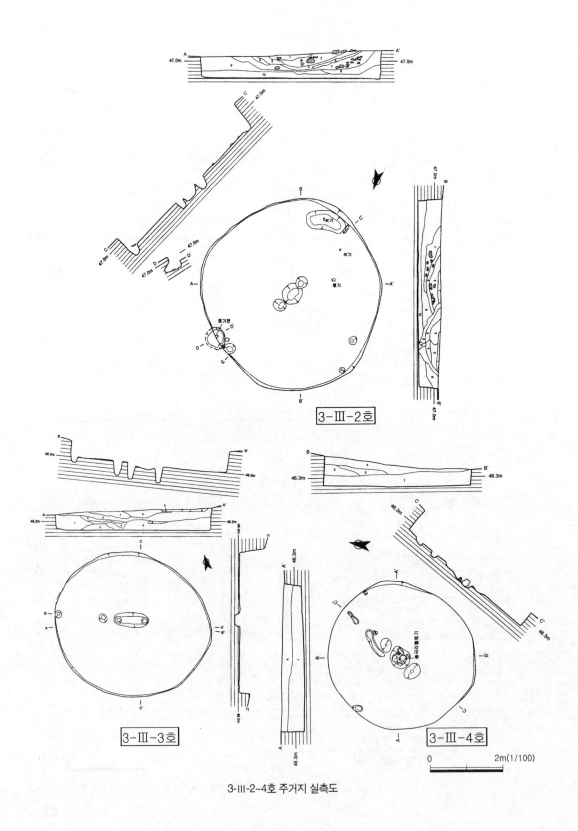

3-III-2~4호 주거지 실측도

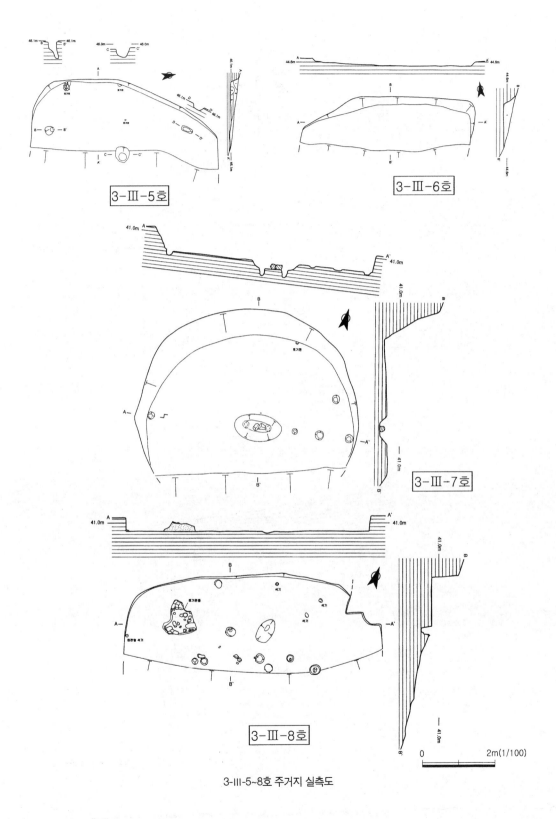

3-Ⅲ-5호

3-Ⅲ-6호

3-Ⅲ-7호

3-Ⅲ-8호

0   2m(1/100)

3-Ⅲ-5~8호 주거지 실측도

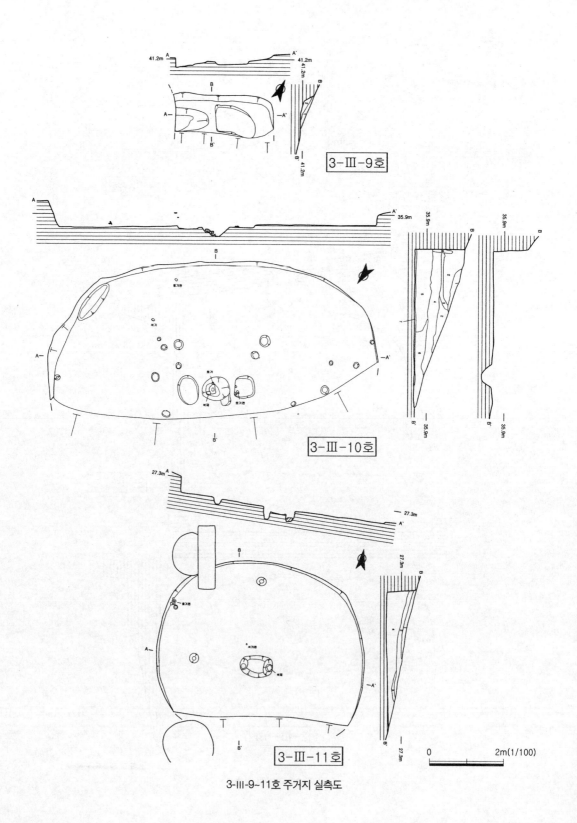

3-Ⅲ-9호

3-Ⅲ-10호

3-Ⅲ-11호

0   2m(1/100)

3-Ⅲ-9~11호 주거지 실측도

2. 서천 봉선리·태성리유적

1) 조사 개요

유적 위치	충청남도 서천군 시초면 봉선리·태성리 일대
조사 기간	2003년 2월 10일~4월 30일
조사 면적	9,539m²
조사 기관	충남대학교백제연구소
보고서	박순발·성춘택·이후진·최경환, 2005, 『서천 봉선리·태성리유적』, 충남대학교백제연구소
주거지 수	2
유적 입지	봉선리지점-구릉(해발 20~35m)
추정 연대	
관련 유구	없음

2) 주거지 속성

유구 번호	형태	규모(cm)			면적 (m²)	내부시설	주요 출토유물	화재 유무
		장축	단축	깊이				
1호	원형	518	504	80	20.5	타원형토광, 소토부	외반구연구순각목문토기, 외반구연토기, 석촉	무
2호	원형	476 추정	476 추정	42	17.8 추정			무

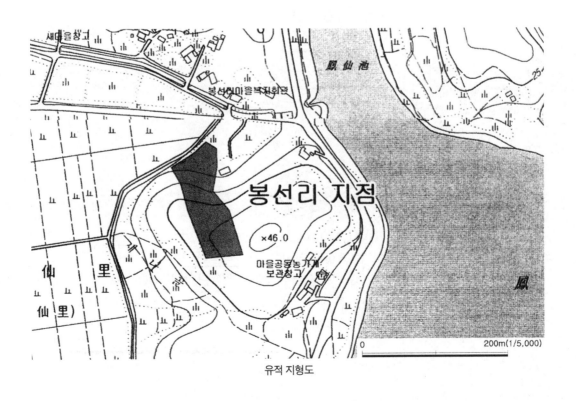

유적 지형도

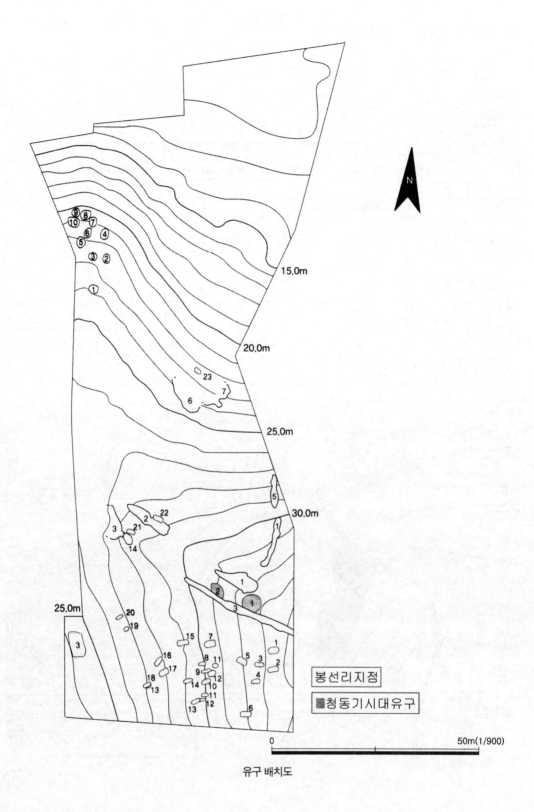

유구 배치도

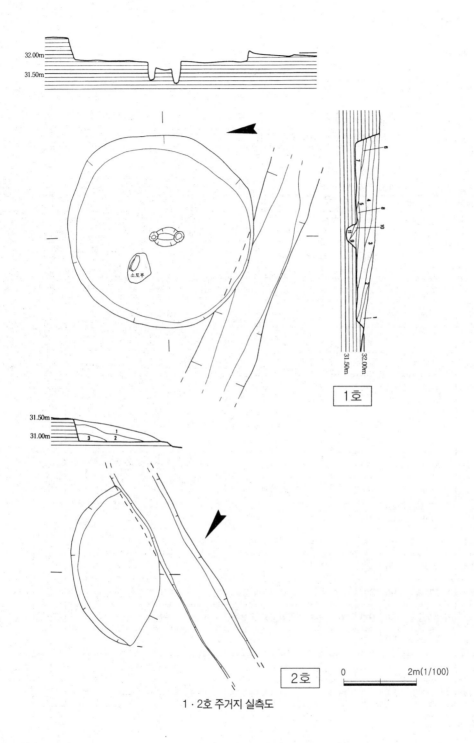

32.00m
31.50m

소토부

31.50m
31.00m

31.50m
31.00m

1호

2호

0   2m(1/100)

1 · 2호 주거지 실측도

3. 서천 당정리유적

1) 조사 개요

유적 위치	충청남도 서천군 종천면 당정리 142-35번지 일대
조사 기간	1996년 11월 1일~12월 16일
조사 면적	17,443m²
조사 기관	국립부여문화재연구소
보고서	국립부여문화재연구소, 1998, 『당정리』
주거지 수	18
유적 입지	구릉(해발 26m 내외)
추정 연대	청동기시대 후반경
관련 유구	없음

2) 주거지 속성

유구 번호	형태	규모(cm)			면적 (m²)	내부시설	주요 출토유물	화재 유무	선후 관계
		상축	단축	깊이					
1호	원형	455	420	10	15.0	타원형토광	외반구연토기, 두형토기대각부	무	
2호	반원형	230	180	30	3.2		외반구연토기, 석착	무	
3호	원형	510	470	44	18.8	타원형토광	두형토기대각부, 편평촉, 유경촉, 요석	무	
4호	원형	505	450	14	17.8		편평편인석부	무	
5호	원형	245	230	12	4.4	타원형토광	무문토기	무	
6호	원형	540	497 추정	20	21.1 추정	타원형토광	외반구연토기, 석촉, 편평편인석부	무	6호→6-1호
6-1호	원형	608 추정	481	30	23.0 추정	타원형토광	석촉	무	6호→6-1호
7호	원형	400	380	15	11.9	타원형토광	외반구연토기, 편평편인석부, 석추	무	
8호	원형	605	578 추정	40	27.5 추정	타원형토광	외반구연토기, 일단경촉, 편평편인석부	무	
9호	원형	752 추정	645	24	38.1 추정	타원형토광	일단경촉	무	
10호	말각장방형	410	390	22	16.0	타원형토광	석촉	무	
11호	원형	600	600	·	28.3			무	
12호	장방형	370	280	12	10.4	타원형토광	무문토기저부, 석촉	무	13호→12호
13호	말각장방형	670	600	20	40.2	타원형토광 2개	무문토기저부	무	14호→13호 →12호
14호	말각장방형	388 잔존	196 잔존	24	·		무문토기	무	14호→13호
15호	원형	590	520	15	24.1	타원형토광	무문토기저부	무	
16호	말각방형	490 추정	415 잔존	18	·	타원형토광	외반구연토기, 무문토기저부, 석촉	무	
17호	원형	450	370	34	13.1	타원형토광	연석	무	

※ 주거지의 중복관계에 대하여 층위 양상이 도면이나 사진으로 제시되어 있지 않기 때문에 보고서의 설명에 전적으로 의존할 수밖에 없다. 선후관계에 대한 다양한 설명이 이루어지고 있지만, 최초 유구 조사시의 윤곽선 양상 이외에는 타당한 근거가 없어 이를 통하여 주거지의 축조 순서를 상정하였다. 이밖에 보고자는 유구의 바닥면 높낮이 차이나 평면 형태를 근거로 중복된 주거지의 동시 병존 가능성을 지적하고 있는데, 이를 그대로 받아들이기에는 무리가 있다. 한편, 11호 주거지는 설명과 사진만있을 뿐 보고서에 도면이 제시되어 있지 않다.

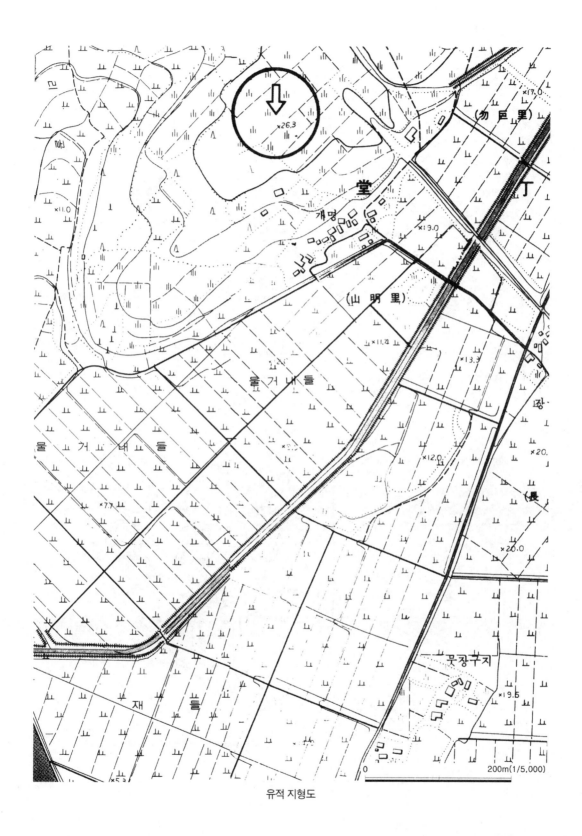

유적 지형도

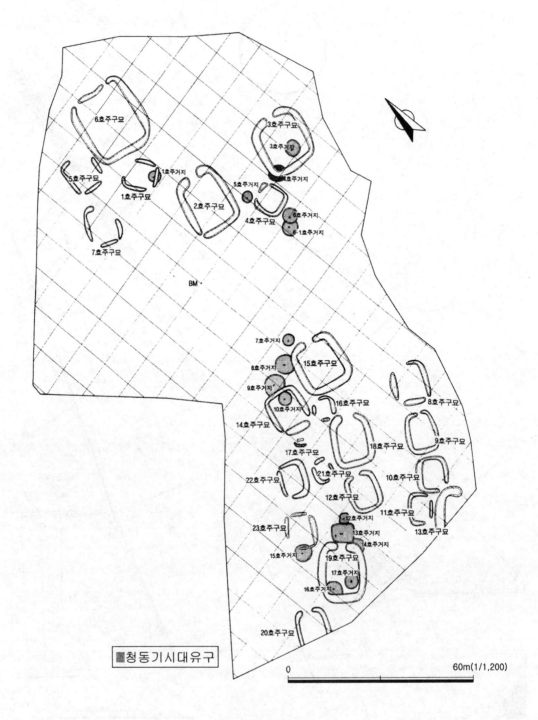

6호주구묘

3호주구묘

3호주거지

5호주구묘

1호주거지

1호주구묘

5호주거지

2호주구묘

4호주구묘

6호주거지

6-1호주거지

7호주구묘

BM

7호주거지

8호주거지

15호주구묘

9호주거지

8호주구묘

10호주거지

16호주구묘

14호주구묘

18호주구묘

9호주구묘

17호주구묘

22호주구묘

21호주구묘

10호주구묘

12호주구묘

11호주구묘

23호주구묘

17호주거지

13호주거지

14호주거지

13호주구묘

15호주거지

19호주구묘

17호주거지

16호주거지

20호주구묘

■청동기시대유구

0   60m(1/1,200)

유구 배치도

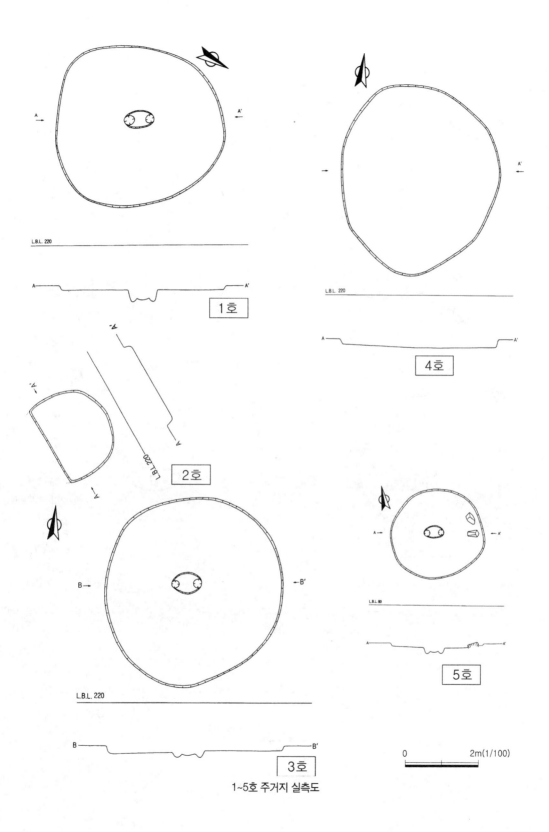

L.B.L. 220

1호

L.B.L. 220

4호

L.B.L. 220

2호

L.B.L. 220

3호

L.B.L. 90

5호

0   2m(1/100)

1~5호 주거지 실측도

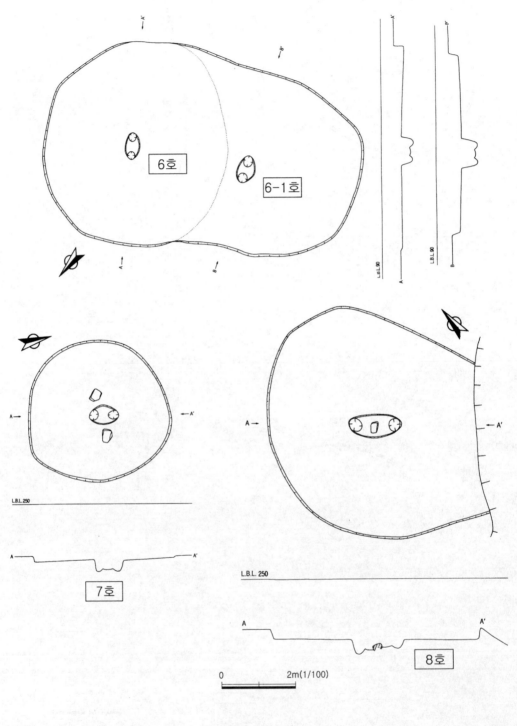

6호

6-1호

7호

8호

6~8호 주거지 실측도

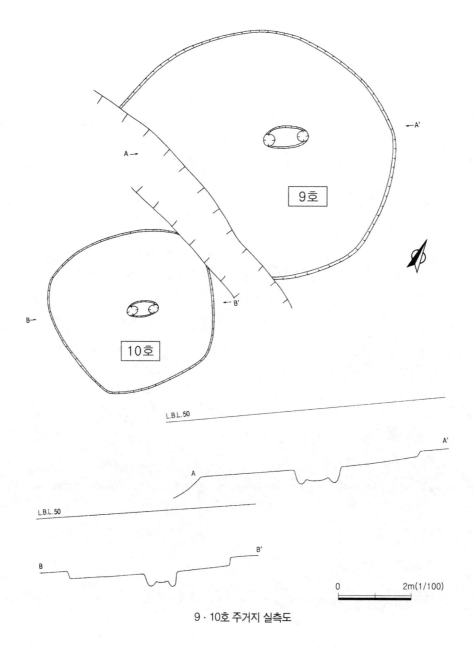

L.B.L.50

L.B.L.50

0   2m(1/100)

9 · 10호 주거지 실측도

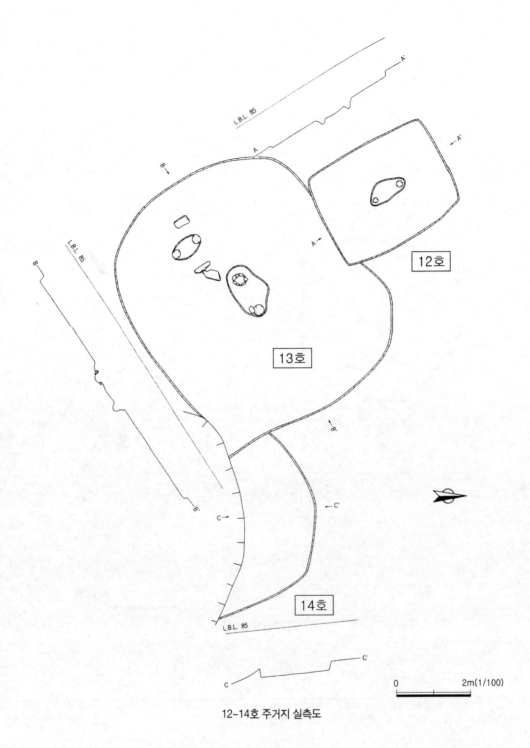

L.B.L. 85

A'

A

B

L.B.L. 85

B

12호

A'

A

B'

13호

C'

C

B'

C

14호

L.B.L. 85

C'

C

0   2m(1/100)

12~14호 주거지 실측도

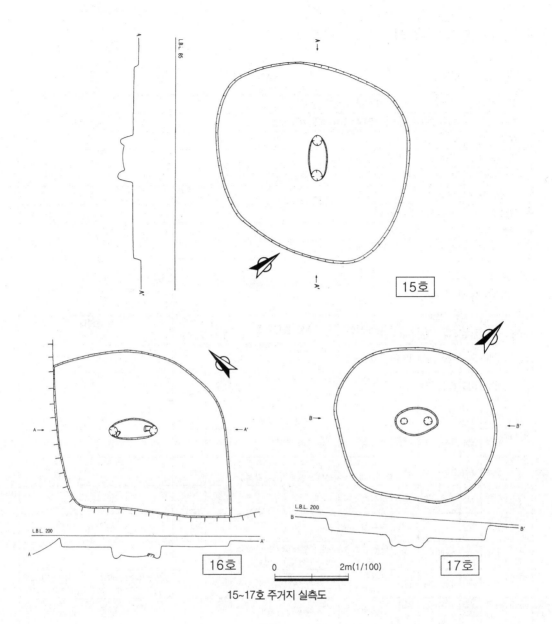

L.B.L. 85

15호

L.B.L. 200

16호

L.B.L. 200

17호

0   2m(1/100)

15~17호 주거지 실측도

4. 서천 오석리유적

1) 조사 개요

유적 위치	충청남도 서천군 서천읍 오석리 일대
조사 기간	1994년 9월~10월, 1995년 3월 6일~6월 5일
조사 면적	14,850m²
조사 기관	공주대학교박물관
보고서	이남석, 1996, 『오석리유적』, 공주대학교박물관
주거지 수	13
유적 입지	구릉(해발 20~27m)
추정 연대	송국리문화 단계
관련 유구	석관묘 25기, 옹관묘 1기

2) 주거지 속성

유구 번호	형태	규모(cm)			면적 (m²)	내부시설	주요 출토유물	화재 유무	선후 관계	절대연대 (BC)
		장축	단축	깊이						
94-1 호	원형	504	480	98	19.0	타원형토광	외반구연구순각목문토기, 외반구연토기, 유구석부	무		
94-2 호	원형	648	645	137	32.8	타원형토광, 4주	외반구연구순각목문토기, 외반구연토기, 일단경촉	무		
94-3 호	원형	645 추정	605	52	30.6 추정	타원형토광, 4주	무문토기저부, 편평편인석부	무		
94-4 호	원형	534	520	38	21.8	타원형토광, 단시설	이형석기	무		
95-1 호	원형	568	540	70	24.1	타원형토광, 4주	외반구연구순각목문토기, 외반구연토기, 유경석검	무		
95-2 -A호	원형	365	344	50	9.9	타원형토광	무문토기저부, 석검	무	B호→ A호	
95-2 -B호	원형	320	317	45	8.0	타원형토광		무	B호→ A호	
95-3 호	원형	566	542	108	24.1	타원형토광, 벽구	외반구연구순각목문토기, 외반구연토기, 일단경촉	무		
95-4 호	원형	470	466	84	17.2	타원형토광, 저장공	외반구연토기, 석촉	무		780-410/810-480 · 470-410/840-530 /770-400/760-680 · 670-390 AMS
95-5 호	타원 형	560 추정	480 추정	67	21.1 추정	타원형토광	무문토기저부	무		
95-6 호	말각 방형	480	460 추정	60	22.1 추정	타원형토광	무문토기저부, 일단경촉	무		
95-7 호	방형	464	376 추정	48	17.4 추정	타원형토광	외반구연토기	무		
95-8 호	방형	380	330 추정	48	12.5 추정	타원형토광	무문토기저부, 지석	무		

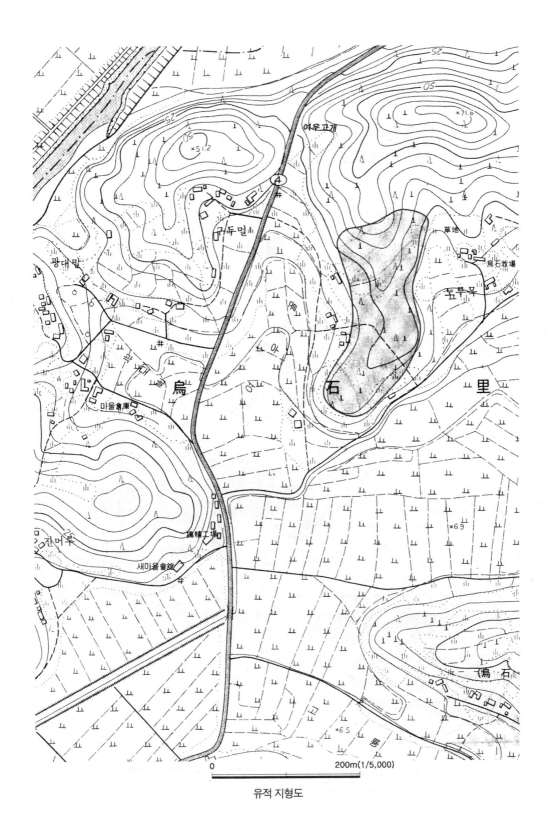

여우고개

광대말

구두멀

烏石牧場

草地

烏

石

里

두루목

마을倉庫

錫鑛工場

잔머루

새마을會館

烏石

×71.6

×51.2

×51.2

×6.9

×6.5

0 200m(1/5,000)

유적 지형도

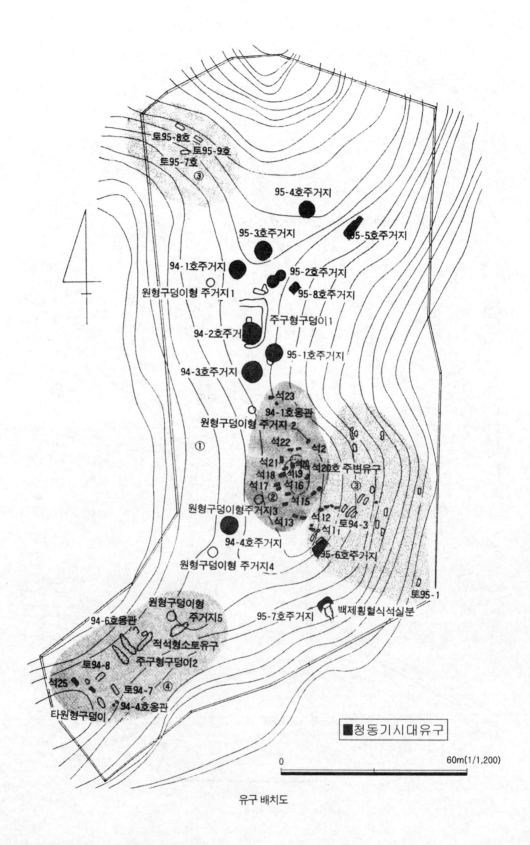

토95-8호
토95-9호
토95-7호
③

95-4호주거지

95-3호주거지

95-5호주거지

94-1호주거지

95-2호주거지

원형구덩이형 주거지1

95-8호주거지

주구형구덩이1

94-2호주거

95-1호주거지

94-3호주거지

석23

94-1호옹관

원형구덩이형 주거지 2

석22

석2

①

석21

석20호 주변유구

석18

석19

석17

석16

③

②

석15

원형구덩이형주거지3

석13

석12

토94-3

94-4호주거지

석11

원형구덩이형 주거지4

95-6호주거지

토95-1

원형구덩이형

주거지5

95-7호주거지

백제횡혈식석실분

94-6호옹관

적석형소토유구

주구형구덩이2

토94-8

석25

토94-7

④

94-4호옹관

타원형구덩이

■청동기시대유구

0   60m(1/1,200)

유구 배치도

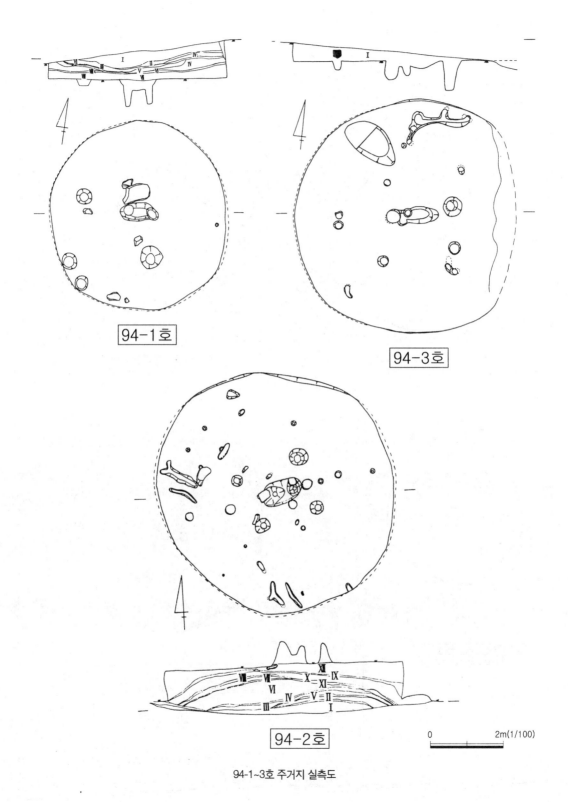

94-1호

94-3호

94-2호

0   2m(1/100)

94-1~3호 주거지 실측도

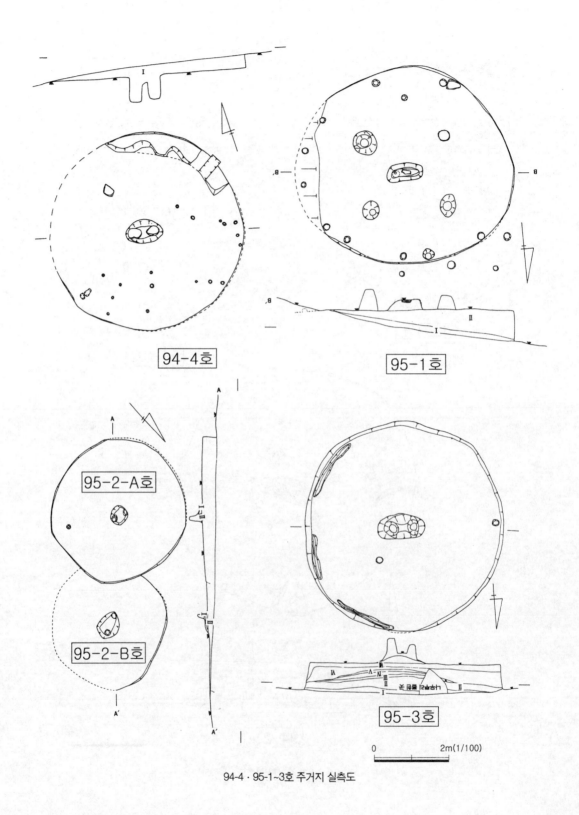

94-4 · 95-1~3호 주거지 실측도

0   2m(1/100)

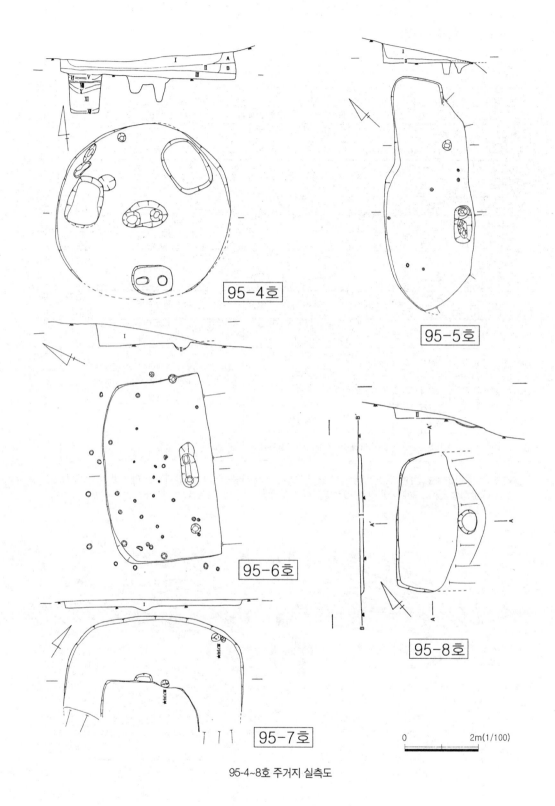

95-4호

95-5호

95-6호

95-8호

95-7호

0   2m(1/100)

95-4~8호 주거지 실측도

5. 서천 한성리유적

1) 조사 개요

유적 위치	충청남도 서천군 마서면 한성리 279번지 일대
조사 기간	1994년 11월 9일~12월 5일, 1995년 11월 4일~12월 17일, 1996년 11월 5일~12월 15일
조사 면적	1,058m²
조사 기관	국립부여박물관
보고서	국립부여박물관, 2000, 『서천 한성리』
주거지 수	5
유적 입지	구릉(해발 56m 내외)
추정 연대	기원전 5~4세기
관련 유구	없음

2) 주거지 속성

유구 번호	형태	규모(cm)			면적 (m²)	내부시설	주요 출토유물	화재 유무	선후 관계
		장축	단축	깊이					
1호	타원형	620	580	54	28.2	타원형토광, 토광형노지, 4주, 점토다짐, 구시설	즐문토기, 무문토기저부, 적색마연토기	무	
3호	원형	770	730	33	44.1	타원형토광 3개, 토광형노지, 4주, 점토다짐	외반구연구순각목문토기, 외반구연토기, 적색마연토기, 지석	무	3호→ 4호
4호	원형	730	680	50	39.0	타원형토광, 4주, 점토다짐	즐문토기, 외반구연구순각목문토기, 적색마연토기	무	3호→ 4호
5호	원형	438 잔존	240 잔존	60	·	점토다짐	석추	무	
6호	원형	730	670	48	38.4	타원형토광, 4주, 점토다짐	외반구연구순각목문토기, 외반구연토기, 적색마연토기, 석촉	무	

※ 1호 주거지에서는 2차에 걸친 사용면이 확인되었다. 1차 사용시의 바닥면에서는 타원형 토광, 토광형 노지, 구시설 등이, 2차 사용시의 바닥면에서는 토광형 노지와 이를 둘러싼 4주, 그리고 점토다짐의 흔적 등이 조사되었다.

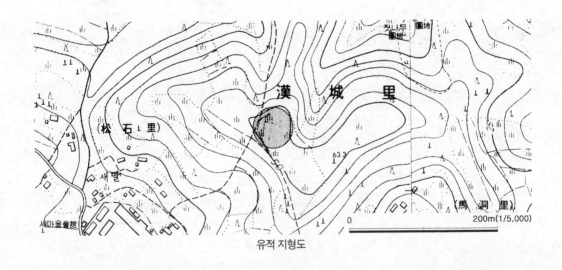

유적 지형도

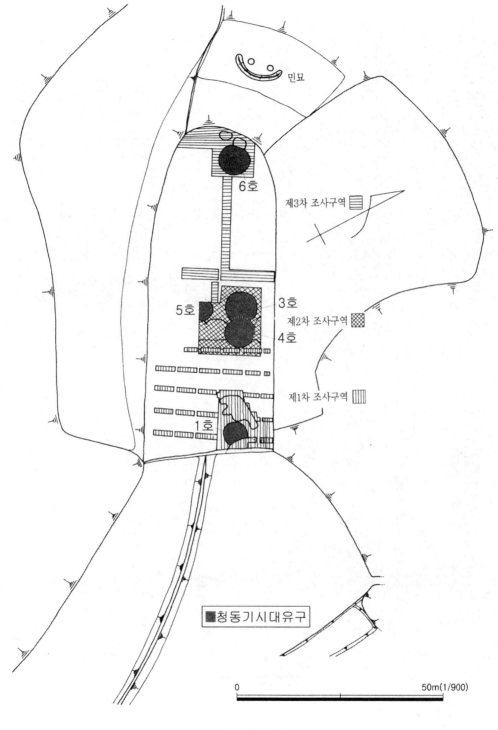

민묘

6호

제3차 조사구역

5호

3호

제2차 조사구역

4호

제1차 조사구역

1호

■청동기시대유구

0   50m(1/900)

유구 배치도

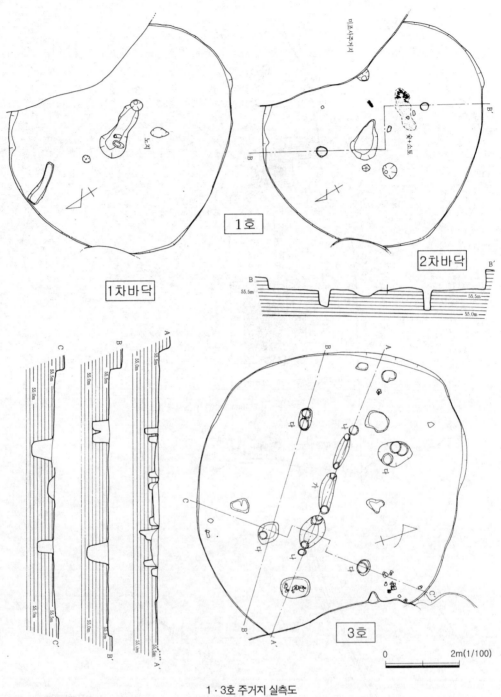

미조사주거지

노지

1호

1차바닥

추+소토

2차바닥

55.5m
55.0m

55.0m
55.5m
55.0m
55.0m
55.5m
55.5m
55.0m

가

나

나

나

나

나

나

나

3호

0   2m(1/100)

1 · 3호 주거지 실측도

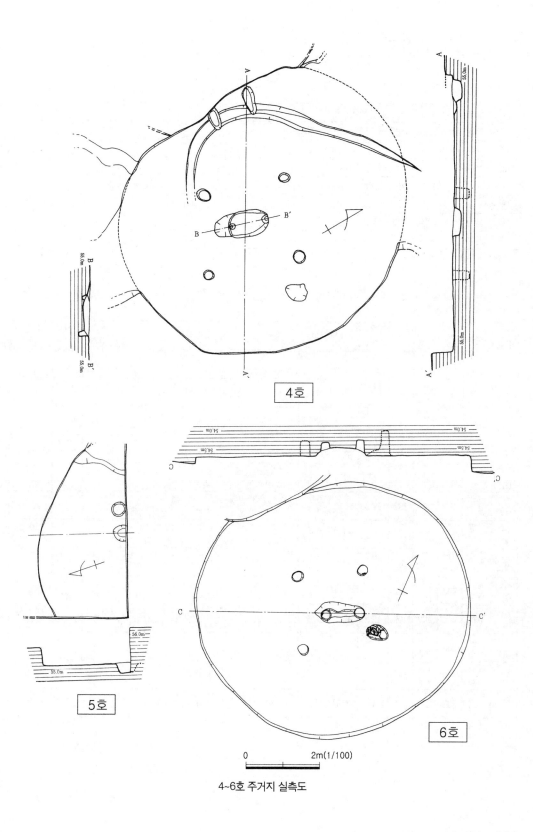

4호

5호

6호

0   2m(1/100)

4~6호 주거지 실측도

6. 서천 월기리유적

1) 조사 개요

유적 위치	충청남도 서천군 기산면 월기리 일대
조사 기간	2003년 10월 7일~12월 17일
조사 면적	9,045m²
조사 기관	고려대학교고고환경연구소
보고서	이홍종·손준호·박성희, 2005, 『이사리·월기리유적』, 고려대학교고고환경연구소
주거지 수	14
유적 입지	구릉(해발 50~55m)
추정 연대	기원전 910~450년
관련 유구	환호

2) 주거지 속성

유구 번호	형태	규모(cm)			면적 (m²)	내부시설	주요 출토유물	화재 유무	선후 관계	절대연대 (BC)
		장축	단축	깊이						
KC 001	말각 방형	428	370 추정	44	15.8 추정	타원형토광	지석	무		
KC 002	방형	492	300 추정	46	14.8 추정	소형수혈	무문토기저부, 일단경촉	무		
KC 003	방형	448	300 추정	70	13.4 추정	저장공	외반구연토기, 무문토기저부	무		
KC 004	방형	394	276 추정	48	10.9 추정	타원형토광	무문토기저부	무		
KC 005	타원형	694	582	90	31.7	타원형토광	외반구연구순각목문토기, 외반구연토기, 적색마연토기, 일단경촉, 지석, 벼, 조, 팥	무		450 AMS
KC 006	원형	490	448	102	17.2	타원형토광, 구시설	외반구연구순각목문토기, 외반구연토기, 적색마연토기, 주형석도, 지석, 벼	무		
KC 007	타원형	532	458	86	19.1	타원형토광	외반구연구순각목문토기, 외반구연토기, 적색마연토기, 일단경촉, 보리	무		910 AMS
KC 008	원형	370 추정	370 추정	8	10.7 추정	타원형토광	보리	무		
KC 009	말각 방형	442	160 잔존	42	·			무	009→ 014	
KC 010	원형	408	400	98	12.8	타원형토광	외반구연구순각목문토기, 적색마연토기, 흑색마연토기, 점토대토기, 일단경촉, 지석	무		780·600 AMS
KC 011	말각 방형	586	120 잔존	48	·			무		
KC 012	말각 방형	470	106 잔존	38	·		우각형파수부	무		600 AMS
KC 013	원형	392	360	42	11.1	타원형토광	무문토기저부, 유경석검, 일단경촉	무		
KC 014	말각 방형	360	120 잔존	54	·			무	009→ 014	

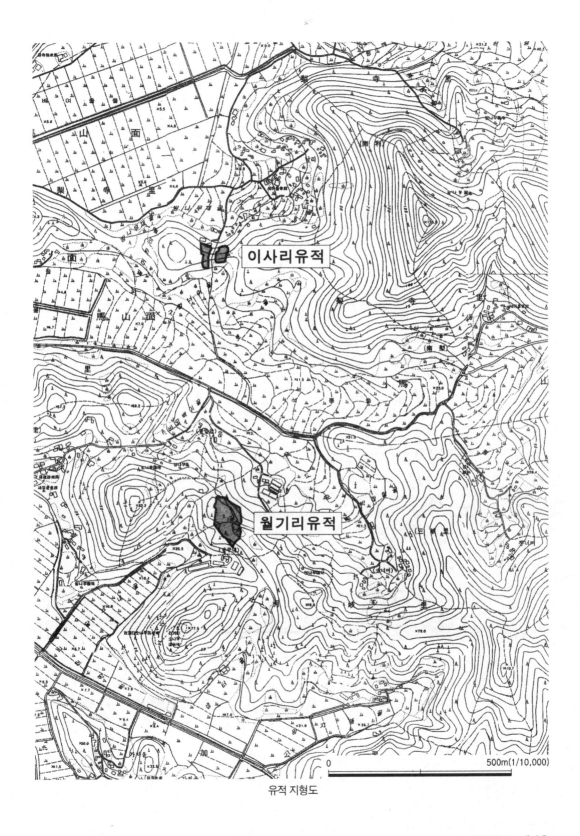

이사리유적

월기리유적

유적 지형도

500m(1/10,000)

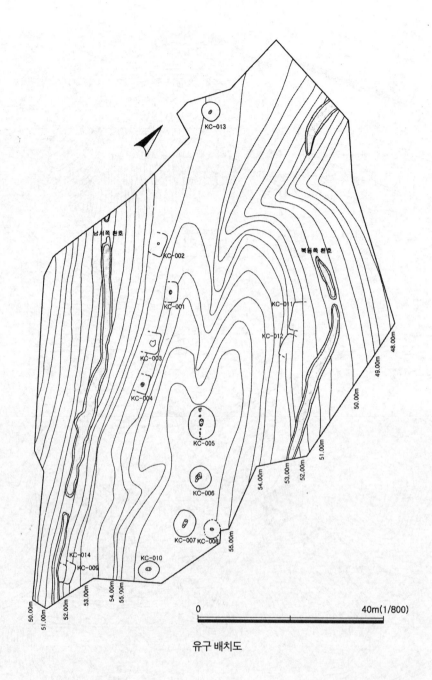

KC-013

남서쪽 환호   북동쪽 환호

KC-002

KC-001   KC-011

KC-012

KC-003

KC-004

KC-005

KC-006

KC-007 KC-008

KC-014
KC-009   KC-010

50.00m
51.00m
52.00m
53.00m
54.00m
55.00m

48.00m
49.00m
50.00m
51.00m
52.00m
53.00m
54.00m
55.00m

0   40m(1/800)

유구 배치도

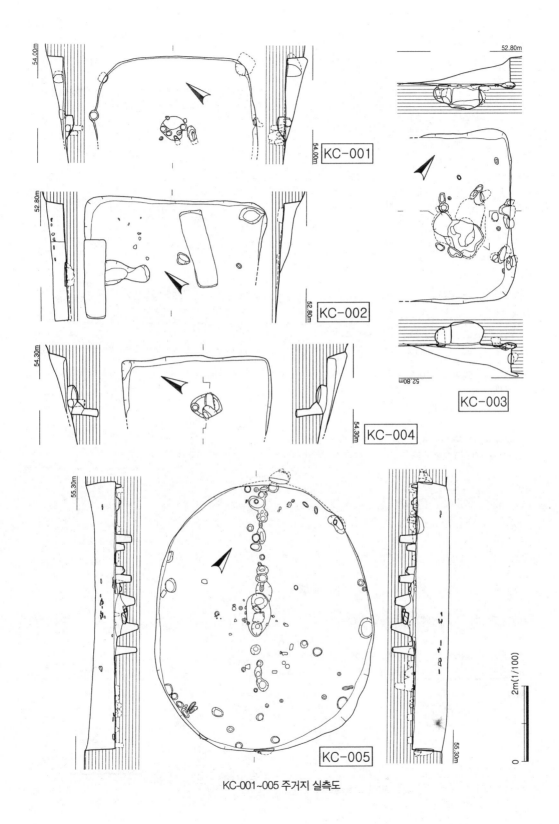

KC-001

KC-002

KC-003

KC-004

KC-005

2m(1/100)

KC-001~005 주거지 실측도

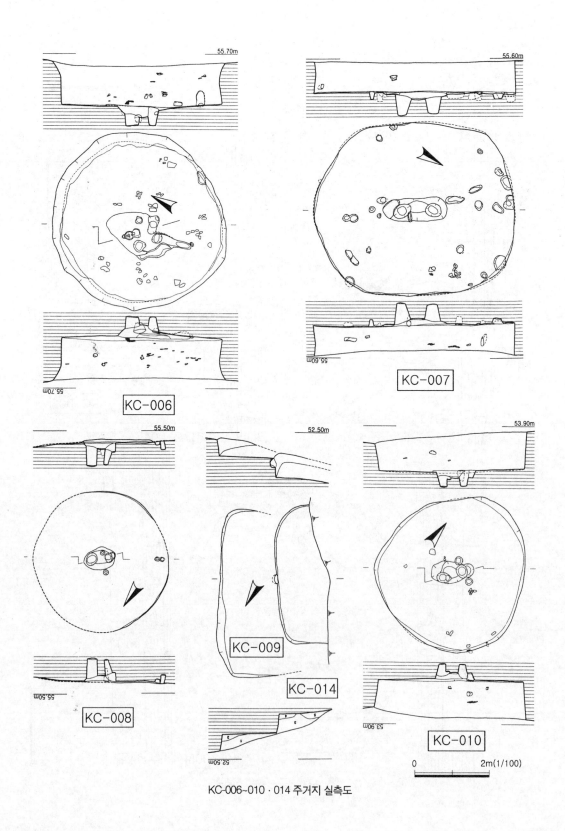

55.70m

55.60m

KC-006

KC-007

55.50m

52.50m

53.90m

KC-009

KC-014

KC-008

KC-010

0   2m(1/100)

KC-006~010 · 014 주거지 실측도

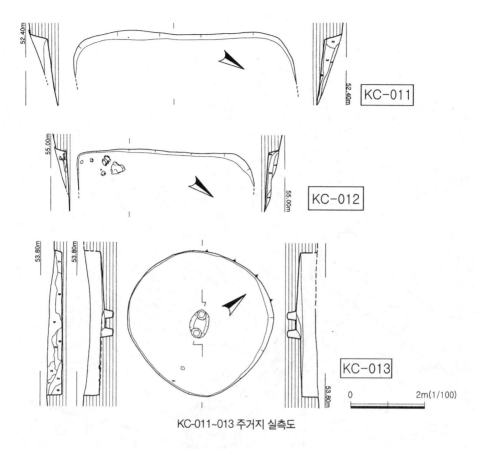

KC-011~013 주거지 실측도

7. 서천 화산리유적

1) 조사 개요

유적 위치	충청남도 서천군 종천면 화산리 334-1(임) 일대
조사 기간	2000년 12월 19일~2001년 2월 16일
조사 면적	4,051m²
조사 기관	충청매장문화재연구원
보고서	류기정·박대순·류창선, 2003, 『서천 화산리 고분군』, 충청매장문화재연구원
주거지 수	1
유적 입지	구릉(해발 58~67m)
추정 연대	송국리문화 단계
관련 유구	없음

2) 주거지 속성

유구 번호	형태	규모(cm)			면적 (m²)	내부시설	주요 출토유물	화재 유무
		장축	단축	깊이				
1호	장방형	495	135 잔존	23	·		무문토기구연부, 무문토기저부, 주형석도	무

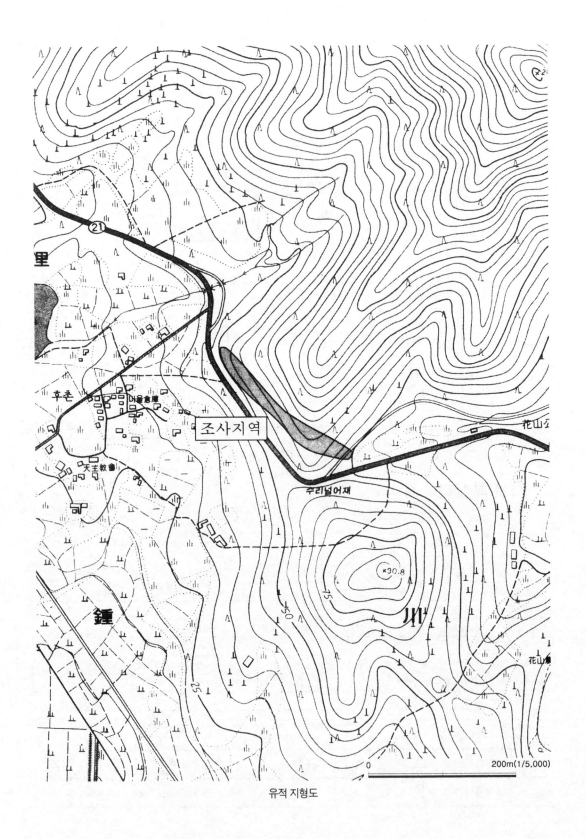

유적 지형도

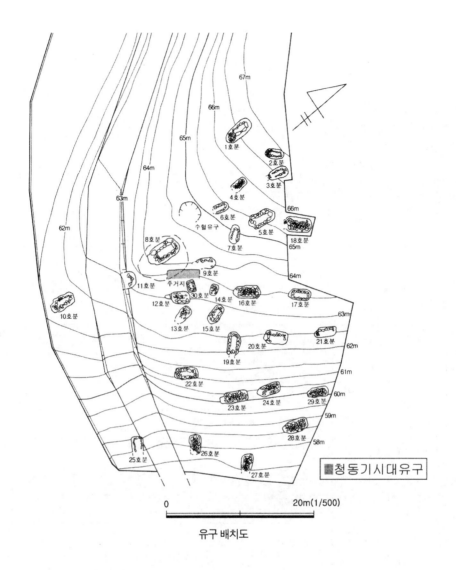

67m
66m
65m
64m
63m
62m

1호분
2호분
3호분
4호분
6호분
5호분
18호분
66m
65m
수혈유구
8호분
7호분
9호분
64m
11호분
주거지
30호분
12호분
14호분
16호분
17호분
10호분
13호분
15호분
63m
20호분
21호분
19호분
62m
22호분
61m
23호분
24호분
29호분
60m
59m
28호분
58m
25호분
26호분
27호분

■청동기시대유구

0   20m(1/500)

유구 배치도

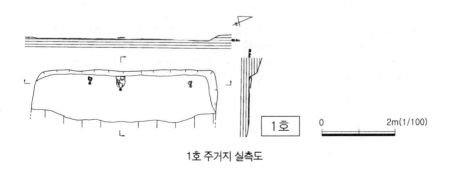

1호

0   2m(1/100)

1호 주거지 실측도

8. 서천 추동리유적

1) 조사 개요

유적 위치	충청남도 서천군 화양면 추동리 산101번지 일대
조사 기간	2003년 6월 11일~12월 3일, 2004년 2월 26일~4월 10일, 2004년 7월 16일~11월 2일
조사 면적	71,265㎡
조사 기관	충청문화재연구원
보고서	전일용·이인호·윤정현, 2006, 『서천 추동리유적』, 충청문화재연구원
주거지 수	10
유적 입지	구릉(해발 20~45m)
추정 연대	기원전 9세기 이전으로 소급
관련 유구	소형수혈유구 2기, 석관묘 8기

2) 주거지 속성

유구 번호	형태	규모(cm)			면적 (㎡)	내부시설	주요 출토유물	화재 유무	절대연대 (BC)
		장축	단축	깊이					
A-1호	말각방형	400	320 추정	56	12.8 추정	타원형토광, 구시설	일단경촉	무	880/1,210 AMS
A-2호	말각방형	345	304 추정	51	10.5 추정	타원형토광	무문토기저부, 방추차	무	950 AMS
A-3호	말각방형	446	384 추정	87	17.1 추정	타원형토광	무문토기저부, 일단경촉, 지석, 선형석기	무	
A-4호	말각방형	377	312 추정	52	11.8 추정	타원형토광	타날문토기, 무문토기저부, 선형석기	무	1,350/800 AMS
A-5호	말각방형	497	360 추정	51	17.9 추정	타원형토광	공렬문토기, 무문토기동체부, 유경촉	무	640/600 AMS
A-6호	말각방형	345	304 추정	58	10.5 추정	타원형토광		무	
A-7호	말각방형	424	352 추정	55	14.9 추정	타원형토광		무	
A-8호	말각방형	315	315	65	9.9	타원형토광	무문토기동체부, 유경촉, 석착, 지석	무	
A-9호	말각방형	368 추정	340	30	12.5 추정	타원형토광		무	
D-1호	말각방형	382 추정	336	70	12.8 추정	타원형토광	지석	무	

※ 청동기시대의 유구로 보고된 석관묘 9기 가운데 B-2호에서는 철광석으로 만든 검파두식이 출토되었
다. 따라서 이 유구는 청동기시대에 해당하는 것으로 볼 수 없어 이를 제외한 8기만을 관련 유구로 상
정하였다. 한편, 3기가 조사된 위석묘를 보고자는 청동기시대로 파악하였으나, 유물이 출토되지 않아
정확한 시기를 판단할 수 없기 때문에 이 또한 관련 유구에서 제외하였다.

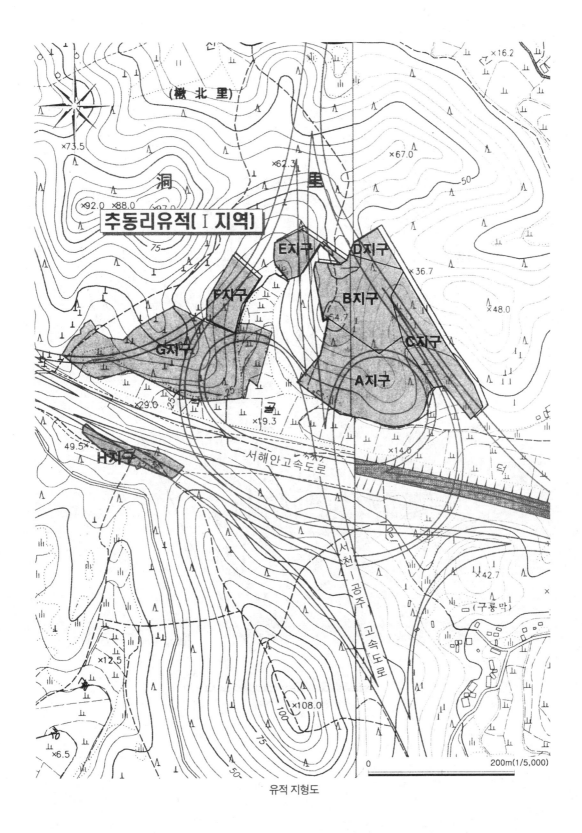

추동리유적(Ⅰ지역)

E지구
D지구
F지구
B지구
G지구
C지구
A지구
H지구

서해안고속도로

유적 지형도

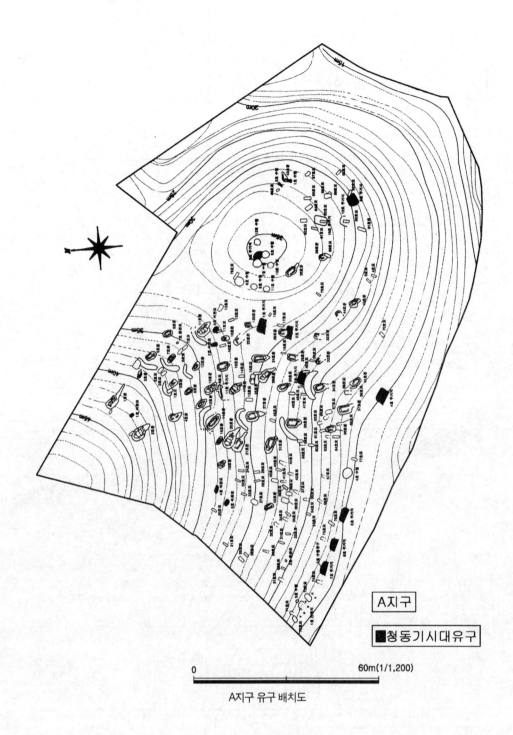

A지구

■청동기시대유구

0   60m(1/1,200)

A지구 유구 배치도

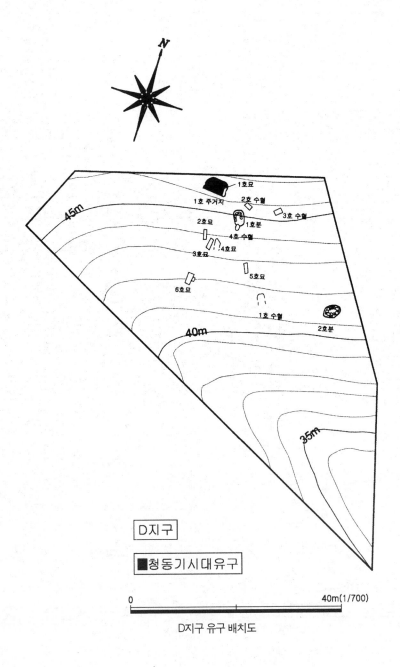

N

45m

1호묘
1호 주거지
2호 수혈
3호 수혈
2호묘
1호분
4호 수혈
3호묘
4호묘
5호묘
6호묘
1호 수혈
40m
2호분
35m

D지구

■청동기시대유구

0   40m(1/700)

D지구 유구 배치도

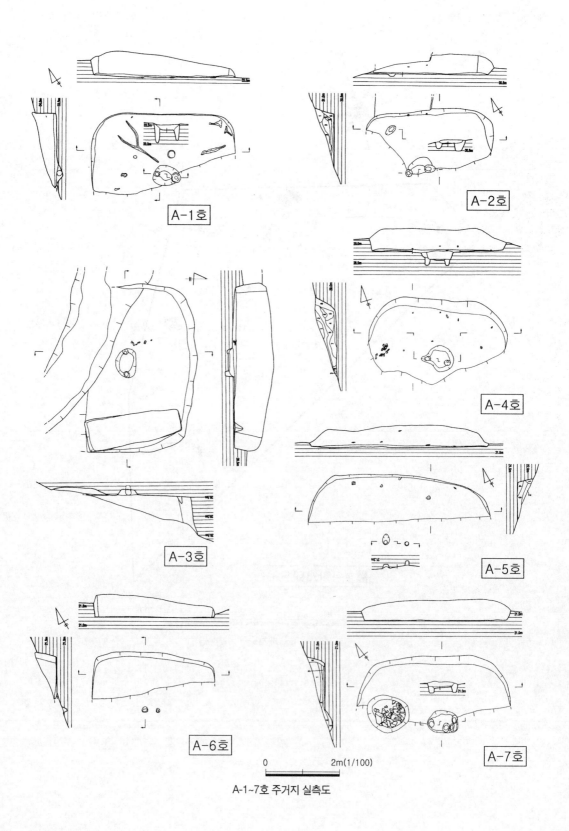

A-1호

A-2호

A-3호

A-4호

A-5호

A-6호

A-7호

0   2m(1/100)

A-1~7호 주거지 실측도

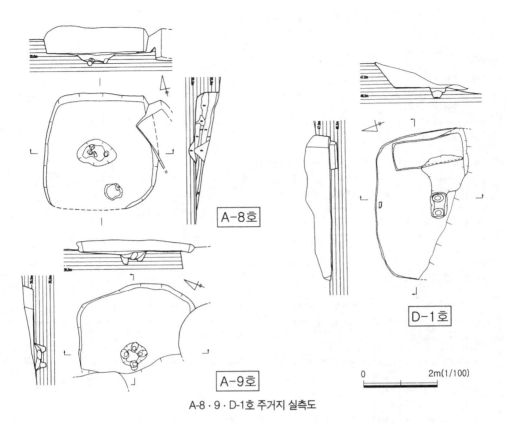

A-8 · 9 · D-1호 주거지 실측도

9. 서천 도삼리유적

1) 조사 개요

유적 위치	충청남도 서천군 마서면 도삼리 일대
조사 기간	2003년 6월 13일~10월 10일
조사 면적	14,190m²
조사 기관	고려대학교고고환경연구소
보고서	이홍종 · 손준호 · 조은지, 2005, 『도삼리유적』, 고려대학교고고환경연구소
주거지 수	30
유적 입지	구릉(해발 30~42m)
추정 연대	기원전 900~750년, 기원전 600~400년
관련 유구	굴립주건물지 2기, 구상유구 11기

2) 주거지 속성

유구번호	형태	규모(cm) 장축	규모(cm) 단축	규모(cm) 깊이	면적 (m²)	내부시설	주요 출토유물	화재유무	선후관계	절대연대 (BC)
KC 001	원형	492	475	25	18.3	타원형토광	외반구연토기	무		
KC 002	원형	620	614	46	29.9	타원형토광, 4주	외반구연토기, 적색마연토기, 지석, 보리, 팥	무		380 · 270 AMS

KC 003	원형	710	694	77	38.7	타원형토광, 노지, 4주, 구시설	외반구연구순각목문토기, 외반구연토기, 타날문토기, 일단경촉, 삼각형석도, 벼, 보리	무		800 AMS
KC 004	원형	570	563	106	25.2	타원형토광	외반구연토기, 두형토기, 점토대토기, 우각형파수부, 편평촉, 벼, 보리, 팥	유		830 AMS
KC 005	방형	389	138 잔존	22	·			무		
KC 006	타원형	504	440 추정	66	17.4 추정	타원형토광, 구시설	외반구연토기	무		730·480 AMS
KC 007	원형	480	410	56	15.4	타원형토광	외반구연구순각목문토기, 외반구연토기, 적색마연토기, 일단경촉, 삼각형석도, 석추	무	008·009 →007	720·470 AMS
KC 008	원형	590	540	33	25.0	타원형토광	외반구연토기, 적색마연토기, 석검, 지석, 팥	무	009→008 →007	
KC 009	원형	492	490	18	18.9	타원형토광	유경촉, 지석	무	009→007 ·008	
KC 010	원형	650	578	77	29.5	타원형토광, 4주	외반구연구순각목문토기, 외반구연토기, 석추, 벼	무	011→010	460 AMS
KC 011	원형	585	560	47	25.7	타원형토광, 구시설	외반구연토기, 지석	무	011→010	
KC 012	원형	776	680	50	41.4	타원형토광, 4주, 구시설	외반구연토기, 지석, 관옥	무		690·500 AMS
KC 013	원형	523	490	92	20.1	타원형토광, 벽구	외반구연토기, 적색마연토기, 일단경촉, 벼	무		
KC 014	말각방형	463	450 추정	80	20.8 추정	타원형토광, 구시설	외반구연구순각목문토기, 외반구연토기, 팥	무		
KC 015	원형	672	641	67	33.8	타원형토광, 4주	외반구연토기, 석촉	무		690·500 AMS
KC 016	원형	660	554	54	28.7	타원형토광	외반구연구순각목문토기, 일단경촉, 옥, 벼, 보리	무		800 AMS
KC 017	말각방형	415	386	27	16.0	타원형토광	외반구연토기, 적색마연토기, 벼	무		
KC 018	원형	496 추정	470	65	18.3 추정	타원형토광	무문토기저부	무		
KC 019	원형	612 추정	564 추정	38	27.1 추정	타원형토광		무		
KC 020	말각방형	670	210 잔존	46	·		일단경촉	무		
KC 021	원형	378 추정	368 추정	7	10.9 추정	타원형토광		무	021→ KD009	
KC 022	원형	592 추정	588 추정	72	27.3 추정	타원형토광, 4주	외반구연토기, 일단경촉, 방추차, 지석	무		
KC 023	말각방형	536	502	70	26.9	타원형토광	무문토기동체부, 석검미제품, 지석	무	023→024 ·KD011	840 AMS
KC 024	원형	406	385	85	12.3	타원형토광, 구시설	외반구연토기, 적색마연토기, 일단경촉, 지석	무	023→024	890·820 AMS
KC 025	말각방형	746 추정	620 추정	70	46.3 추정	타원형토광, 4주	지석, 대석	무		
KC 026	방형	215	210 잔존	43	·	벽구, 주공	외반구연토기	무	026→ KD010	
KC 027	원형	395	366	68	11.3	타원형토광	외반구연토기, 일단경촉	무		
KC 028	원형	724 추정	652 추정	60	37.1 추정	타원형토광, 4주	무문토기동체부, 일단경촉, 지석	무		
KC 029	말각방형	336 잔존	102 잔존	19	·		지석	무		
KC 030		·	·	·	·	타원형토광		무		

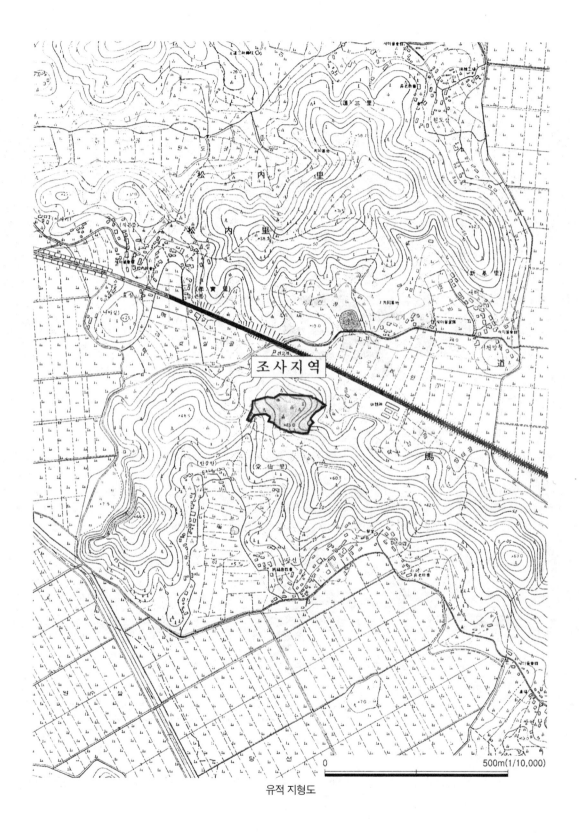

조사지역

유적 지형도

500m(1/10,000)

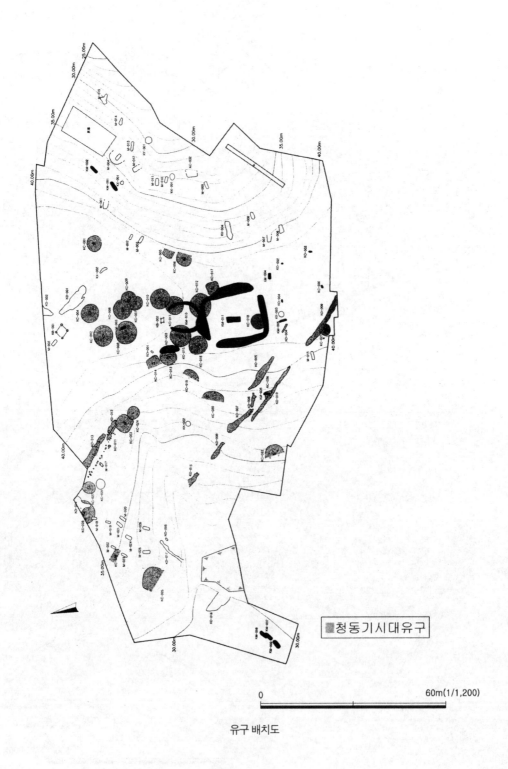

청동기시대유구

0   60m(1/1,200)

유구 배치도

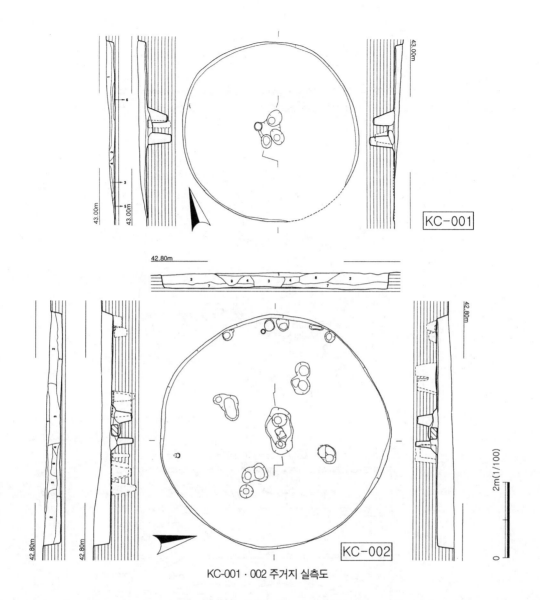

KC-001

KC-002

KC-001 · 002 주거지 실측도

2m(1/100)

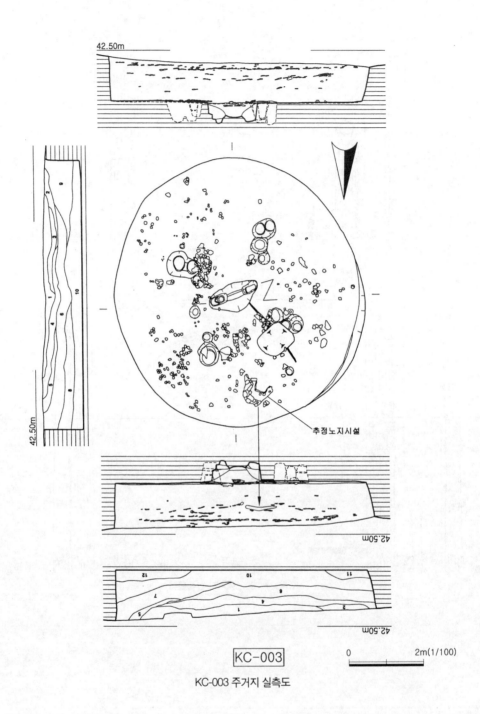

42.50m

42.50m

42.50m

42.50m

추정노지시설

KC-003

KC-003 주거지 실측도

0   2m(1/100)

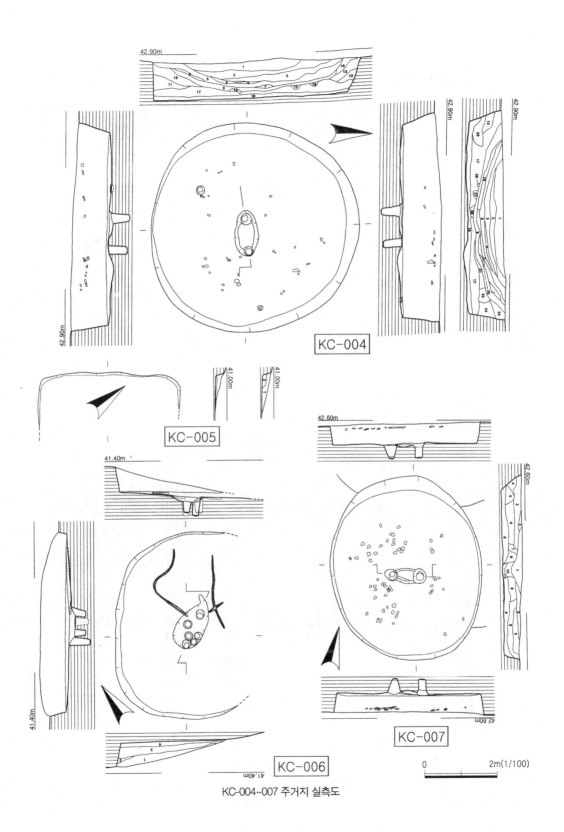

42.90m

KC-004

KC-005

41.40m

KC-006

42.60m

KC-007

0   2m(1/100)

KC-004~007 주거지 실측도

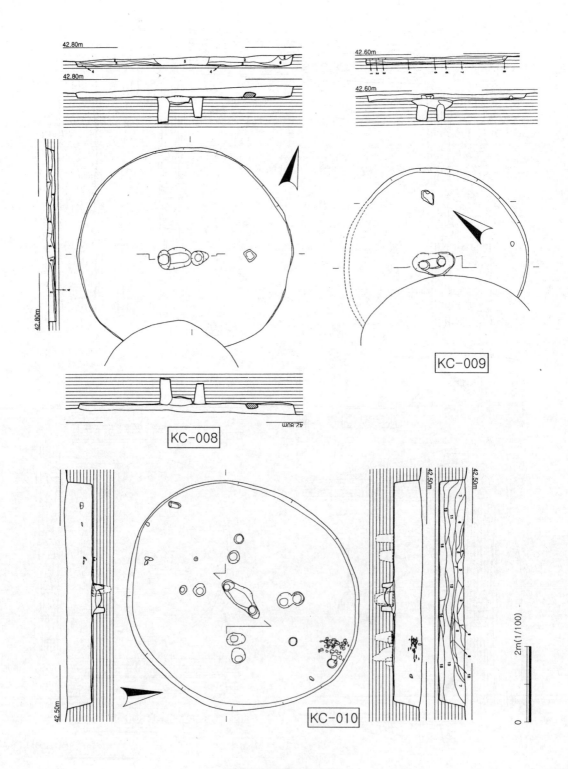

42.80m

42.80m

KC-008

42.60m

42.60m

KC-009

42.50m

42.50m

42.50m

KC-010

2m(1/100)

0

KC-008~010 주거지 실측도

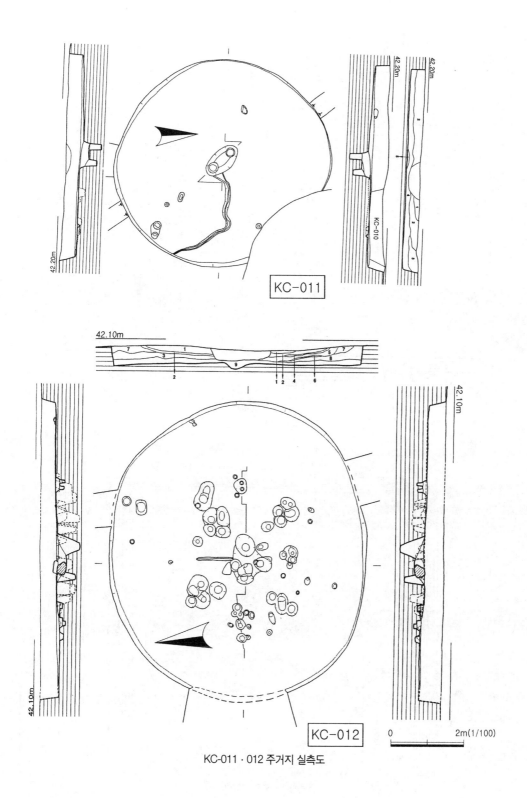

KC-011

KC-012

KC-011 · 012 주거지 실측도

0   2m(1/100)

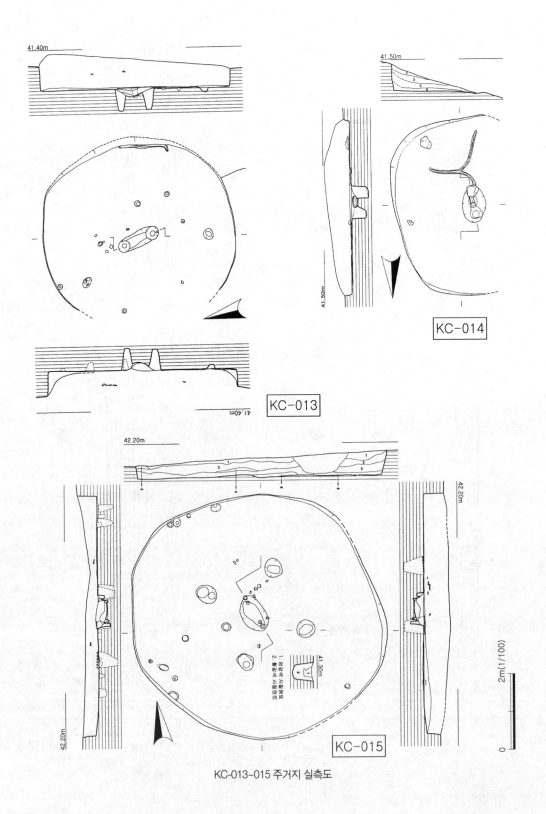

KC-013~015 주거지 실측도

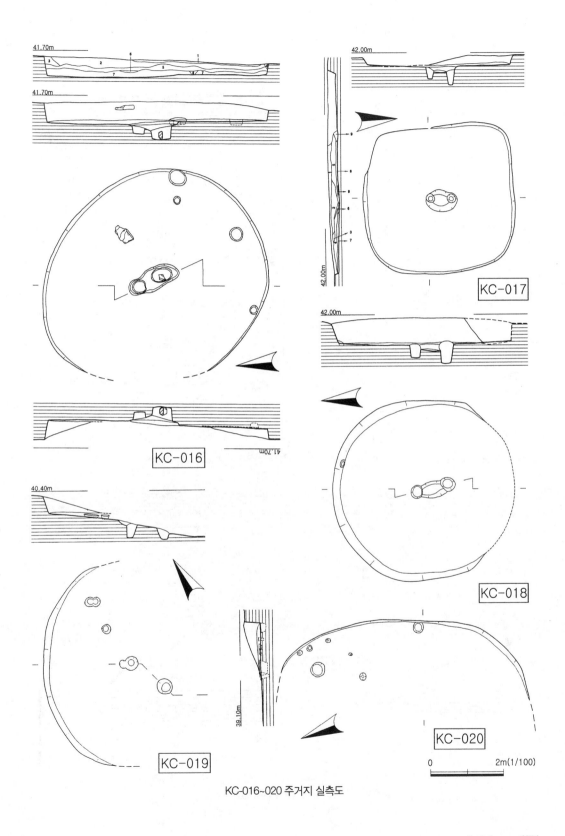

41.70m

41.70m

42.00m

KC-016

KC-017

42.00m

KC-018

40.40m

KC-019

39.10m

KC-020

0   2m(1/100)

KC-016~020 주거지 실측도

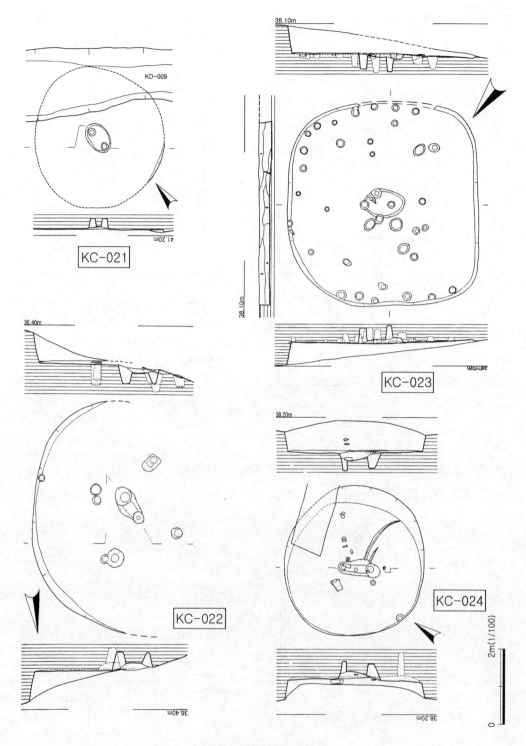

KC-021~024 주거지 실측도

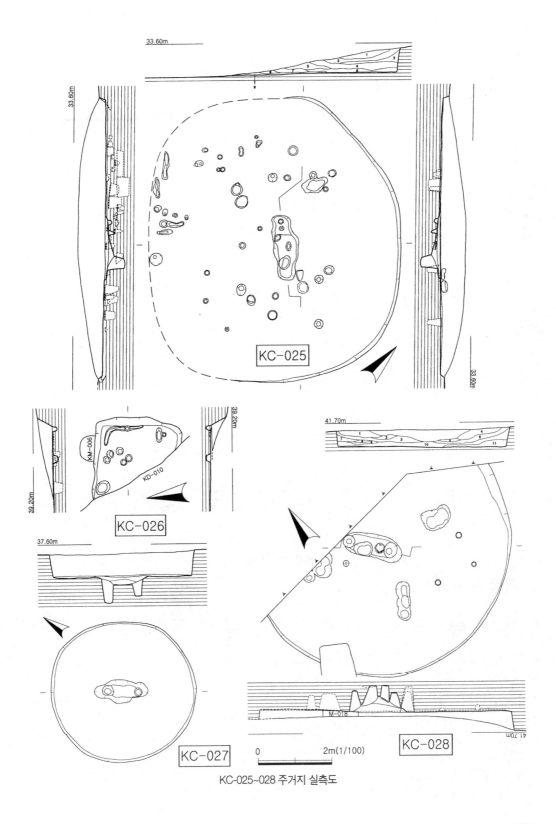

33.60m

33.60m

33.60m

33.60m

KC-025

39.20m

39.20m

KM-006

KD-010

KC-026

41.70m

41.70m

37.60m

M-01B

KC-027

KC-028

0   2m(1/100)

KC-025~028 주거지 실측도

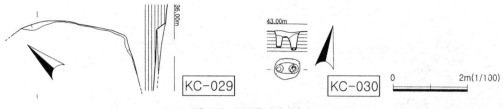

KC-029 · 030 주거지 실측도

1. 두계리유적

계룡시 유적 위치도

1. 계룡 두계리유적

1) 조사 개요

유적 위치	충청남도 계룡시 두마면 두계리 76-2번지 일대
조사 기간	2005년 2월 27일~3월 18일
조사 면적	5,445㎡
조사 기관	충청남도역사문화원
보고서	충청남도역사문화원, 2007, 『계룡 두계리유적』
주거지 수	10
유적 입지	구릉(해발 110~120m)
추정 연대	전기-기원전 10~9세기, 후기-청동기시대 후기
관련 유구	소형수혈유구 6기

2) 주거지 속성

유구번호	형태	규모(cm)			면적(㎡)	내부시설	주요 출토유물	화재유무	선후관계
		장축	단축	깊이					
1호	장방형	778	636	138	49.5	위석식노지, 초석	무문토기동체부, 무문토기저부, 합인석부, 지석	무	
2호	장방형	468	322	36	15.1	위석식노지, 초석, 저장공, 벽구	무문토기	무	
3호	장방형	834	660 추정	26	55.0 추정	위석식노지, 초석, 벽구	발형토기, 방추차, 이단경촉, 어형석도, 주형석도	무	
4호	장방형	563	424	70	23.9	위석식노지, 저장공, 벽구	이중구연단사선문토기, 지석	무	
5호		·	·	·	·	위석식노지		무	
6호	원형	548	534	58	23.0	타원형토광	무문토기저부	무	
7호	원형	520	500	38	20.4	타원형토광	외반구연토기, 일단경촉, 지석	무	8호→7호
8호	원형	380	360	46	10.7	타원형토광	외반구연토기, 일단경촉, 편평편인석부	무	8호→7호
9호	원형	492	468	32	18.1	타원형토광	외반구연토기, 석도	무	
10호	원형	408	376 추정	40	12.0 추정	타원형토광	외반구연토기, 석촉미제품	무	

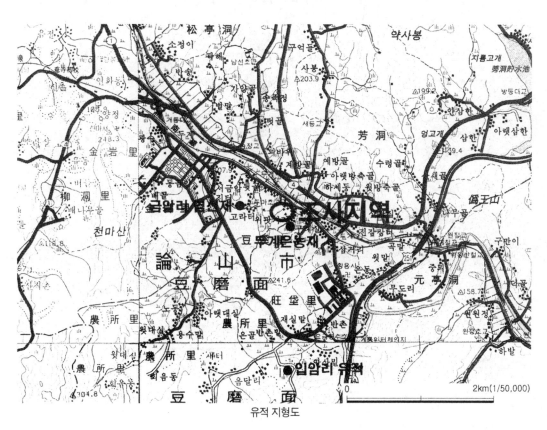

유적 지형도

범 례

● 청동기시대 주거지
● 청동기시대 수혈유구
○ 백제시대

0   60m(1/1,200)

유구 배치도

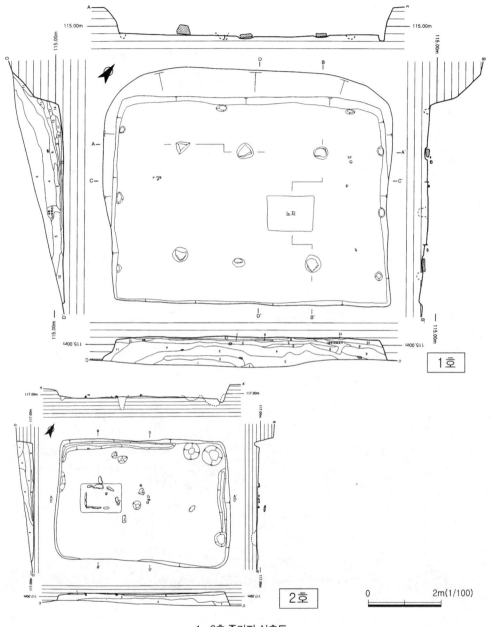

노지

1호

2호

0   2m(1/100)

1 · 2호 주거지 실측도

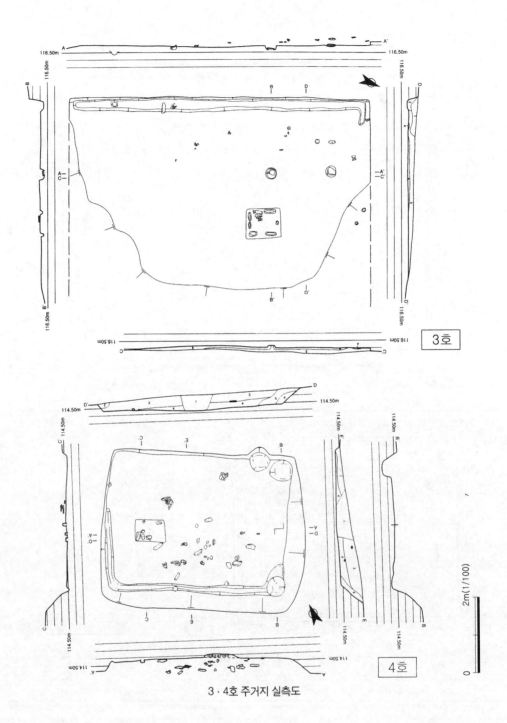

3 · 4호 주거지 실측도

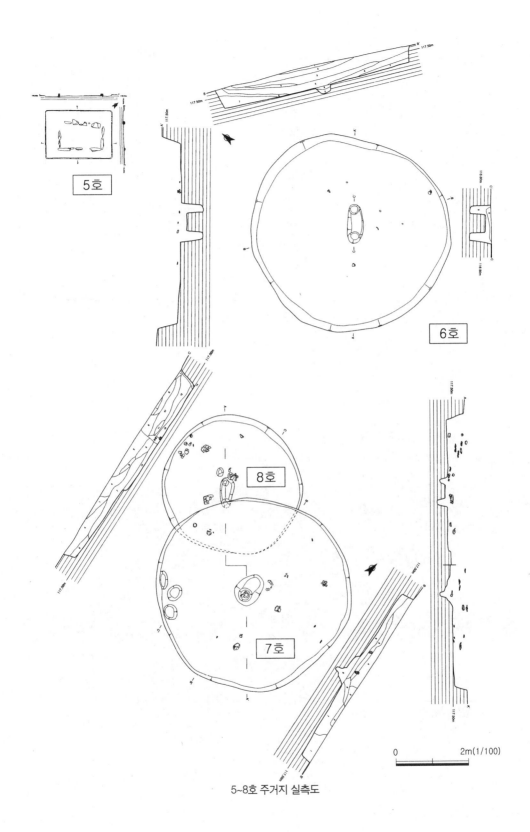

5호

6호

8호

7호

0   2m(1/100)

5~8호 주거지 실측도

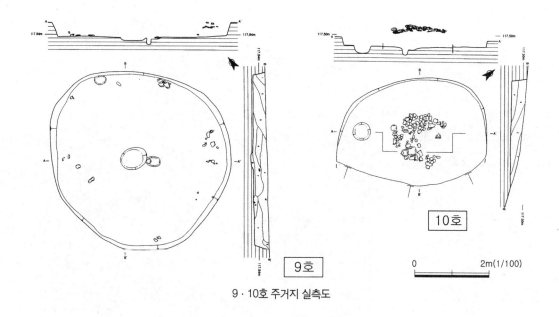

9 · 10호 주거지 실측도

논산시 유적 위치도

1. 논산 원북리유적

1) 조사 개요

유적 위치	충청남도 논산시 성동면 원북리 일대
조사 기간	2001년 4월 7일~9월 12일
조사 면적	36,996m²
조사 기관	중앙문화재연구원
보고서	중앙문화재연구원, 2001, 『논산 원북리유적』
주거지 수	6
유적 입지	'다'지구-구릉(해발 24~31m)
추정 연대	청동기시대 후기~초기철기시대
관련 유구	토광 16, 소성유구 3기, 석관묘 6기

2) 주거지 속성

유구 번호	형태	규모(cm)			면적 (m²)	내부시설	주요 출토유물	화재 유무	선후 관계
		장축	단축	깊이					
2호	원형	240	110 잔존	12	·	토광형노지	무문토기저부, 석도	무	
3호	원형	678	630	50	33.5	타원형토광, 4주, 점토다짐	무문토기저부, 적색마연토기, 일단경촉, 지석	무	3호→17호 토광
16호	원형	640 추정	616 추정	17	30.9 추정	타원형토광, 4주, 점토다짐	무문토기저부	무	
19호	타원형	346	306	32	8.3	토광형노지, 무시설식노지, 불다짐	외반구연토기, 적색마연토기, 일단경촉, 석도	무	
22호	원형	504	504	31	19.9	타원형토광	석도	무	22호→73호 토광
25호	원형	476	472	10	17.6	타원형토광, 4주, 점토다짐	무문토기저부	무	91호토광→ 25호

※ 보고자는 청동기시대의 유구로 주거지 7기, 토광 15기, 석관묘 6기를 상정하였다. 그러나 5호 주거지
의 경우 내부구조상 토광으로 보는 견해가 좀더 타당하다고 생각되기 때문에, 여기서는 이를 받아들
여 주거지 6기에 토광 16기로 수정하였다(安在晧, 2004, 「中西部地域 無文土器時代 中期聚落의 一樣
相」『韓國上古史學會』43, 韓國上古史學會, 4쪽).

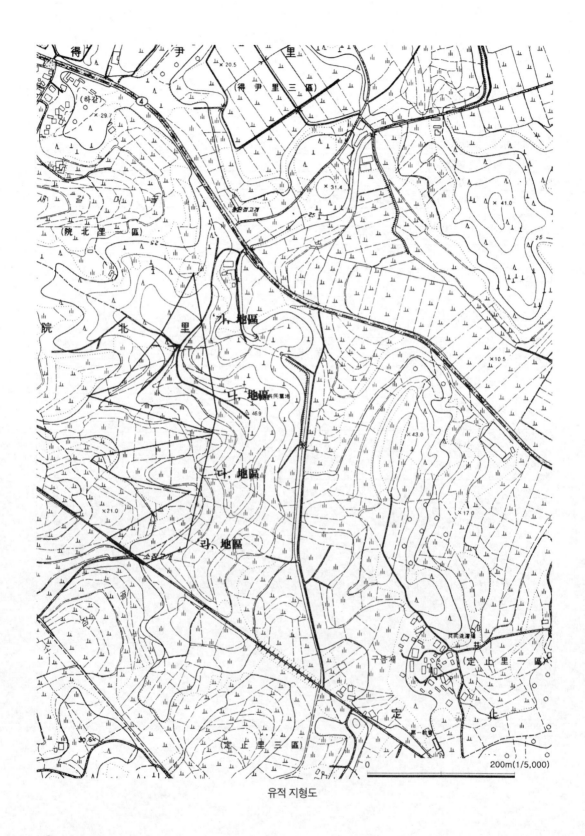

유적 지형도

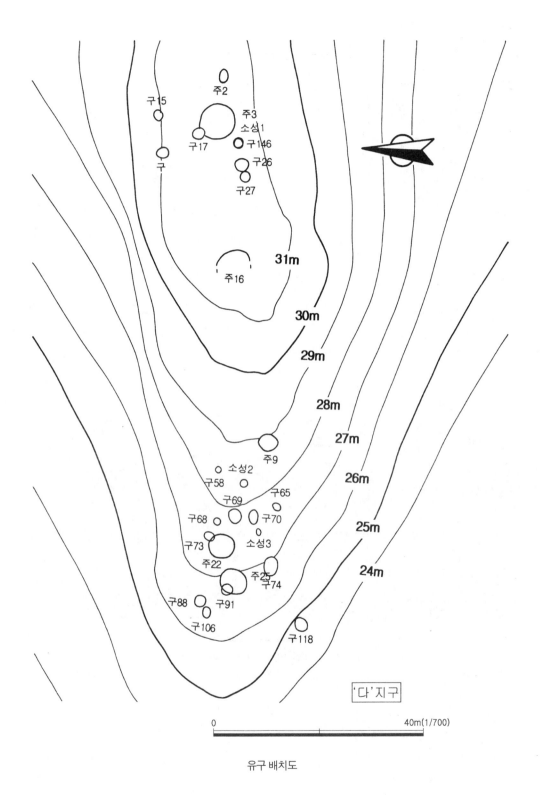

주2

구15

주3
소성1
구17
구146
구
구26
구27

31m

주16

30m

29m

28m

27m

주9

소성2
구58
구65
구69
구70
구68
구73
소성3
주22
주25
구74
구88
구91
구106
구118

26m

25m

24m

'다'지구

0   40m(1/700)

유구 배치도

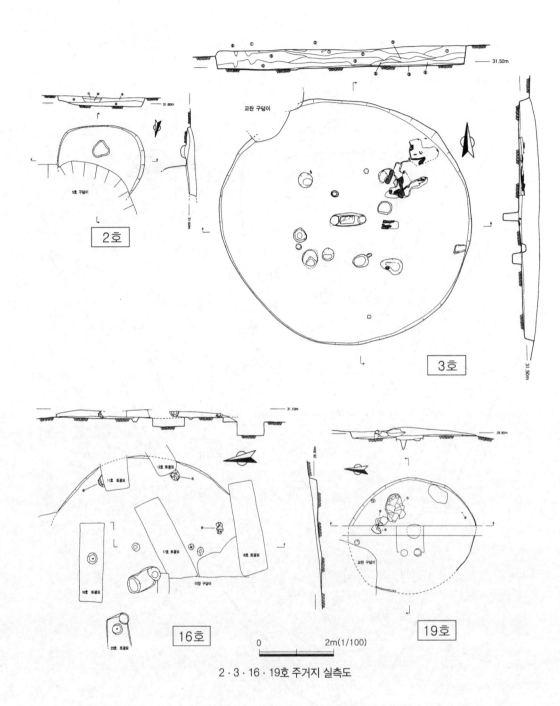

교란 구덩이

2호

3호

16호

19호

교란 구덩이

2 · 3 · 16 · 19호 주거지 실측도

0   2m(1/100)

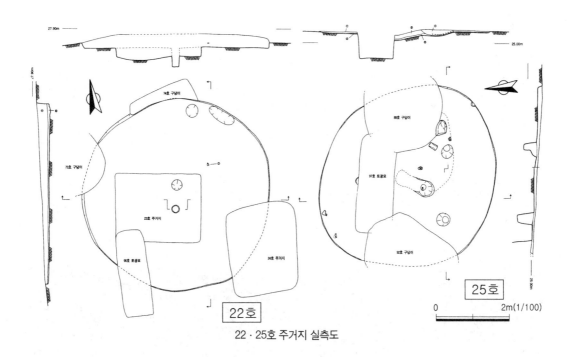

22호

25호

0　　　　　　　　2m(1/100)

22 · 25호 주거지 실측도

2. 논산 마전리유적

1) 조사 개요

유적 위치	충청남도 논산시 연무읍 마전리 일대
조사 기간	1999년 3월 9일~12월 3일
조사 면적	A지구 12,500㎡, C지구 11,000㎡
조사 기관	고려대학교매장문화재연구소
보고서	이홍종·손준호·강원표, 2002, 『마전리유적』, 고려대학교매장문화재연구소 이홍종·박성회·이희진, 2004, 『마전리유적』, 고려대학교매장문화재연구소
주거지 수	3
유적 입지	A지구-구릉(해발 13~19m), C지구-구릉(해발 13~23m)과 저지대
추정 연대	A지구-기원전 6~5세기, C지구-기원전 7세기 전후
관련 유구	토광 17기, 구상유구 1기, 석관묘 22기, 석개토광묘 9기, 옹관묘 8기, 우물 2기, 논유구

2) 주거지 속성

유구 번호	형태	규모(cm)			면적 (m²)	내부시설	주요 출토유물	화재 유무	선후 관계	절대연대 (BC)
		장축	단축	깊이						
A-KC 002	원형	498	468	42	18.3	타원형토광	외반구연토기, 일단경촉, 지석	무	002→KK 005·041	
A-KC 005	원형	582	570	42	26.0	타원형토광, 4주, 점토다짐	외반구연토기, 적색마연토기, 삼각형석도, 석착	무		475 AMS
C-KC 001	원형	406	376	34	12.0	타원형토광, 벽구	외반구연토기, 적색마연토기, 유구석부	유		625 AMS

※ 보고자는 청동기시대의 토광을 A지구-17기, C지구-2기로 파악하였으나, A지구의 KK-013·022호 토
광은 인접 유구와 연결된 소위 '土室遺構'일 가능성이 높다. 따라서 A지구의 2기를 제외한 총 17기를
청동기시대의 토광으로 상정한 바 있는데, 여기서도 이를 따르고자 한다(孫晙鎬, 2004,「錦江流域 松
菊里文化의 群集 貯藏孔 硏究」『科技考古硏究』10, 아주대학교박물관, 13쪽).

유적 지형도

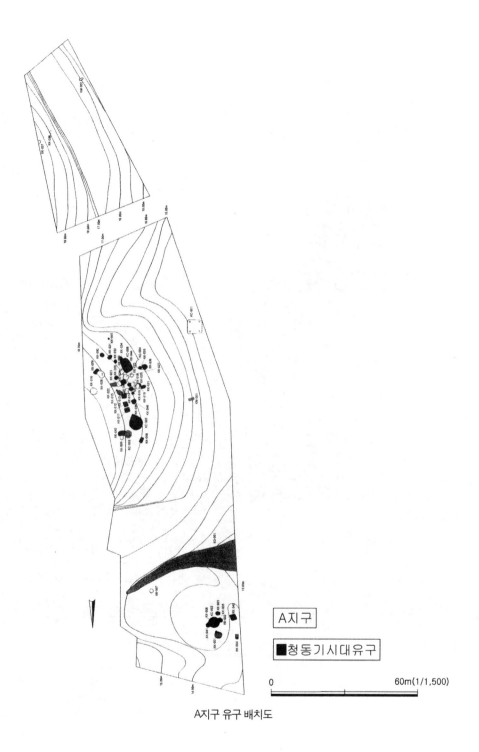

A지구 유구 배치도

A지구

■청동기시대유구

0   60m(1/1,500)

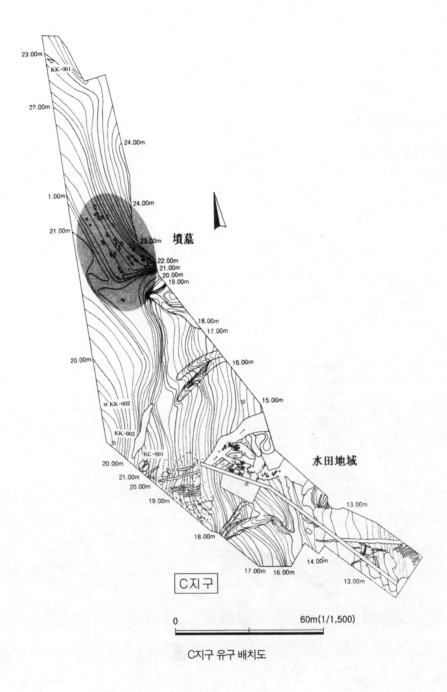

墳墓

水田地域

KK-001

KK-002

KK-003

KC-001

23.00m

22.00m

24.00m

1.00m

24.00m

21.00m

23.00m

22.00m
21.00m
20.00m
19.00m

18.00m
17.00m

16.00m

20.00m

15.00m

20.00m

21.00m

20.00m

19.00m

18.00m

13.00m

17.00m 16.00m

14.00m

13.00m

C지구

0   60m(1/1,500)

C지구 유구 배치도

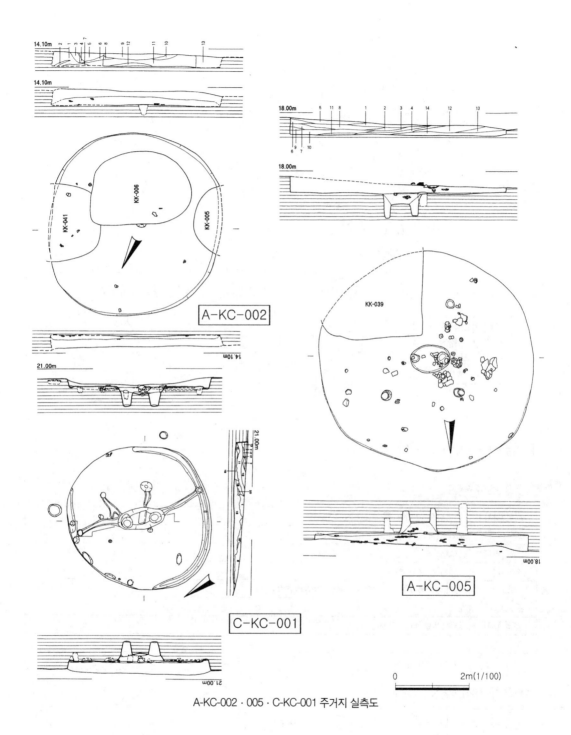

14.10m

14.10m

18.00m

18.00m

KK-006

KK-041

KK-005

A-KC-002

14.10m

21.00m

KK-039

21.00m

C-KC-001

21.00m

A-KC-005

18.00m

0　　　　　2m(1/100)

A-KC-002 · 005 · C-KC-001 주거지 실측도

금산군 유적 위치도

1. 아인리유적
2. 수당리유적
3. 수당리유적
   (표고재배부지)

1. 금산 아인리유적

1) 조사 개요

유적 위치	충청남도 금산군 금산읍 아인리 일대
조사 기간	2002년 11월 6일~12월 21일
조사 면적	1,600m²
조사 기관	충청남도역사문화원
보고서	충청남도역사문화원, 2004, 『금산 아인리유적』
주거지 수	2
유적 입지	구릉(해발 175~188m)
추정 연대	
관련 유구	석관묘 2기, 토광묘 3기

2) 주거지 속성

유구 번호	형태	규모(cm)			면적 (m²)	내부시설	주요 출토유물	화재 유무
		장축	단축	깊이				
I-1호	장방형	350	130 잔존	20	·	주공	무문토기구연부, 무문토기저부	유
II-1호	장방형	630 잔존	170 잔존	18	·	주공	무문토기동체부, 무문토기저부	무

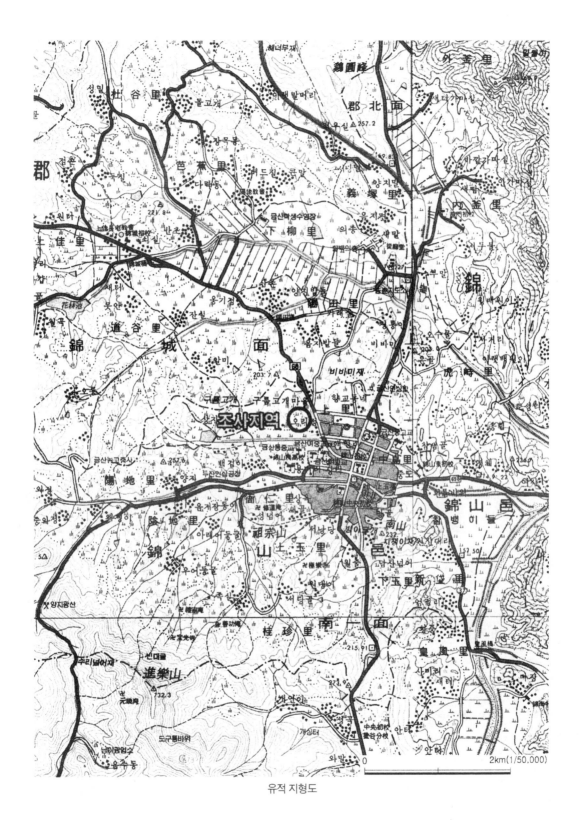

유적 지형도

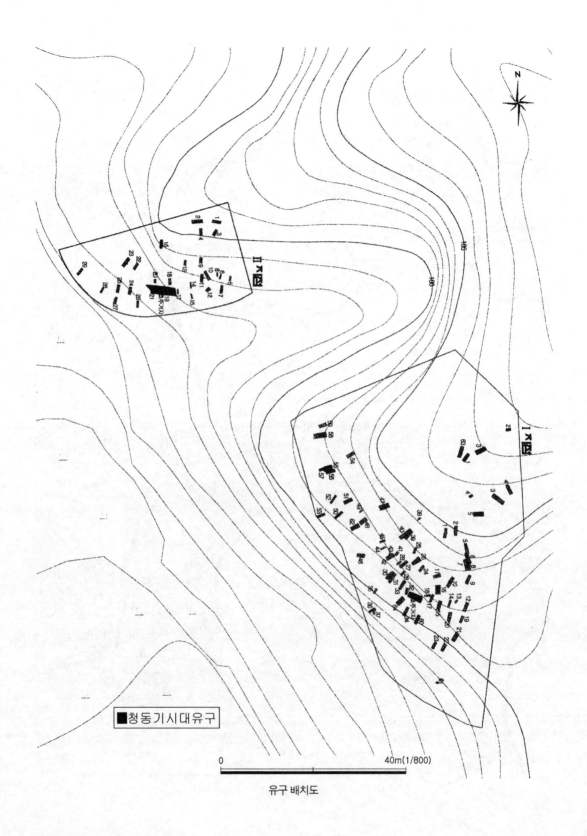

■청동기시대유구

0　　　　　　　　　　　　40m(1/800)

유구 배치도

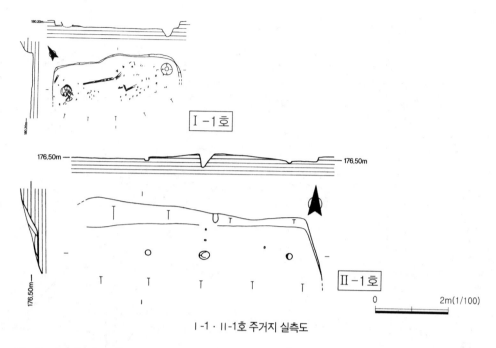

I-1 · II-1호 주거지 실측도

2. 금산 수당리유적

1) 조사 개요

유적 위치	충청남도 금산군 제원면 수당리 산1-5번지 일대
조사 기간	1999년 3월 2일~8월 9일
조사 면적	5,610m²
조사 기관	충남대학교백제연구소
보고서	충남대학교백제연구소, 2002, 『금산 수당리유적』
주거지 수	4
유적 입지	구릉(해발 160~170m)
추정 연대	전기-기원전 1,120~1,010년, 후기-기원전 500~400년
관련 유구	없음

2) 주거지 속성

유구 번호	형태	규모(cm) 장축	규모(cm) 단축	규모(cm) 깊이	면적 (m²)	내부시설	주요 출토유물	화재 유무	절대연대 (BC)
1호	장방형	990 잔존	640	10	·	위석식노지, 토광형노지, 초석	이중구연단사선문토기, 두형토기대각부, 일단경촉	무	1,360-1,355 · 1,315-1,010 C14연대
2호	원형	550	510 추정	52	22.0 추정	타원형토광, 점토다짐	적색마연토기, 발형토기, 외반구연토기	무	420-355 · 290-230/760-635 · 560-385/915-385 C14연대
6호	장방형	670	329 잔존	56	·		구순각목문토기, 절상돌대토기, 절상돌대각목문토기	유	1,120-845 C14연대
7호	원형	350	280	76	7.7	타원형토광, 점토다짐	무문토기구연부, 삼각형석도	무	765-615 · 590-385 C14연대

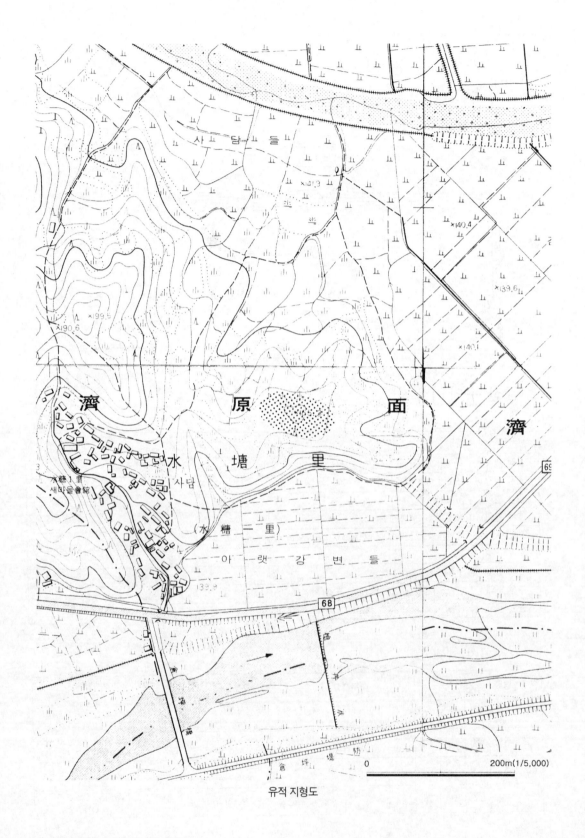

유적 지형도

M-1

6호 주거지

5호 주거지

7호 주거지

M-3 1호 주거지 M-2

3호 주거지 M-5

4호 주거지

2호 주거지

M-6

155

160

160

155

150

145

▓청동기시대유구

0   30m(1/600)

유구 배치도

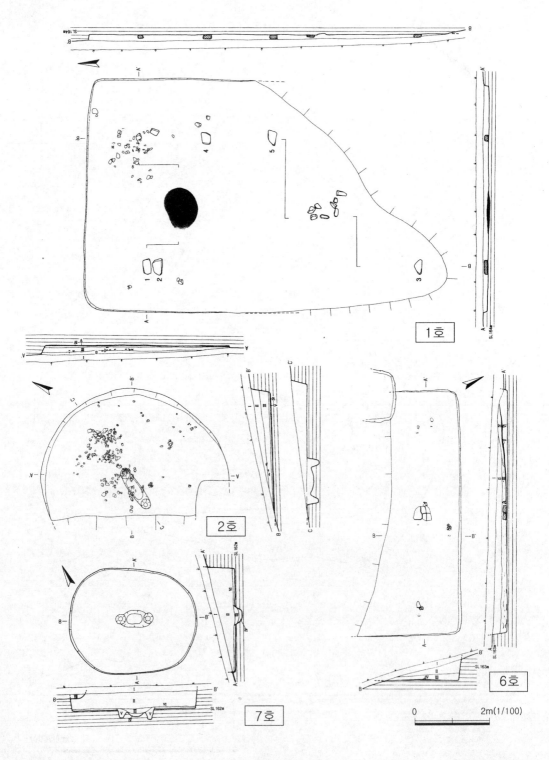

1 · 2 · 6 · 7호 주거지 실측도

3. 금산 수당리유적(표고재배부지)

1) 조사 개요

유적 위치	충청남도 금산군 제원면 수당리 산503-15번지 일대
조사 기간	2005년 5월 23일~7월 1일
조사 면적	2,700m²
조사 기관	충청남도역사문화원
보고서	충청남도역사문화원, 2007, 『금산 수당리유적』
주거지 수	6
유적 입지	구릉(해발 151~162m)
추정 연대	청동기시대 전기~후기
관련 유구	소형수혈유구 1기, 석관묘 1기

2) 주거지 속성

유구 번호	형태	규모(cm)			면적 (m²)	내부시설	주요 출토유물	화재 유무	선후 관계	절대연대 (BC)
		장축	단축	깊이						
1호	원형	504	488	54	19.3		일단경촉, 지석	무		
2호	원형	428	396	66	13.3	타원형토광, 점토다짐	무문토기저부, 석촉미제품	무	4호→ 2호	
3호	장방형	942	400 추정	12	37.7 추정	위석식노지 2개, 벽구	횡침선점렬문적색마연토기, 어망추 유혈구이단병검, 이단경촉	유		1,030/1,160/ 1,230 AMS
4호	장방형	812	220 잔존	52	·		무문토기저부	무	4호→ 2호	1,200 AMS
5호	장방형	216 잔존	78 잔존	18	·	벽구	무문토기동체부, 무문토기저부	무		
6호	말각방형	376	360	62	13.5	타원형토광	무문토기구연부, 무문토기저부, 일단경촉, 방추차	무		

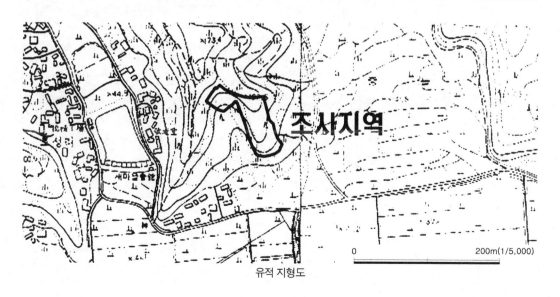

유적 지형도

0   200m(1/5,000)

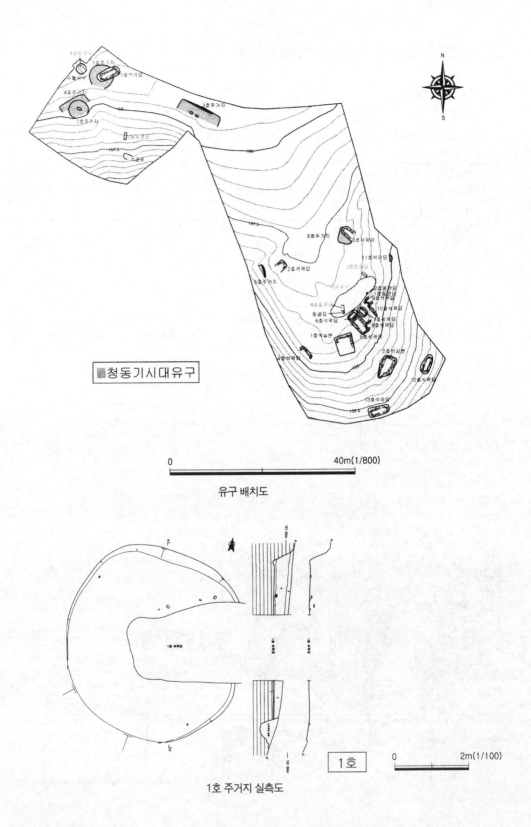

청동기시대유구

유구 배치도

0   40m(1/800)

1호 주거지 실측도

1호   0   2m(1/100)

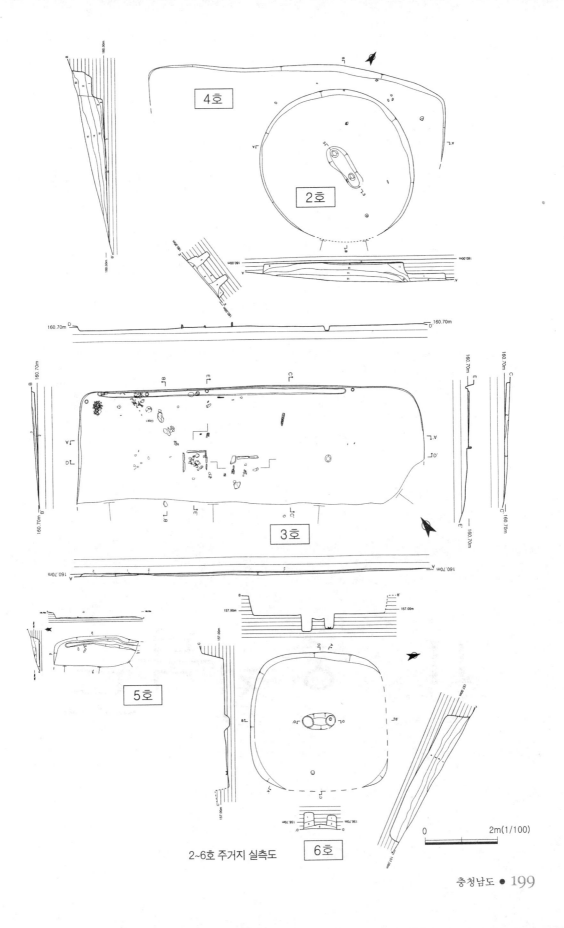

2~6호 주거지 실측도

0   2m(1/100)

제천시

충주시

단양군

음성군

진천군

괴산군

청주시

청원군

보은군

옥천군

영동군

II 충청북도

청동기시대 주거지 집성

忠淸北道

충주시

음성군

단양군

진천군

괴산군

청주시

청원군

보은군

옥천군

영동군

1
2
3

1. 계산리유적
2. 양평리유적
3. 능강리유적

제천시 유적 위치도

1. 제천 계산리유적

1) 조사 개요

유적 위치	충청북도 제천시 청풍면 계산리 일대
조사 기간	1982년 7월 21일~12월 20일
조사 면적	18m²
조사 기관	경희대학교
보고서	황용훈, 1984, 「제원 계산리 B지구 주거지 발굴조사보고」, 『충주댐 수몰지구 문화유적 발굴조사 종합보고서』I, 충북대학교박물관
주거지 수	3
유적 입지	충적대지
추정 연대	
관련 유구	지석묘 1기

2) 주거지 속성

유구번호	형태	규모(cm)			면적(m²)	내부시설	주요 출토유물	화재유무	선후관계
		장축	단축	깊이					
1호	타원형	228 잔존	120 잔존	·	·	주공렬	공렬문토기, 석촉	무	1호→2·3호
2호	타원형	400 추정	200	·	6.3 추정	주공렬	무문토기, 석촉, 대석	무	1호→2·3호→지석묘
3호	타원형	320	250	·	6.3	주공렬	무문토기, 석부미제품	무	1호→2·3호→지석묘

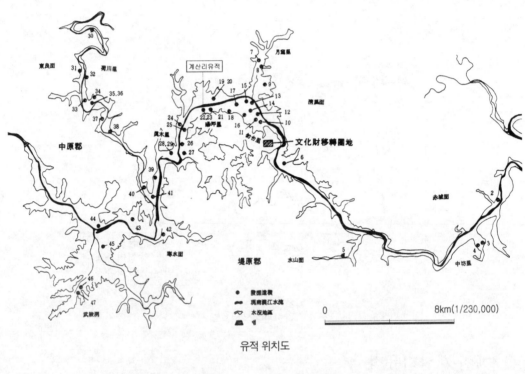

유적 위치도

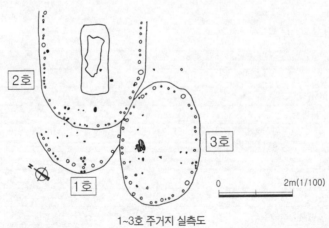

1~3호 주거지 실측도

2. 제천 양평리유적

1) 조사 개요

유적 위치	충청북도 제천시 청풍면 양평리 일대
조사 기간	1982년 7월 23일~8월 25일
조사 면적	16,500㎡
조사 기관	서울대학교
보고서	최몽룡·임영진, 1984, 「제원 양평리 B지구 유적 발굴조사보고」, 『충주댐 수몰지구 문화유적 발굴조사 종합보고서』Ⅰ, 충북대학교박물관
주거지 수	1
유적 입지	충적대지
추정 연대	기원전 5세기 전후
관련 유구	적석유구 1기

2) 주거지 속성

유구 번호	형태	규모(cm)			면적 (㎡)	내부시설	주요 출토유물	화재 유무	절대연대 (BC)
		장축	단축	깊이					
1호	타원형	600	400	15	18.8	위석식노지	구순각목공렬문토기, 석검, 석촉, 어망추	무	1,450-500 C14연대

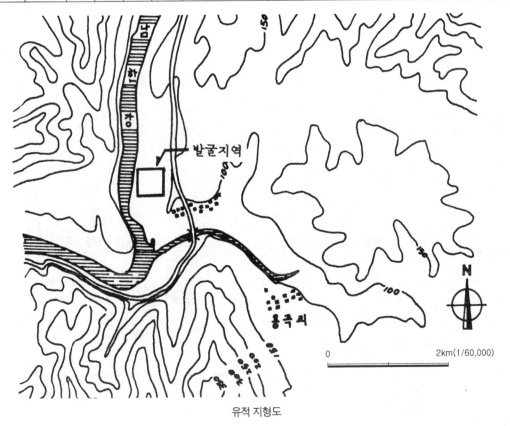

유적 지형도

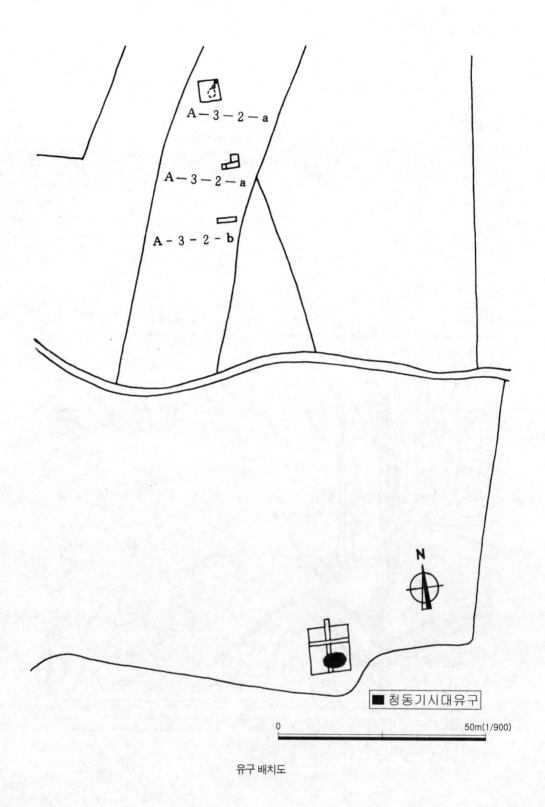

A−3−2−a

A−3−2−a

A−3−2−b

N

■청동기시대유구

0   50m(1/900)

유구 배치도

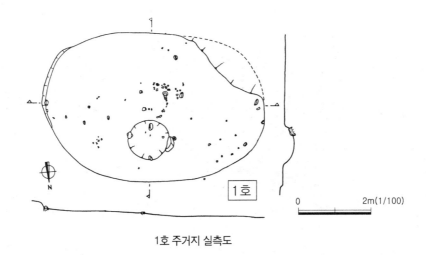

1호 주거지 실측도

3. 제천 능강리유적

1) 조사 개요

유적 위치	충청북도 제천시 수산면 능강리 산25-27번지 일대
조사 기간	2000년 7월 20일~9월 20일
조사 면적	2,700㎡
조사 기관	세종대학교박물관
보고서	최정필·하문식·황보경, 2001, 『제천 능강리』, 세종대학교박물관
주거지 수	3
유적 입지	구릉(해발 130m 내외)
추정 연대	기원전 10세기 전후
관련 유구	지석묘 2기

2) 주거지 속성

유구 번호	형태	규모(cm)			면적 (㎡)	내부시설	주요 출토유물	화재 유무	절대연대 (BC)
		장축	단축	깊이					
1호	장방형	960	210 잔존	32	·	구시설	적색마연토기, 단사선문토기, 동북형석도	무	1,130-820 C14연대
2호	장방형	360	160 잔존	22	·	무시설식노지	무문토기, 지석	무	1,454-894 C14연대
3호	장방형	550	310 잔존	29	·	위석식노지 2개, 벽체시설	적색마연토기대각부, 식촉	유	1,454-967/1,412-896/999-801 C14연대

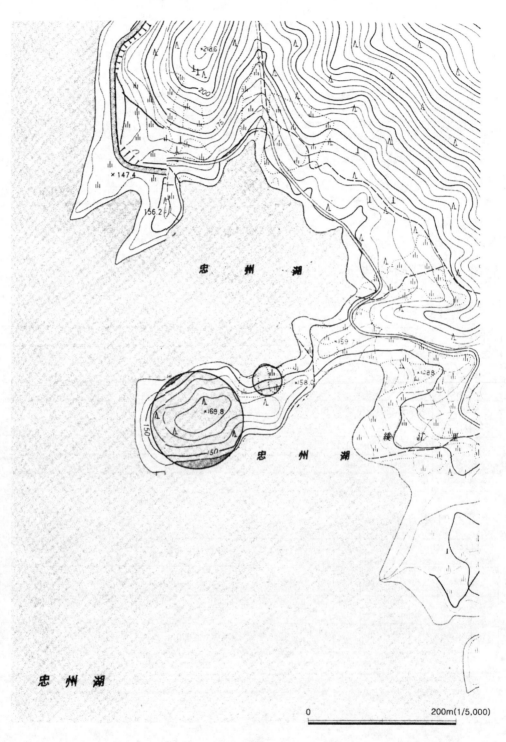

忠　州　湖

忠　州　湖

忠　州　湖

0   200m(1/5,000)

유적 지형도

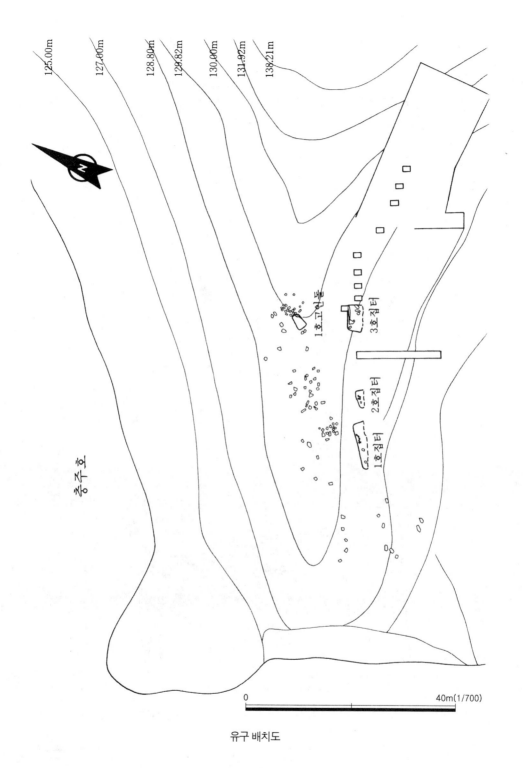

125.00m
127.00m
128.80m
129.82m
130.00m
131.92m
138.21m

충주호

1호고인돌

3호집터

2호집터

1호집터

0   40m(1/700)

유구 배치도

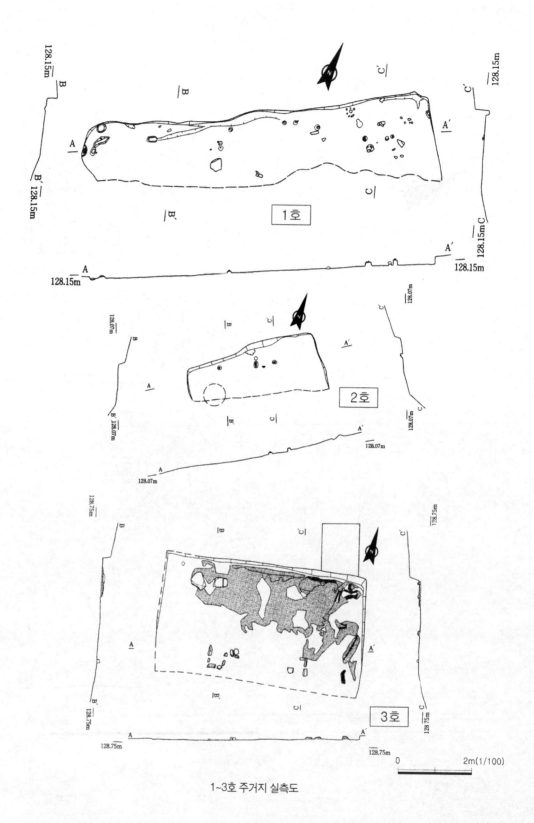

1~3호 주거지 실측도

충주시 유적 위치도

1. 조동리유적
2. 지동리유적
3. 장성리유적

1. 충주 조동리유적

1) 조사 개요

유적 위치	충청북도 충주시 동량면 조동리 조돈마을 1364-2, 1368-2 일대
조사 기간	1996년 3월 23일~6월 8일, 1997년 4월 11일~6월 8일
조사 면적	11,833㎡(Ⅰ지구)
조사 기관	충북대학교박물관
보고서	이융조·우종윤, 2001, 『충주 조동리 선사유적』Ⅰ, 충북대학교박물관
주거지 수	9
유적 입지	충적대지
추정 연대	기원전 12~10세기
관련 유구	야외노지 31기, 토광 13기, 구상유구 6기, 적석유구 1기

2) 주거지 속성

유구번호	형태	규모(cm)			면적(m²)	내부시설	주요 출토유물	화재유무	선후관계	절대연대(BC)
		장축	단축	깊이						
1호	방형	325	270	11	8.8	위석식노지, 저장공	발형토기, 적색마연대부소호, 일단경촉, 벼, 보리, 밀	유		1,224-406 AMS
2호	장방형	646	378	10	24.4	무시설식노지	구순각목문토기, 공렬문토기, 벼, 보리, 밀	유		
3호	장방형	650	483	·	31.4	불다짐	이중구연구순각목단사선문토기, 공렬문토기, 적색마연토기대각부	유		
4호	장방형	461	344	·	15.9	위석식노지	구순각목공렬문토기, 동북형석도	무		
5호	부정형	455	376	13	12.4	점토다짐	공렬문토기, 어망추	무		
6호	부정형	232	210	10	4.3		공렬문토기, 적색마연토기, 이단병검, 일단경촉, 주형석도, 곡옥	유		
7호	장방형	505	385	21	19.4	위석식노지 2개	공렬문토기, 편평만입촉, 일단경촉, 어망추, 곡옥	유		1,512-99 AMS
8호	장방형	550	440	14	24.2		구순각목문토기, 공렬문토기	유	8호→23·29호 야외노지	
9호	장방형	1,025	650	20	66.6	위석식노지 2개	발형토기, 공렬문토기, 적색마연토기대각부, 곡옥	유	9호→3호 야외노지	1,048-768 AMS

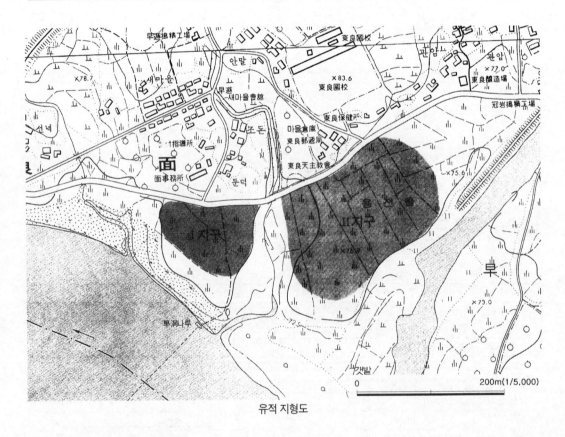

유적 지형도

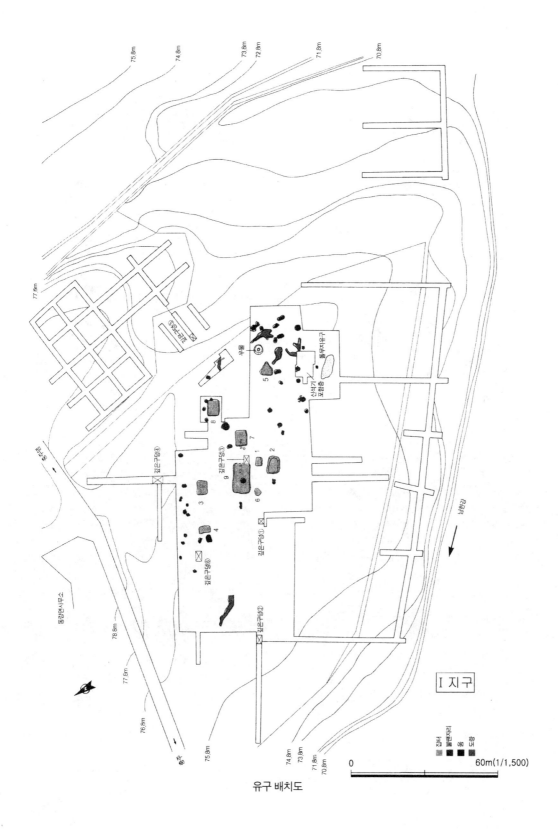

유구 배치도

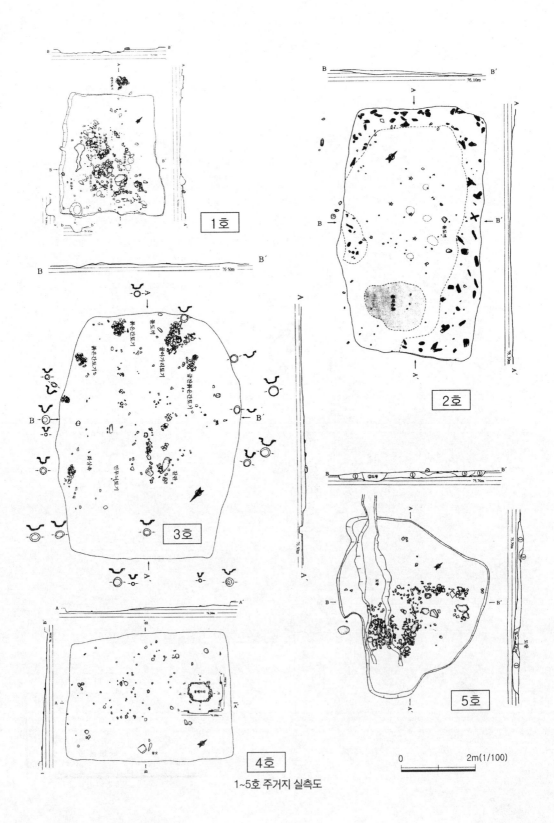

1호

2호

3호

4호

5호

1~5호 주거지 실측도

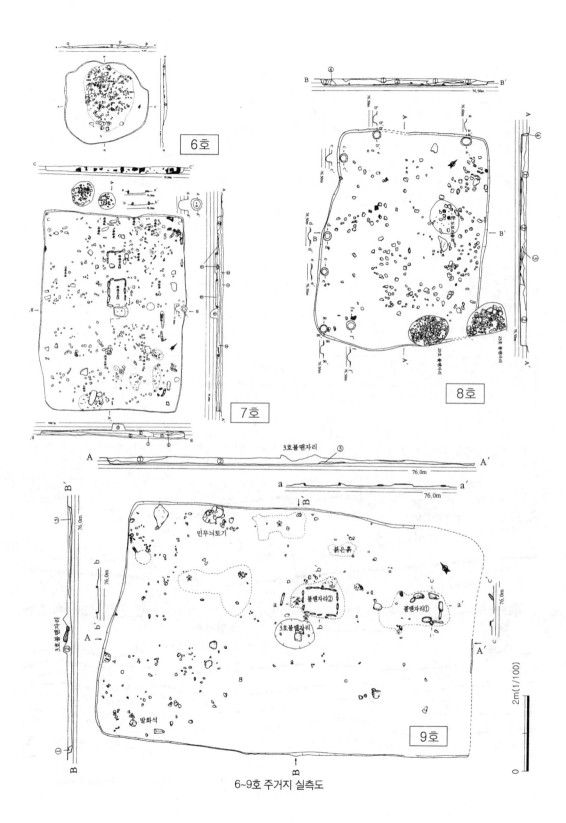

6호

7호

8호

3호불땐자리

9호

민무늬토기

숯

붉은흙

숯

불땐자리②

3호불땐자리

불땐자리①

3호 불땐자리

발화석

2m(1/100)

6~9호 주거지 실측도

2. 충주 지동리유적

1) 조사 개요

유적 위치	충청북도 충주시 동량면 지동리 760번지 일대
조사 기간	1983년 7월 23일~8월 14일, 1984년 11월 3일~12월 30일
조사 면적	549m²
조사 기관	경희대학교
보고서	황용훈, 1984, 「중원 지동리 A지구 유적 발굴조사보고-1983년도」, 『충주댐 수몰지구 문화유적 발굴조사 종합보고서』Ⅱ, 충북대학교박물관 황용훈, 1984, 「중원 지동리 A지구 유적 발굴조사보고-1984년도」, 『충주댐 수몰지구 문화유적 발굴조사 종합보고서』Ⅱ, 충북대학교박물관
주거지 수	3
유적 입지	충적대지
추정 연대	
관련 유구	지석묘 1기, 석관묘 3기

2) 주거지 속성

유구 번호	형태	규모(cm) 장축	규모(cm) 단축	규모(cm) 깊이	면적 (m²)	내부시설	주요 출토유물	화재 유무
83-1호	방형	395	300	12	11.9	위석식노지, 점토다짐	공렬문토기	무
83-2호	장방형	700	500	13	35	점토다짐	공렬문토기, 적색마연토기, 석검	무
84-1호	장방형	870	440	33	38.3	무시설식노지 2개	공렬문토기, 석촉	무

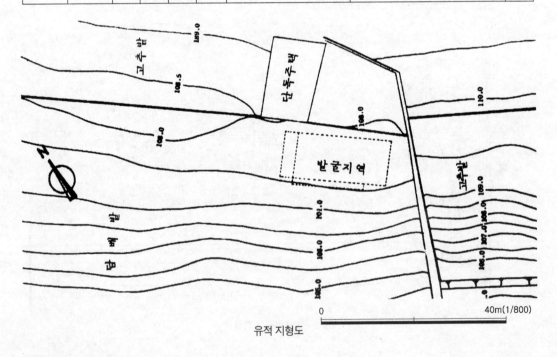

유적 지형도

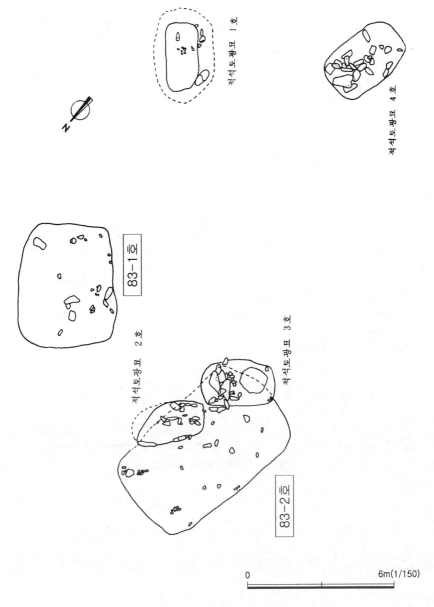

적석토광묘 1호

적석토광묘 4호

83-1호

적석토광묘 2호

적석토광묘 3호

83-2호

0   6m(1/150)

83-1호 주거지 주변 유구 배치도

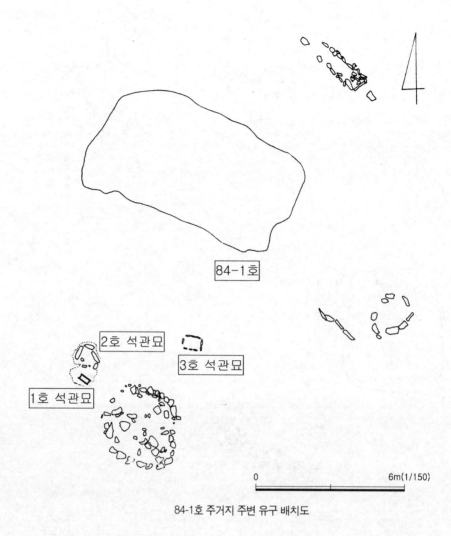

84-1호

2호 석관묘

3호 석관묘

1호 석관묘

0   6m(1/150)

84-1호 주거지 주변 유구 배치도

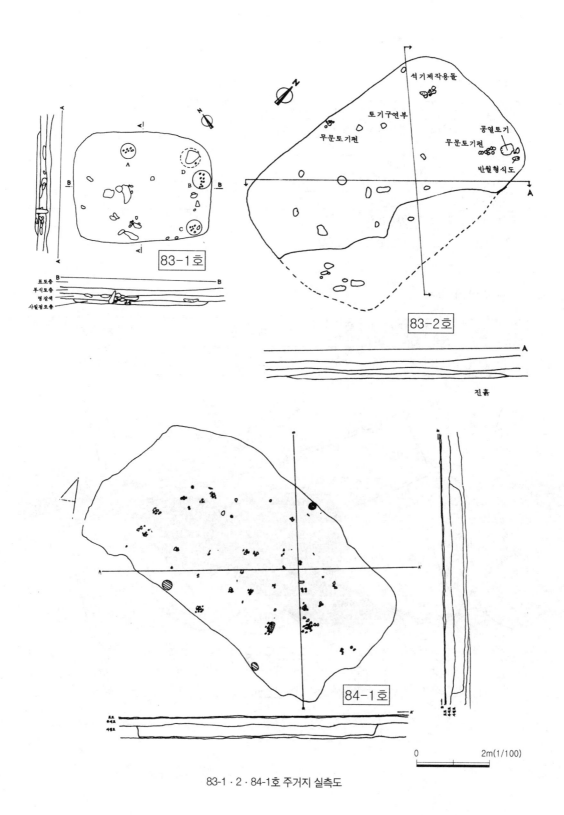

83-1 · 2 · 84-1호 주거지 실측도

3. 충주 장성리유적

1) 조사 개요

유적 위치	충청북도 제천시 이류면 장성리 495-6번지 일대
조사 기간	2006년 6월 27일~8월 11일
조사 면적	6,600m²
조사 기관	중앙문화재연구원
보고서	중앙문화재연구원, 2007, 「충주 장성리유적」, 『충주 용산동·대곡리·장성리유적』
주거지 수	1
유적 입지	구릉(해발 100m 내외)
추정 연대	기원전 10~9세기
관련 유구	없음

2) 주거지 속성

유구 번호	형태	규모(cm)			면적 (m²)	내부시설	주요 출토유물	화재 유무
		장축	단축	깊이				
1호	장방형	1,194	490	58	58.5	위석식노지 3개, 초석, 저장공, 외부돌출구	발형토기, 합인석부	무

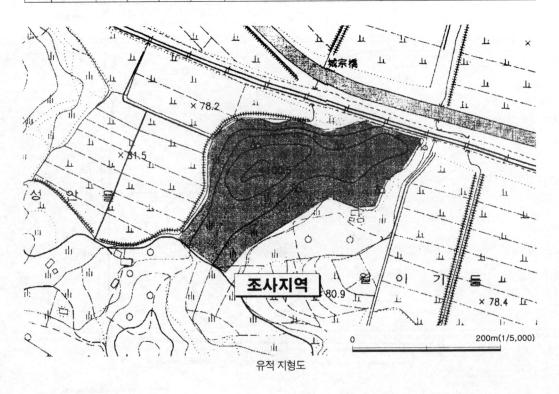

유적 지형도

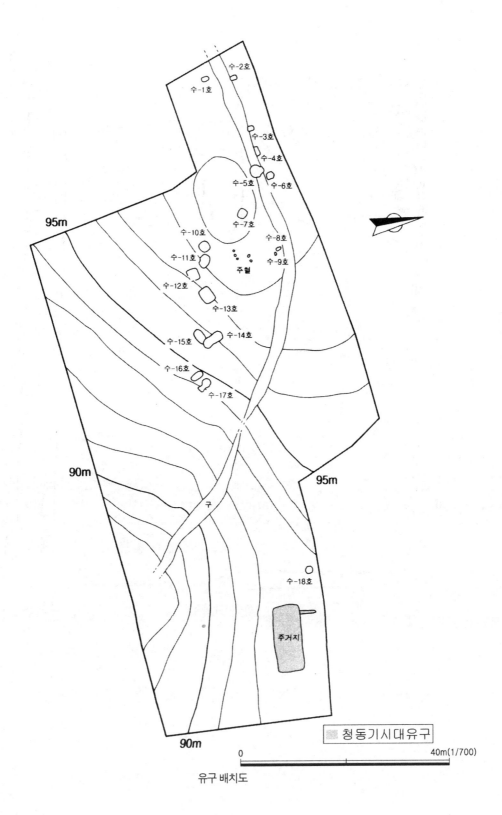

수-1호
수-2호
수-3호
수-4호
수-5호
수-6호
수-7호
수-8호
수-10호
수-9호
수-11호
주혈
수-12호
수-13호
수-14호
수-15호
수-16호
수-17호
구
수-18호
주거지

95m
95m
90m
90m

청동기시대유구

0   40m(1/700)

유구 배치도

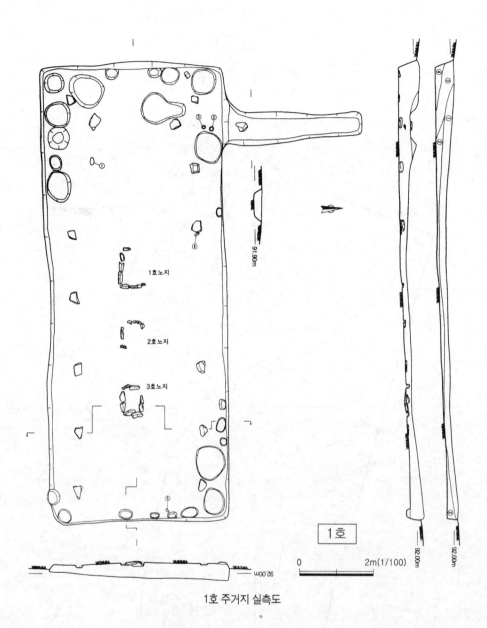

1호 주거지 실측도

1호

0   2m(1/100)

음성군 유적 위치도

1. 하당리유적

1. 음성 하당리유적

1) 조사 개요

유적 위치	충청북도 음성군 음성면 하당리·신천리 일대
조사 기간	2001년 11월 1일~12월 31일, 2002년 5월 20일~6월 27일, 2002년 7월 15일~9월 27일
조사 면적	31,400m²
조사 기관	중앙문화재연구원
보고서	중앙문화재연구원, 2004, 『음성 하당리유적』
주거지 수	6
유적 입지	구릉(해발 170m 내외)
추정 연대	기원전 10~9세기
관련 유구	없음

2) 주거지 속성

유구번호	형태	규모(cm)			면적(m²)	내부시설	주요 출토유물	화재유무	절대연대(BC)
		장축	단축	깊이					
1호	장방형	1,092	444	96	48.5	위석식노지 2개, 무시설식노지, 초석, 저장공, 점토다짐	구순각목문토기, 편평만입촉	무	420 OSL
2호	장방형	724 잔존	342 잔존	44	·	위석식노지, 무시설식노지	무문토기	무	
3호	장방형	516	170 잔존	30	·	위석식노지		무	AD910 · 990 AMS
4호	장방형	772 잔존	272 잔존	60	·	위석식노지 2개	적색마연토기, 무문토기	무	
5호	장방형	856 잔존	396 잔존	28	·	위석식노지, 무시설식노지 2개, 저장공	발형토기, 구순각목문토기, 이단경촉, 편평만입촉	무	
6호	장방형	1,206	500	80	60.3	위석식노지 3개, 초석, 저장공	횡침선적색마연토기, 이단병검, 주형석도	유	1,670/880/810/785/675/610/570 AMS, 690 OSL

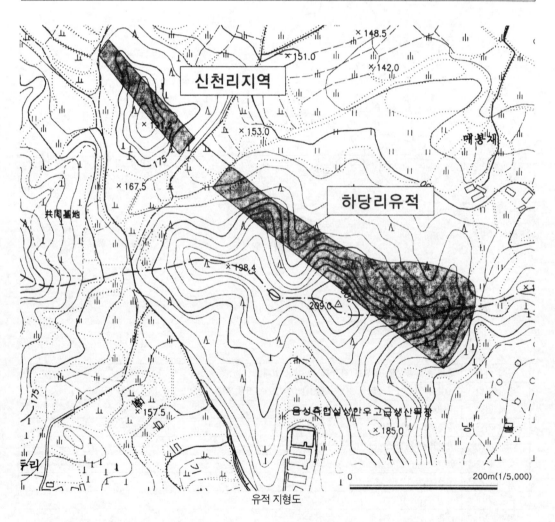

유적 지형도

수혈3
수혈2
수혈1

165

토8

170

토7
주4
토6

165

160

석곽2

주1

주2

155

주3

석렬유구
토4
주6
주5
토1
토5
교각
토2
석곽1
토3

청동기시대유구

0
100m(1/2,400)

유구 배치도

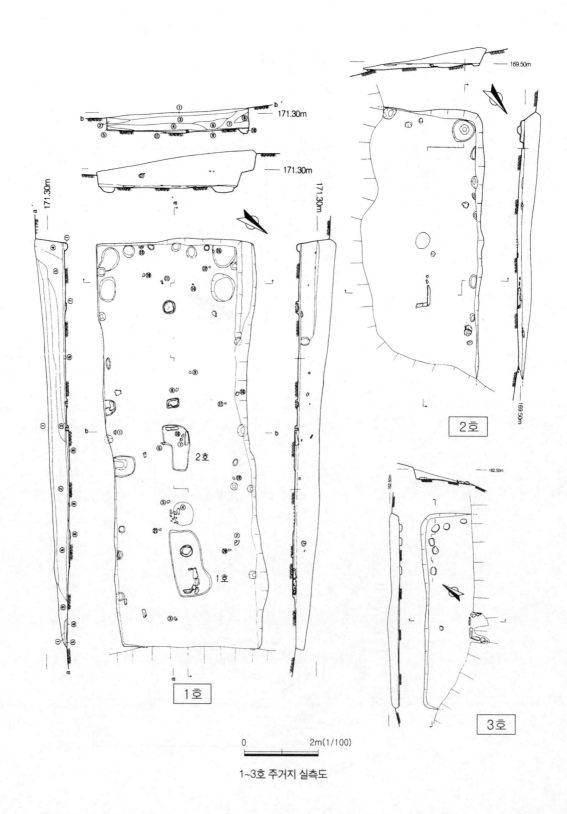

171.30m

171.30m

171.30m

169.50m

162.50m

1호

2호

3호

0   2m(1/100)

1~3호 주거지 실측도

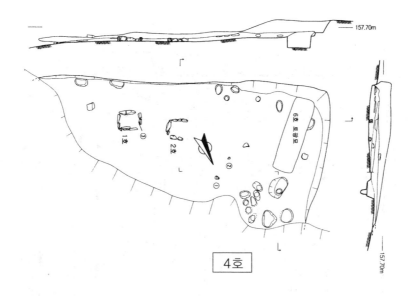

4호

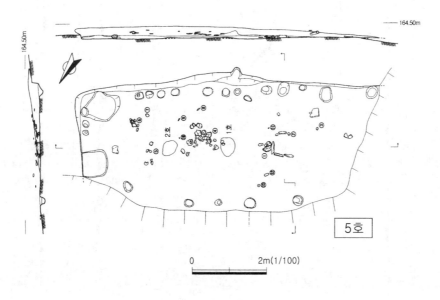

5호

0   2m(1/100)

4 · 5호 주거지 실측도

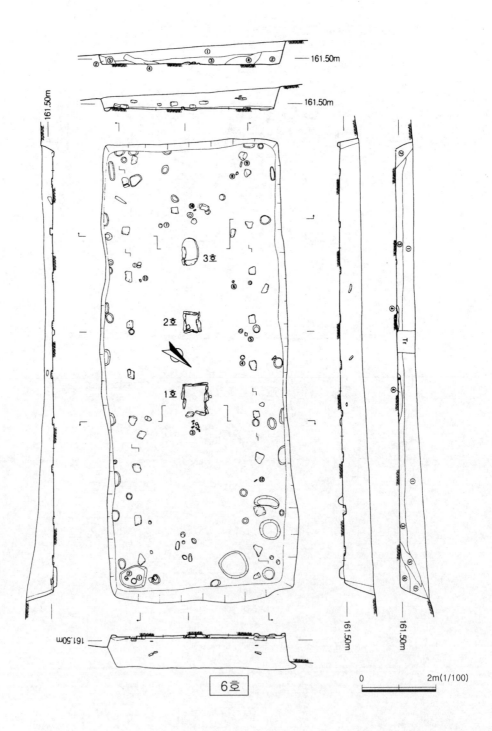

161.50m

161.50m

161.50m

3호

2호

1호

Tr

161.50m

161.50m

161.50m

6호

0   2m(1/100)

6호 주거지 실측도

진천군 유적 위치도

1. 신월리유적
2. 장관리유적
3. 사양리유적

1. 진천 신월리유적

1) 조사 개요

유적 위치	충청북도 진천군 이월면 신월리 608-1번지 일대
조사 기간	2003년 7월 21일~11월 17일
조사 면적	14,920m²
조사 기관	중앙문화재연구원
보고서	중앙문화재연구원, 2005, 『진천 신월리유적』
주거지 수	9
유적 입지	구릉(해발 100m 내외)
추정 연대	기원전 10~8세기
관련 유구	없음

2) 주거지 속성

유구 번호	형태	규모(cm)			면적 (m²)	내부시설	주요 출토유물	화재 유무	선후 관계	절대연대 (BC)
		장축	단축	깊이						
1호	장방형	442	226 잔존	24	·	무시설식노지, 저장공	무문토기, 주상편인석부	무		1,110 AMS
2호	장방형	956 잔존	424	49	·	위석식노지, 무시설식노지, 초석, 저장공, 점토다짐	구순각목문토기	무	3호→ 2호	747 OSL
3호	방형	760 잔존	668 잔존	40	·	위석식노지 3개, 저장공	이단병검, 이단경촉, 편평만입촉	무	3호→ 2호	5,776 OSL
4호	방형	306 잔존	300 잔존	37	·		무문토기	무		
5호	방형	594 잔존	486	57	·	위석식노지 2개, 초석, 저장공	이단병검, 편평만입촉, 주형석도	무		
6호	장방형	694	340 잔존	29	·	무시설식노지	무문토기, 주형석도	무		857 OSL
7호	방형	428 잔존	408	33	·	무시설식노지, 저장공	무문토기, 편평편인석부	무		
8호	장방형	416 잔존	408	23	·	무시설식노지, 저장공	석촉	무		
9호	장방형	1,196	608	85	72.7	위석식노지 2개, 초석, 저장공	이단병검, 이단경촉	무		

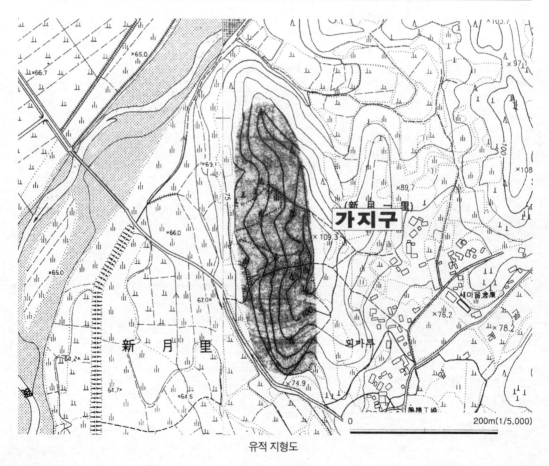

유적 지형도

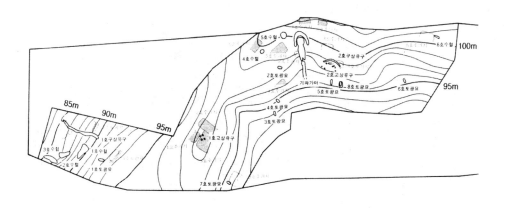

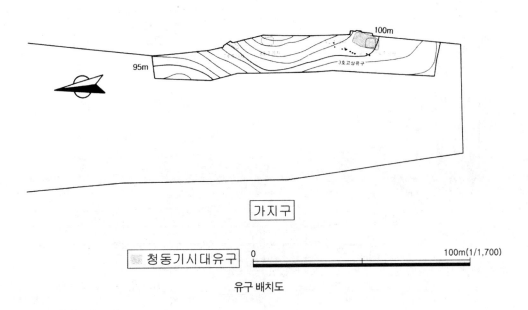

가지구

청동기시대유구

0   100m(1/1,700)

유구 배치도

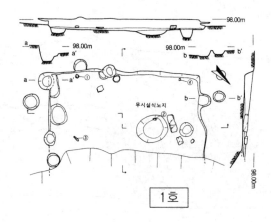

1호

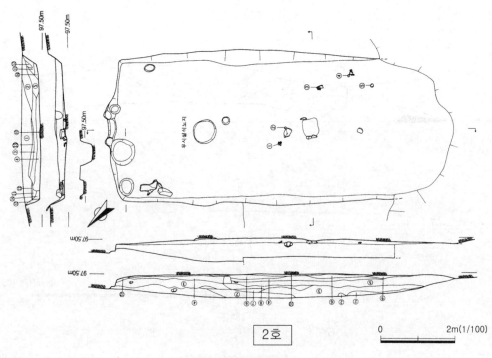

2호

0 ———————— 2m(1/100)

1·2호 주거지 실측도

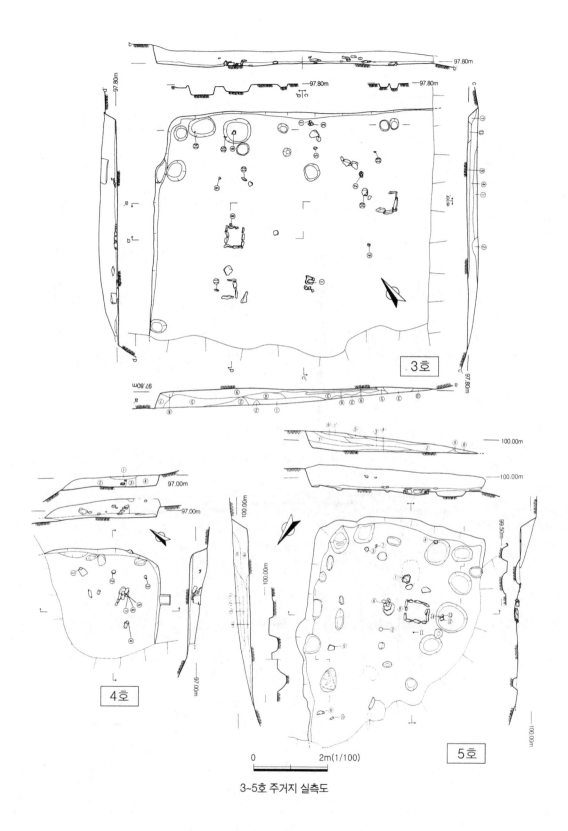

3호

4호

5호

0   2m(1/100)

3~5호 주거지 실측도

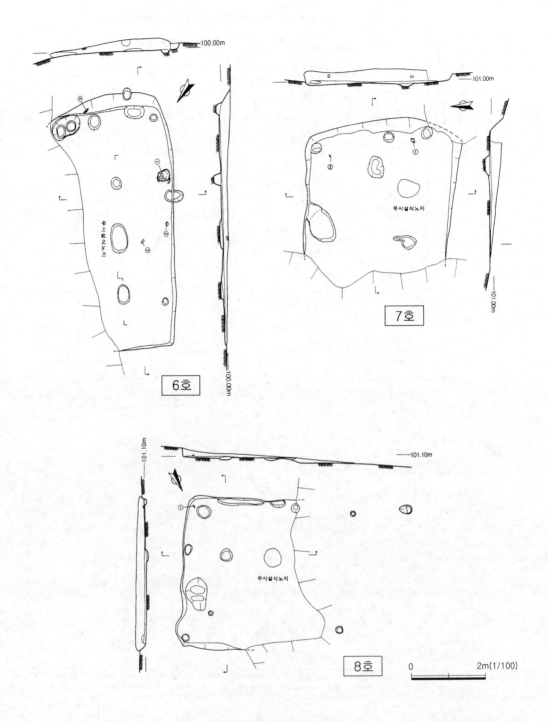

무시설식노지

무시설식노지

6호

7호

무시설식노지

8호

0   2m(1/100)

6~8호 주거지 실측도

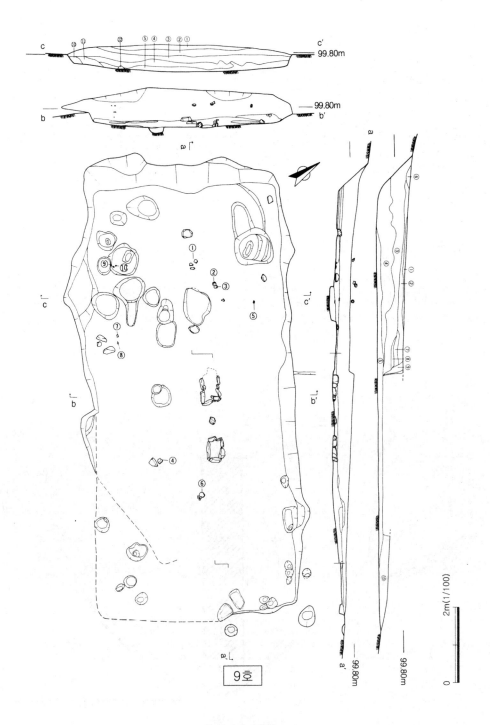

99.80m

99.80m

99.80m

99.80m

9호

9호 주거지 실측도

2m(1/100)

2. 진천 장관리유적

1) 조사 개요

유적 위치	충청북도 진천군 진천읍 장관리 276번지 일대
조사 기간	2001년 10월 5일~12월 9일
조사 면적	1,611㎡
조사 기관	충북대학교중원문화연구소
보고서	이융조·김주용·김경표·조태섭·공수진·김우성, 2002, 『진천 장관리유적』I, 충북대학교중원문화연구소
주거지 수	1
유적 입지	구릉(해발 90m 내외)
추정 연대	기원전 800년 전후
관련 유구	없음

2) 주거지 속성

유구 번호	형태	규모(cm)			면적 (㎡)	내부시설	주요 출토유물	화재 유무	절대연대 (BC)
		장축	단축	깊이					
1호	장방형	380	270	30	10.3	무시설식노지	횡침선점렬문적색마연토기, 어망추	무	780 고지자기

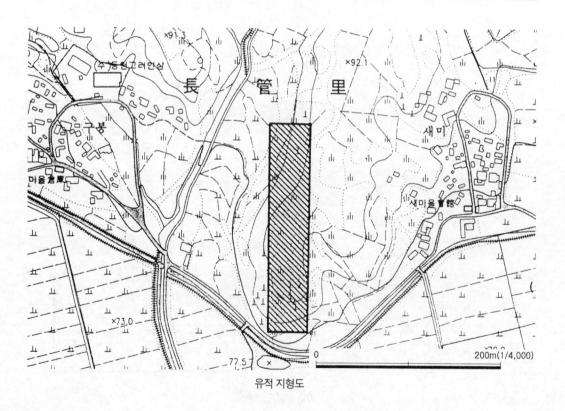

유적 지형도

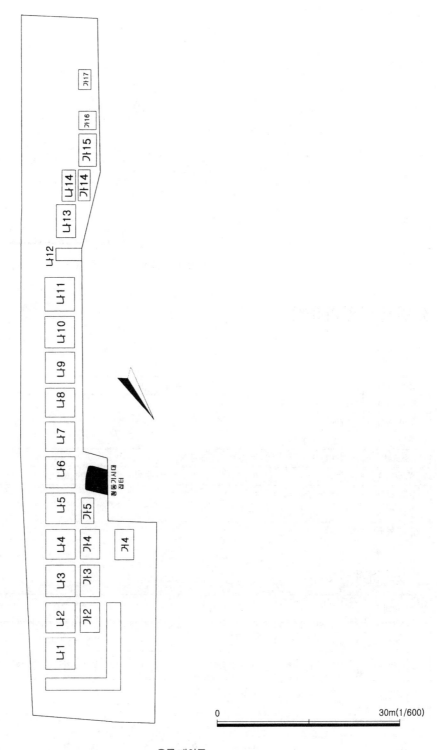

유구 배치도

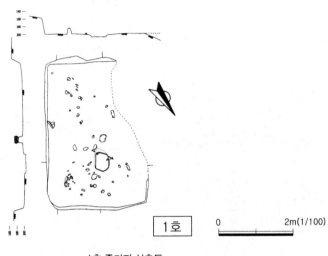

1호 주거지 실측도

3. 진천 사양리유적

1) 조사 개요

유적 위치	충청북도 진천군 문백면 사양리·문덕리 일대
조사 기간	2001년 8월 1일~11월 1일
조사 면적	20,498m²
조사 기관	중앙문화재연구원
보고서	중앙문화재연구원, 2001, 『진천 사양리유적』
주거지 수	5
유적 입지	구릉(해발 76m 내외)
추정 연대	용정동 7호 주거지와 유사
관련 유구	없음

2) 주거지 속성

유구 번호	형태	규모(cm)			면적 (m²)	내부시설	주요 출토유물	화재 유무	절대연대 (BC)
		장축	단축	깊이					
1호	장방형	640 잔존	400 잔존	20	·	위석식노지, 초석	무문토기, 지석	무	1,070 OSL
2호	장방형	350 잔존	350	11	·	위석식노지	무문토기	무	980 OSL
3호	장방형	1,080	630 잔존	60	·	위석식노지, 초석	무문토기	무	1,100 OSL
4호	장방형	1,260	560	78	70.6	위석식노지 2개, 초석, 저장공, 점토다짐	이중구연단사선문토기, 구순각목문토기, 삼각압문적색마연토기, 편평만입촉, 주형석도	무	
5호	장방형	630 잔존	380 잔존	15	·	위석식노지, 초석	무문토기	무	

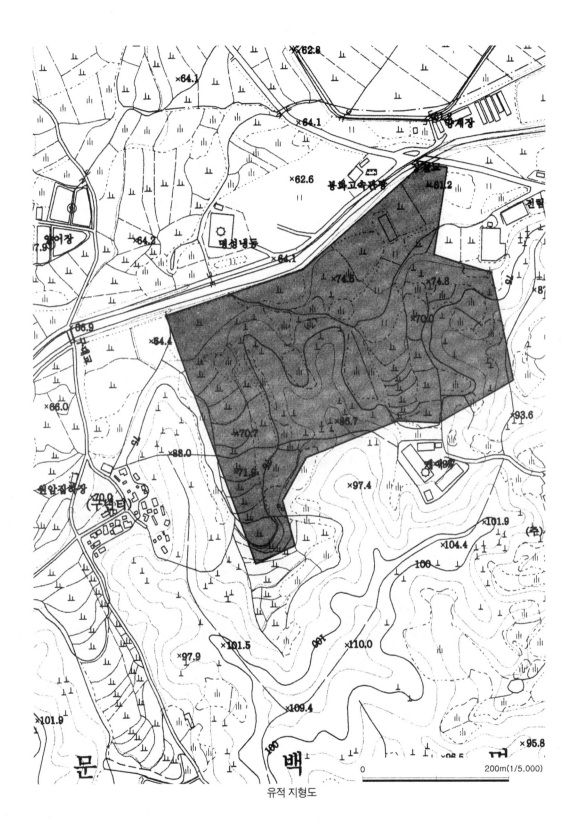

유적 지형도

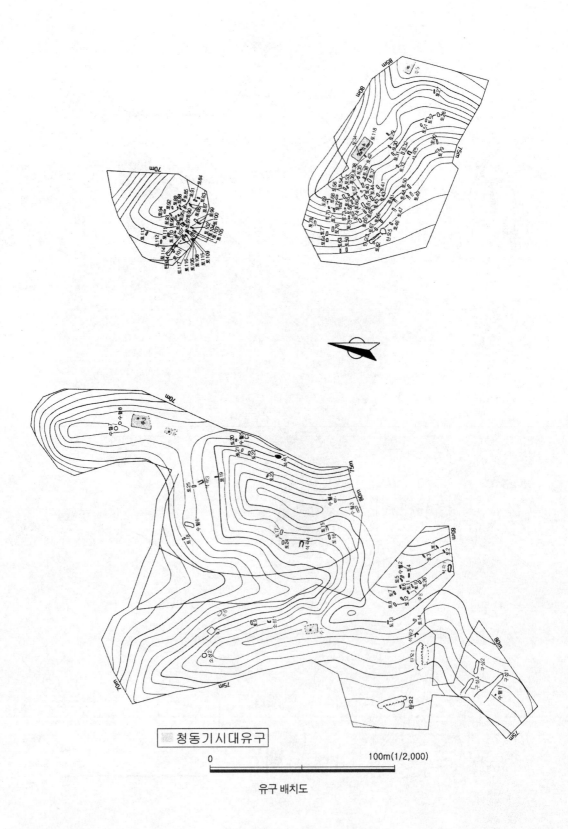

청동기시대유구

0   100m(1/2,000)

유구 배치도

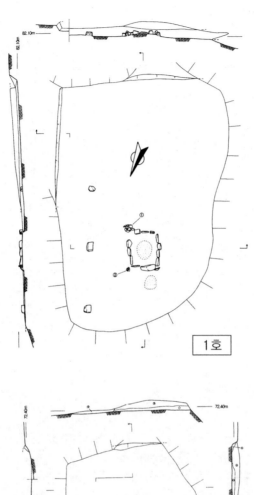

1호

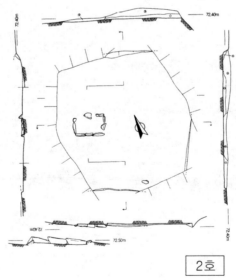

2호

0   2m(1/100)

1 · 2호 주거지 실측도

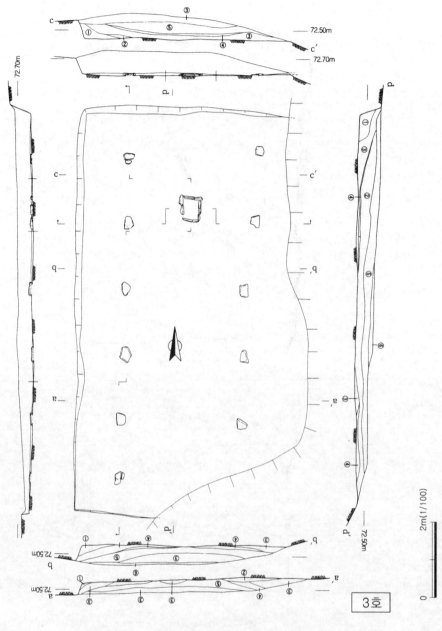

72.50m
72.70m

72.70m

2m(1/100)

3호

72.50m

3호 주거지 실측도

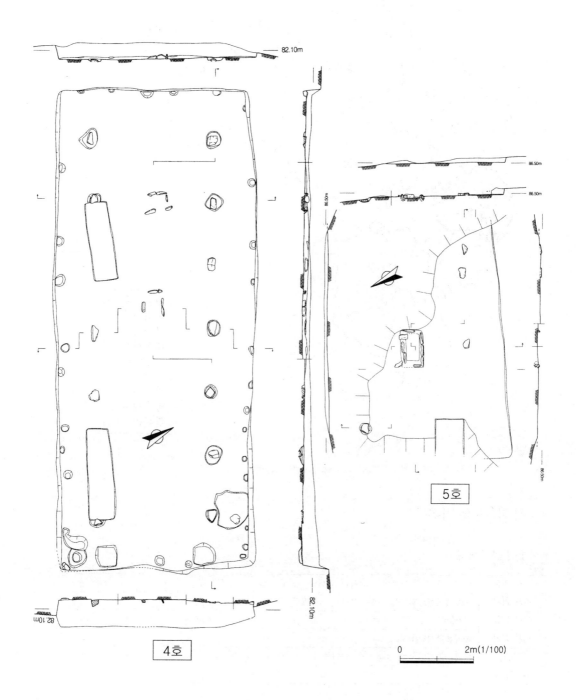

82.10m

86.50m

86.50m

86.50m

82.10m

82.10m

5호

4호

0   2m(1/100)

4 · 5호 주거지 실측도

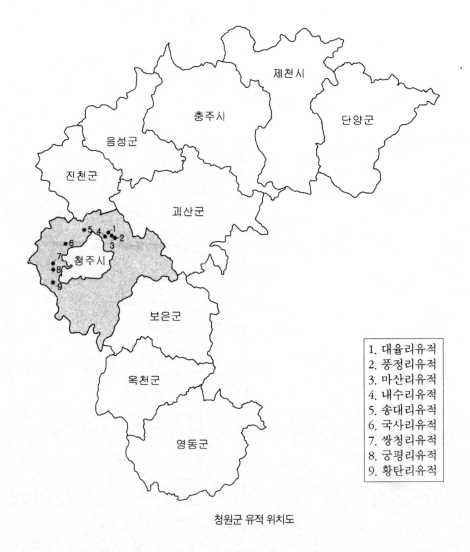

청원군 유적 위치도

1. 대율리유적
2. 풍정리유적
3. 마산리유적
4. 내수리유적
5. 송대리유적
6. 국사리유적
7. 쌍청리유적
8. 궁평리유적
9. 황탄리유적

1. 청원 대율리유적

1) 조사 개요

유적 위치	충청북도 청원군 북이면 대율리 일대
조사 기간	2003년 6월 2일~9월 24일, 2004년 3월 2일~5월 12일
조사 면적	8,900㎡
조사 기관	중앙문화재연구원
보고서	중앙문화재연구원, 2005, 『청원 대율리·마산리·풍정리유적』
주거지 수	9
유적 입지	구릉(해발 60~70m)
추정 연대	
관련 유구	구상유구 8기, 야외노지 1기

2) 주거지 속성

유구번호	형태	규모(cm)			면적(m²)	내부시설	주요 출토유물	화재유무	절대연대(BC)
		장축	단축	깊이					
1호	장방형	1,040	650 잔존	20	·	무시설식노지, 저장공, 소형수혈	이중구연구순각목단사선문토기, 이중구연단사선문토기, 편평만입촉, 주형석도	유	1,410·1,330 /1,330 AMS
2호	장방형	375 잔존	290 잔존	47	·	무시설식노지, 벽구	이중구연점렬문토기, 이중구연거치문토기	유	860 AMS
3호	장방형	440	190 잔존	30	·	토광형노지	박편	유	1,570 AMS
4호	장방형	640	310 잔존	66	·	무시설석노지	이중구연단사선문토기, 편평편인석부	유	1,360/1,390 AMS
5호	장방형	660	240 잔존	60	·	토광형노지	이중구연단사선문토기, 지석	유	1,220/1,130 AMS
6호	장방형	270 잔존	230 잔존	22	·	주공	편평만입촉, 지석	유	1,100/890 AMS
7호	장방형	600 잔존	370 잔존	38	·	토광형노지, 저장공	이중구연복합사선문토기, 이중구연단사선문토기, 주형석도	유	1,030/1,340 AMS
8호	장방형	620	190 잔존	40	·	주공	편평만입촉, 지석	무	
9호	장방형	870	550	32	47.9	토광형노지 2개, 소형수혈	편평만입촉, 반월형석도, 석착, 방추차	무	

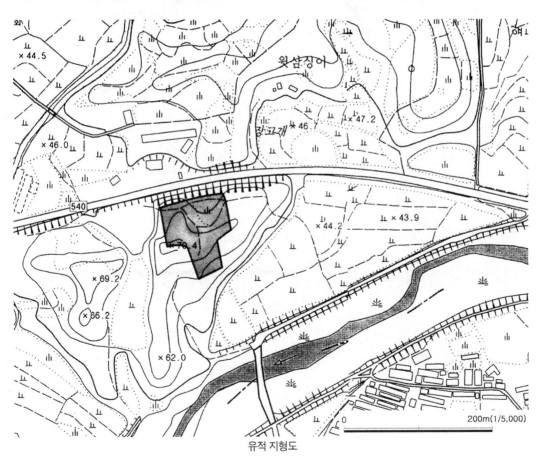

유적 지형도

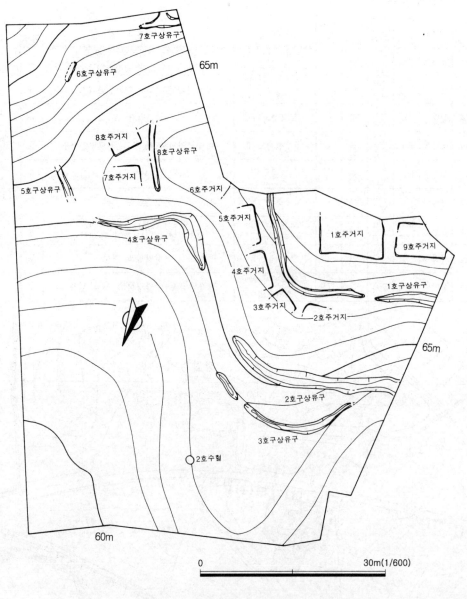

7호구상유구

6호구상유구

65m

8호주거지

8호구상유구

7호주거지

5호구상유구

6호주거지

4호구상유구

5호주거지

1호주거지

9호주거지

4호주거지

1호구상유구

3호주거지

2호주거지

65m

2호구상유구

3호구상유구

2호수혈

60m

0   30m(1/600)

유구 배치도

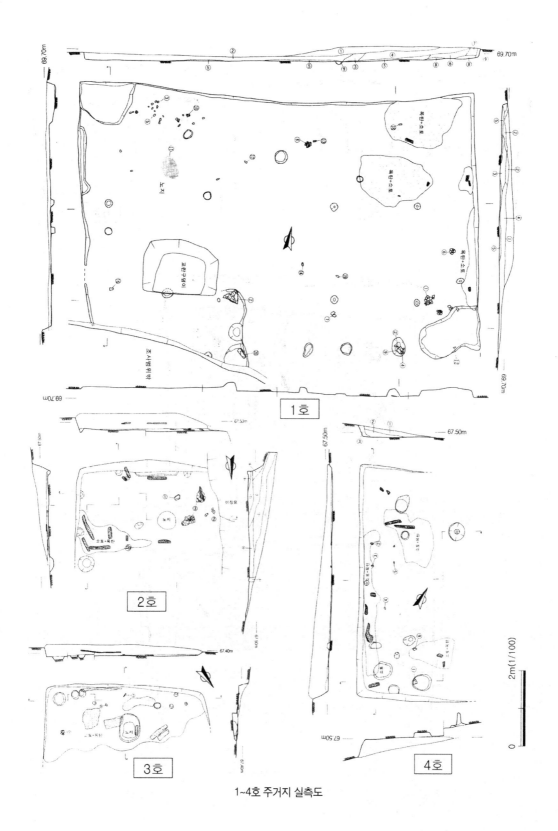

1~4호 주거지 실측도

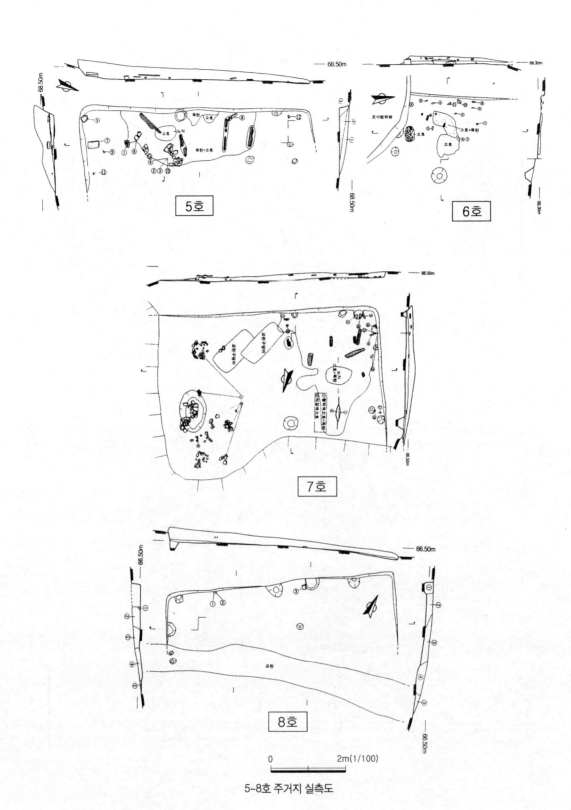

5호

6호

7호

8호

0 _____ 2m(1/100)

5~8호 주거지 실측도

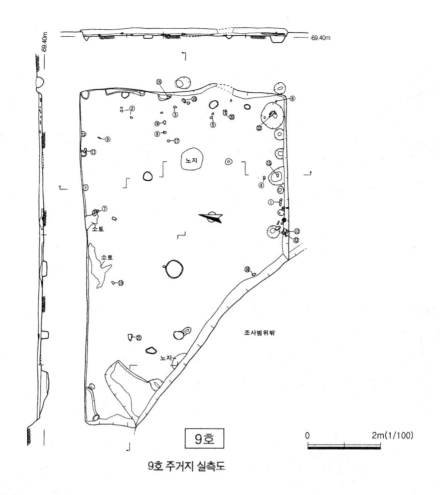

69.40m ····· 69.40m

노지

소토

소토

노지

조사범위 밖

9호

9호 주거지 실측도

0   2m(1/100)

2. 청원 풍정리유적

1) 조사 개요

유적 위치	충청북도 청원군 내수읍 풍정리 일대
조사 기간	2003년 6월 2일~9월 24일
조사 면적	5,000m²
조사 기관	중앙문화재연구원
보고서	중앙문화재연구원, 2005, 『청원 대율리·마산리·풍정리유적』
주거지 수	1
유적 입지	구릉(해발 81m 내외)
추정 연대	기원전 10~9세기
관련 유구	없음

2) 주거지 속성

유구 번호	형태	규모(cm)			면적 (m²)	내부시설	주요 출토유물	화재 유무	절대연대 (BC)
		장축	단축	깊이					
1호	장방형	1,460 잔존	580	42	·	위석식노지 3개, 초석, 저장공	횡침선점렬문토기, 석검, 편평만입촉, 지석	유	937/716 OSL

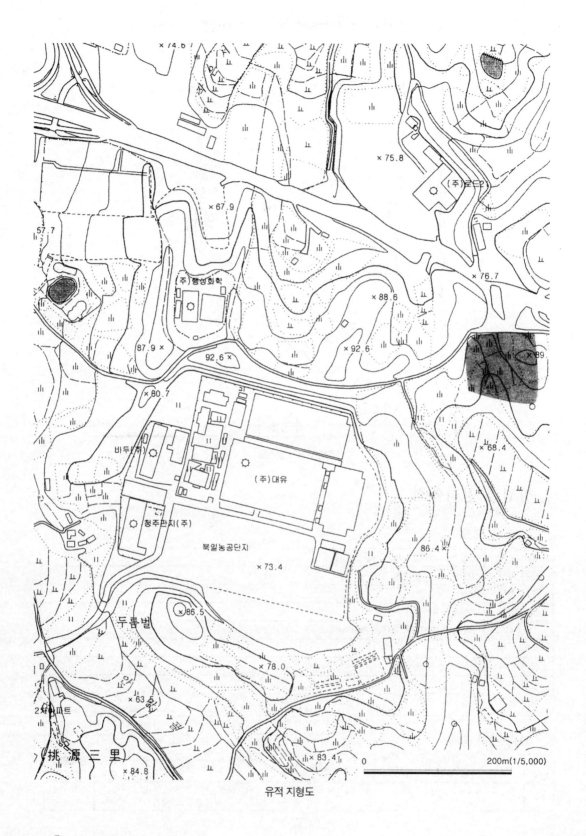

유적 지형도

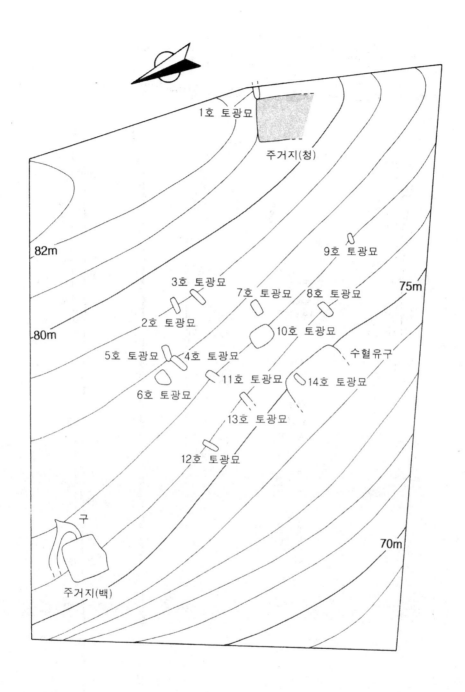

1호 토광묘

주거지(청)

82m

9호 토광묘

3호 토광묘

7호 토광묘   8호 토광묘

75m

2호 토광묘

80m

10호 토광묘

5호 토광묘   4호 토광묘

수혈유구

6호 토광묘

11호 토광묘   14호 토광묘

13호 토광묘

12호 토광묘

구

70m

주거지(백)

청동기시대유구

0   20m(1/500)

유구 배치도

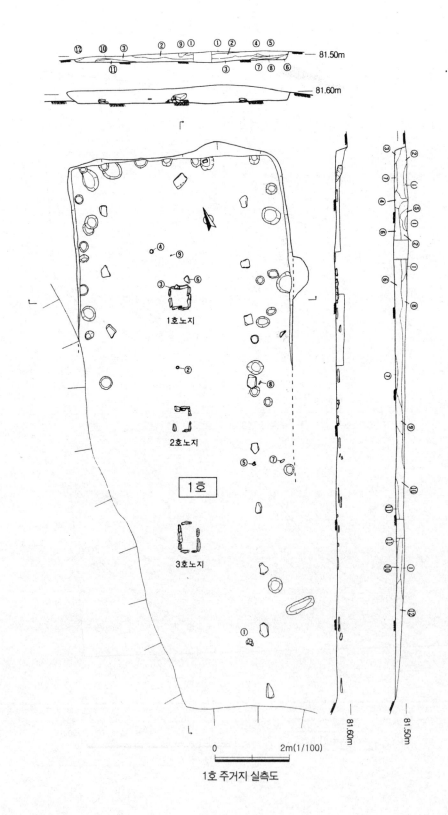

81.50m

81.60m

1호노지

2호노지

1호

3호노지

81.60m

81.50m

0   2m(1/100)

1호 주거지 실측도

3. 청원 마산리유적

1) 조사 개요

유적 위치	충청북도 청원군 내수읍 마산리 일대
조사 기간	2003년 6월 2일~9월 24일, 2004년 3월 2일~5월 12일
조사 면적	4,400m²
조사 기관	중앙문화재연구원
보고서	중앙문화재연구원, 2005, 『청원 대율리·마산리·풍정리유적』
주거지 수	2
유적 입지	구릉(해발 80m 내외)
추정 연대	
관련 유구	구상유구 8기, 소형수혈유구 3기

2) 주거지 속성

유구 번호	형태	규모(cm)			면적 (m²)	내부시설	주요 출토유물	화재 유무
		장축	단축	깊이				
1호	장방형	560 잔존	266 잔존	46	·	무시설식노지 2개	이중구연단사선문토기, 어형석도	무
2호	말각장방형	350 잔존	60 잔존	15	·	주공	무문토기저부, 편평촉	무

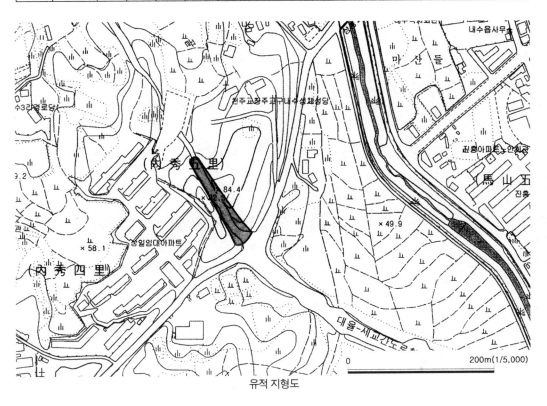

유적 지형도

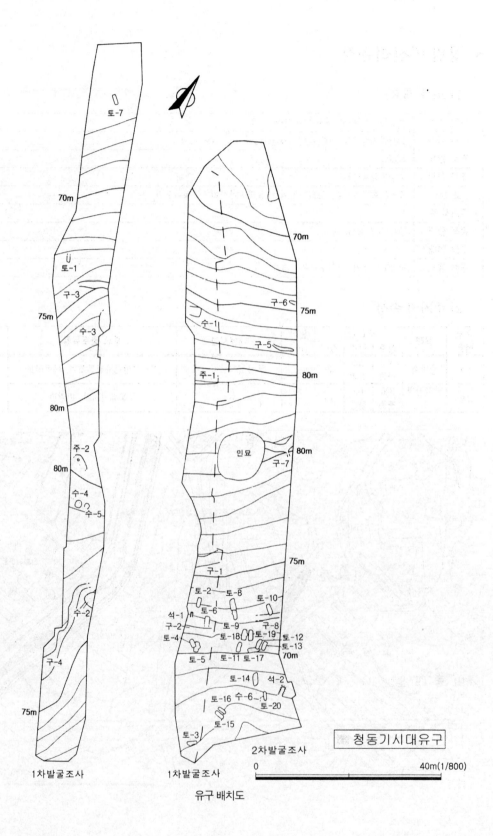

토-7

70m

토-1
구-3

75m

수-3

80m

주-2

80m

수-4
수-5

수-2

구-4

75m

1차발굴조사

70m

구-6

75m

수-1
구-5

주-1

80m

민묘

80m
구-7

75m

구-1
토-2 토-8
토-10
토-6
석-1
구-2 토-9 구-8
토-4 토-18 토-19 토-12
토-13
토-5 토-11 토-17 70m
토-14 석-2
토-16 수-6
토-20
토-15
토-3

2차발굴조사

1차발굴조사

유구 배치도

청동기시대유구

0   40m(1/800)

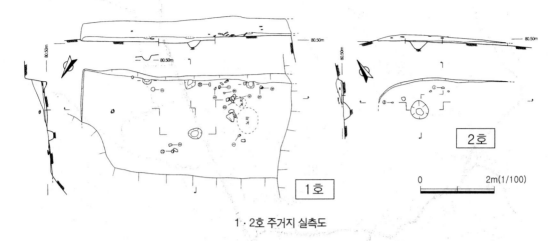

1 · 2호 주거지 실측도

4. 청원 내수리유적

1) 조사 개요

유적 위치	충청북도 청원군 북일면 내수리 316번지 일대
조사 기간	1984년 10월 4일~10월 29일
조사 면적	110m²
조사 기관	국립문화재연구소
보고서	국립문화재연구소, 1995, 「청원 내수리유적」, 『선사유적 발굴조사보고서』
주거지 수	1
유적 입지	구릉(해발 60m 내외)
추정 연대	
관련 유구	토기폐기장

2) 주거지 속성

유구 번호	형태	규모(cm)			면적 (m²)	내부시설	주요 출토유물	화재 유무
		장축	단축	깊이				
1호	원형	400	400 추정	62.7	12.6 추정	타원형토광, 단시설	외반구연구순각목문토기, 일단경촉	무

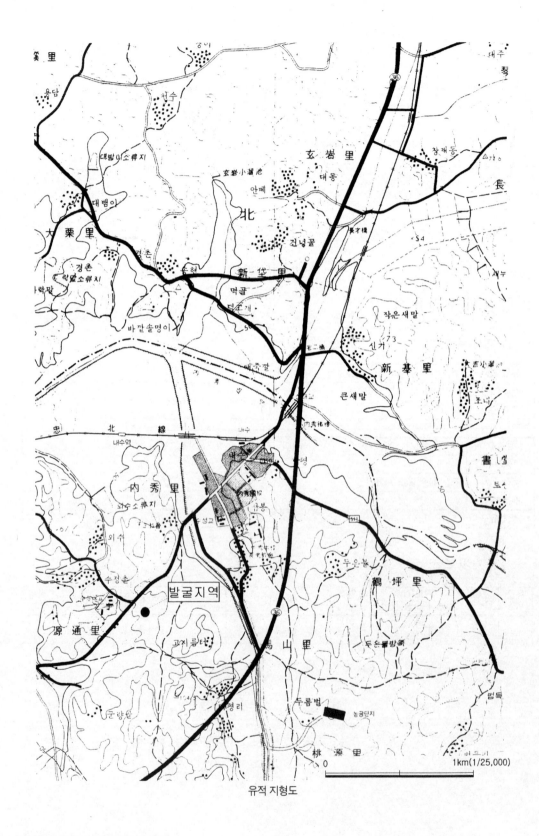

발굴지역

유적 지형도

1km(1/25,000)

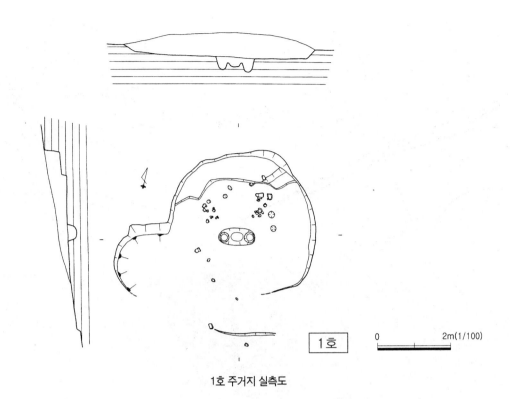

1호 주거지 실측도

5. 청원 송대리유적

1) 조사 개요

유적 위치	충청북도 청원군 오창면 송대리 일대
조사 기간	1997년 11월 14일~1998년 10월 10일
조사 면적	46,880㎡
조사 기관	한국문화재보호재단
보고서	한국문화재보호재단, 1999, 「청원 송대리유적」, 「청원 오창유적」 I
주거지 수	1
유적 입지	구릉(해발 50~80m)
추정 연대	기원전 10~9세기
관련 유구	소형수혈유구 2기

2) 주거지 속성

유구 번호	형태	규모(cm)			면적 (㎡)	내부시설	주요 출토유물	화재 유무
		장축	단축	깊이				
1호	장방형	580	284	40	16.5	위석식노지	적색마연토기대각부, 어망추	무

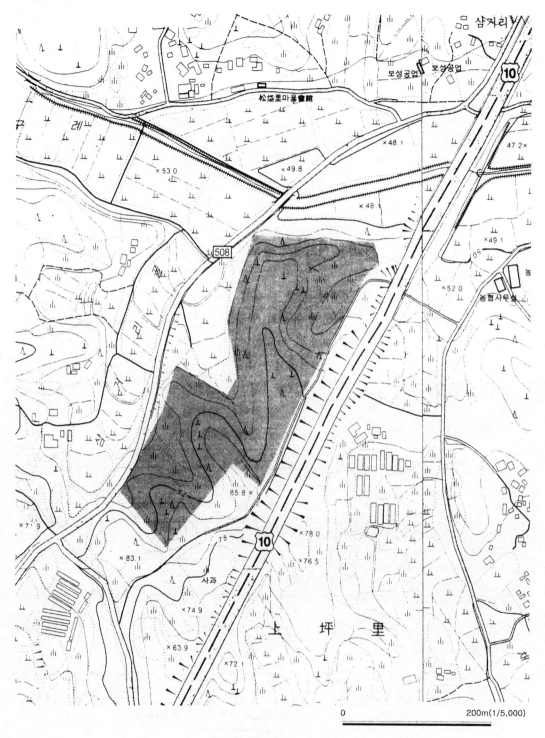

유적 지형도

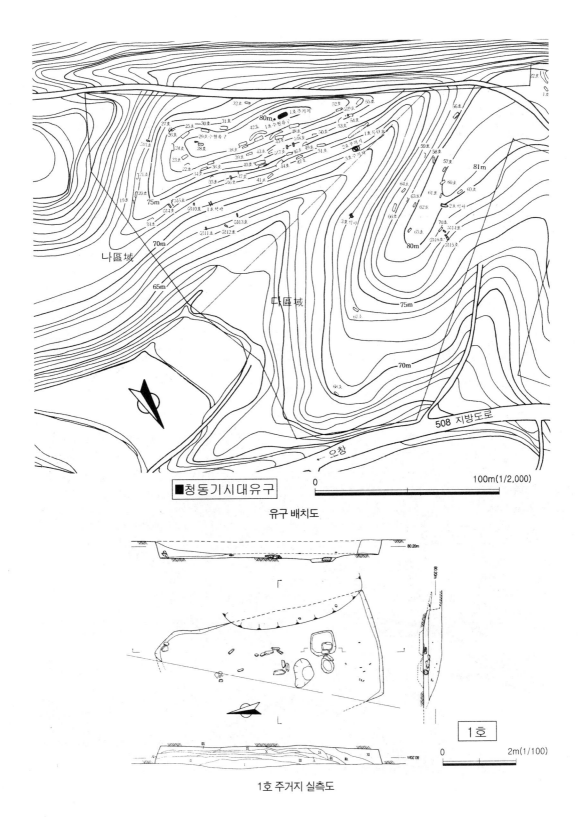

■청동기시대유구

0   100m(1/2,000)

유구 배치도

1호

0   2m(1/100)

1호 주거지 실측도

6. 청원 국사리유적

1) 조사 개요

유적 위치	충청북도 청원군 옥산면 국사리 산1-2번지 일대
조사 기간	2000년 2월 23일~3월 30일
조사 면적	3,240㎡
조사 기관	한국문화재보호재단
보고서	한국문화재보호재단, 2000, 『청원 국사리유적』
주거지 수	1
유적 입지	구릉(해발 70m 내외)
추정 연대	청동기시대 후기 이전, 늦어도 후기 전반 경
관련 유구	없음

2) 주거지 속성

유구 번호	형태	규모(cm)			면적 (㎡)	내부시설	주요 출토유물	화재 유무
		장축	단축	깊이				
1호	장방형	655	236 잔존	53	·	주공	직립구연호형토기, 무문토기저부	무

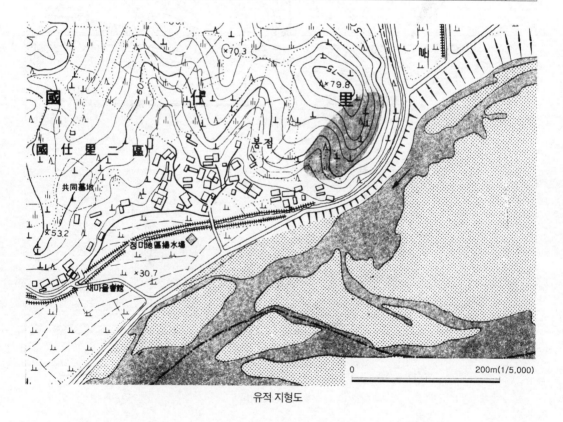

유적 지형도

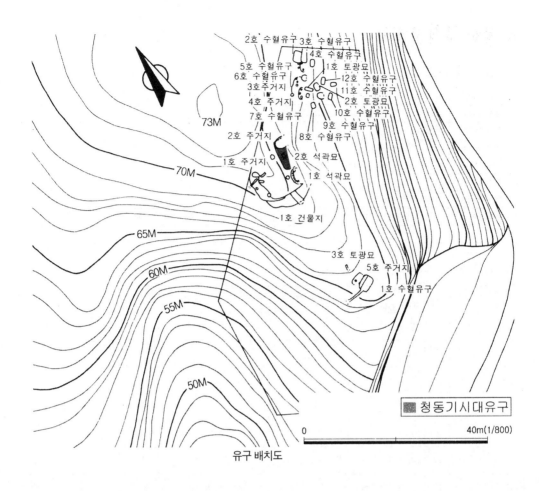

2호 수혈유구 3호 수혈유구
4호 수혈유구
5호 수혈유구 1호 토광묘
6호 수혈유구 12호 수혈유구
3호주거지 11호 수혈유구
4호 주거지 2호 토광묘
7호 수혈유구 10호 수혈유구
2호 주거지 9호 수혈유구
8호 수혈유구
1호 주거지 2호 석곽묘
1호 석곽묘

1호 건물지

3호 토광묘
5호 주거지
1호 수혈유구

73M

70M

65M

60M

55M

50M

■청동기시대유구

0   40m(1/800)

유구 배치도

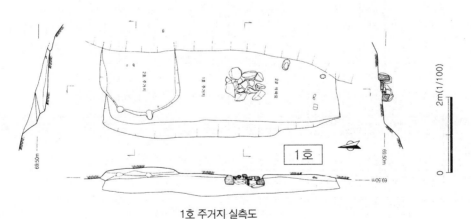

1호

2m(1/100)

0

1호 주거지 실측도

7. 청원 쌍청리유적

1) 조사 개요

유적 위치	충청북도 청원군 강외면 쌍청리 일대
조사 기간	2004년 7월 9일~2005년 8월 30일
조사 면적	99,400m²
조사 기관	중앙문화재연구원
보고서	중앙문화재연구원, 2006, 『청원 쌍청리 청동기시대유적』
주거지 수	46
유적 입지	구릉(해발 60m 내외)
추정 연대	전기-가락동유형이 금강유역 각지로 확산되는 시기, 후기-기원전 7~4세기
관련 유구	소형수혈유구 88기

2) 주거지 속성

유구 번호	형태	규모(cm) 장축	규모(cm) 단축	규모(cm) 깊이	면적 (m²)	내부시설	주요 출토유물	화재 유무	선후 관계	절대연대 (BC)
Ⅰ-1호	방형	360 추정	327	22	11.8 추정	타원형토광	무문토기저부, 석촉	무		680 AMS
Ⅱ-1호	장방형	760 잔존	440	6	·	위석식노지(추정), 초석, 저장공		무		
Ⅱ-2호	원형	288 추정	264 추정	16	6.0	타원형토광, 구시설	무문토기저부	무		
Ⅱ-3호	말각방형	378	246	17	9.3	토광형노지	일단경촉	무		
Ⅱ-4호	말각방형	320	217	19	6.9	토광형노지, 단시설	발형토기	무		AD880 AMS
Ⅱ-5호	원형	355	340	15	9.5	타원형토광, 벽구	무문토기저부	무		
Ⅱ-6호	말각방형	358	243	13	8.7	소형수혈	편평편인석부	무		
Ⅱ-7호	원형	497	456	50	17.8	타원형토광	외반구연토기, 일단경촉	무		590 AMS
Ⅱ-8호	세장방형	1,778	370	40	65.8	토광형노지, 저장공	외반구연구순각목문토기, 일단경촉	무	8호→9호	
Ⅱ-9호	원형	540 추정	516	34	21.9 추정	타원형토광, 4주, 소형수혈	외반구연토기, 석촉	무	8호→9호	720·490 AMS
Ⅱ-10호	말각장방형	540 추정	420 추정	25	22.7 추정	타원형토광	외반구연구순각목문토기, 반월형석도	무		640 AMS
Ⅱ-11호	말각방형	460 추정	450 추정	25	20.7 추정	타원형토광		무		
Ⅱ-12호	방형	355 잔존	290	25	·	토광형노지, 저장공	외반구연토기, 유구석부	무		
Ⅱ-13호	원형	507	445	34	17.7	타원형토광	무문토기저부	무		650 AMS
Ⅱ-14호	말각방형	360 잔존	316 잔존	25			발형토기	무		
Ⅱ-15호	말각방형	394 잔존	173 잔존	15	·		외반구연구순각목문토기	무		
Ⅲ-A-1호	원형	475	462	38	17.2	타원형토광	외반구연토기, 편평편인석부	무		
Ⅲ-A-2호	말각방형	397	312	40	12.4	토광형노지, 벽구	외반구연토기	무		550 AMS

유구	평면형태	길이	너비	깊이	면적	내부시설	출토유물	화재	중복관계	연대
III-A-3호	원형	455 추정	452	46	16.1 추정	타원형토광	발형토기, 반월형석도	무		580 AMS
III-A-4호	원형	370	320	22	9.3	타원형토광	무문토기저부	무	4호→8·11호 수혈	
III-A-5호	원형	365 잔존	193 잔존	20	·	소형수혈	무문토기저부	무	5호→7호수혈	
III-A-6호	원형	430	275 잔존	68	·	토광형노지	환상석부	무	6호→13호수혈	
III-A-7호	방형	280	133 잔존	28	·	소형수혈	무문토기동체부	무		
III-A-8호	장방형	398 잔존	190 잔존	20	·	토광형노지	지석	무		
III-A-9호	말각방형	260	215	46	5.6			무		970 AMS
III-A-10호	원형	510	480 추정	50	19.2 추정	타원형토광, 벽구	적색마연토기, 무문토기저부	무	11호→10호	
III-A-11호	원형	362	344 추정	25	9.8 추정	타원형토광		무	11호→10호	
III-B-1호	원형	456 추정	396 추정	24	14.2	타원형토광, 4주(추정)	석착	무		590 AMS
III-B-2호	원형	540 추정	516 추정	15	21.9	타원형토광, 4주	무문토기저부	무		870 AMS
III-B-3호	원형	594	576 추정	5	26.9	타원형토광, 4주	무문토기저부, 지석	무		
III-B-4호	방형	252 잔존	238	19	·	토광형노지, 벽구	석검	무		
III-B-5호	타원형	420	330 추정	60	10.9	타원형토광	적색마연토기	무		
III-B-6호	원형	384 추정	380	60	11.5	타원형토광, 저장공	무문토기저부, 석환	무		
III-B-7호	세장방형	815 잔존	230 잔존	40	·	무시설식노지 4개, 저장공		무	7호→19호	
III-B-8호	말각방형	448	324 잔존	40	·	토광형노지	무문토기저부	무		650 AMS
III-B-9호	방형	420	280 잔존	60	·	토광형노지	무문토기저부, 박편	무	37호수혈→9호 →7·8호수혈	670 AMS, 770 고지자기
III-B-10호	장방형	402	264	20	10.6	토광형노지, 벽구	외반구연토기	무	11호→10호	
III-B-11호	원형	380	378	20	11.3	타원형토광	무문토기저부, 합인석부	유	11호→10호	70 AMS
III-B-12호	말각방형	512	346 잔존	55	·	토광형노지	적색마연토기, 석촉	무	16호→12호	
III-B-13호	말각방형	374	355 추정	75	13.3 추정	무시설식노지, 저장공, 4주	발형토기, 어망추, 박편	무		
III-B-14호	말각방형	312 잔존	295	60	·	무시설식노지, 저장공, 4주	무문토기저부	무		750 고지자기
III-B-15호	원형	555	470	70	20.5	타원형토광	무문토기저부, 유경석검, 편평편인석부, 지석	무		
III-B-16호	세장방형	723 잔존	264 잔존	40	·		무문토기저부	무	16호→12호·38호수혈	
III-B-17호	타원형	253	84 잔존	35	·			무		
III-B-18호	말각방형	444 추정	420 추정	96	18.6 추정	타원형토광	무문토기저부, 편평만입촉	무		1,330 AMS
III-B-19호	방형	358	220 잔존	35	·			무	7호→19호	760 고지자기

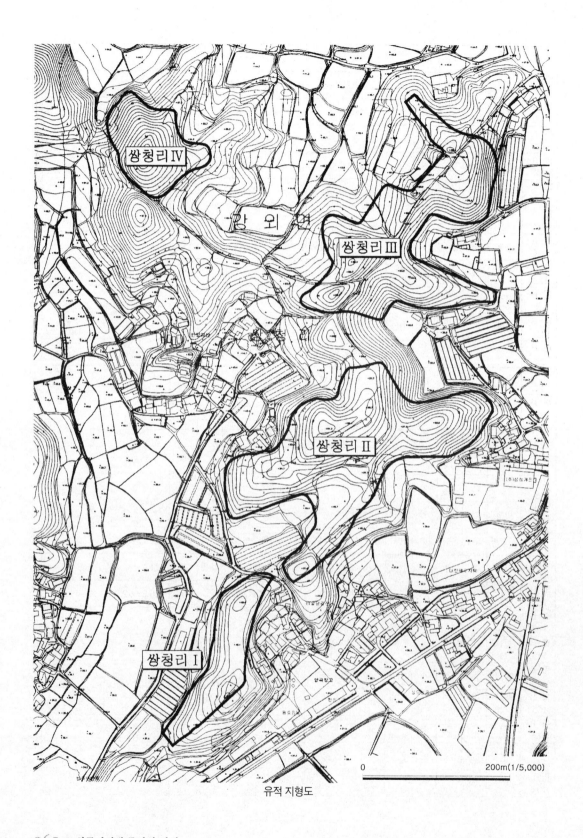

쌍청리IV

강 외 면

쌍청리III

쌍청리II

쌍청리I

0   200m(1/5,000)

유적 지형도

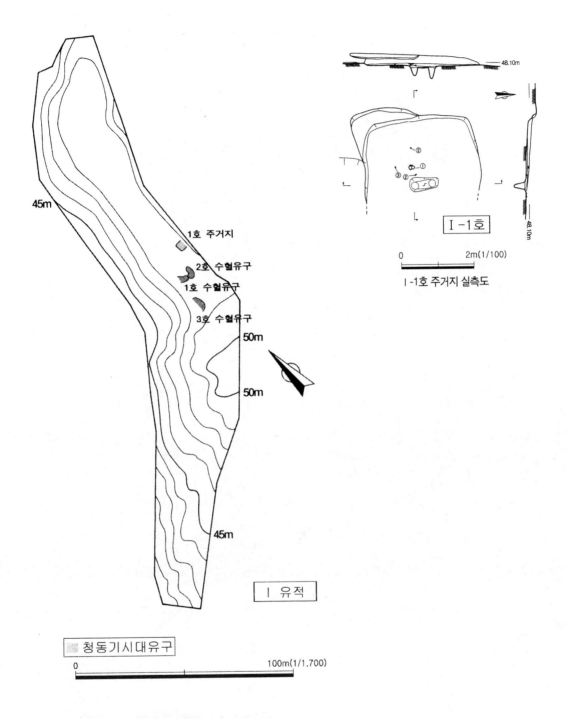

45m

1호 주거지

2호 수혈유구

1호 수혈유구

3호 수혈유구

50m

50m

45m

Ⅰ 유적

■청동기시대유구

0   100m(1/1,700)

Ⅰ유적 유구 배치도

48.10m

Ⅰ-1호

0   2m(1/100)

Ⅰ-1호 주거지 실측도

48.10m

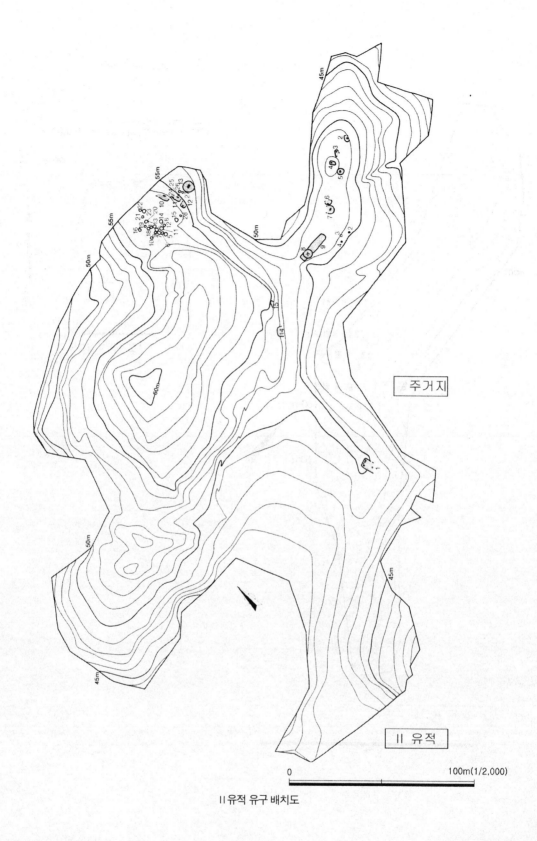

주거지

II 유적

0   100m(1/2,000)

II유적 유구 배치도

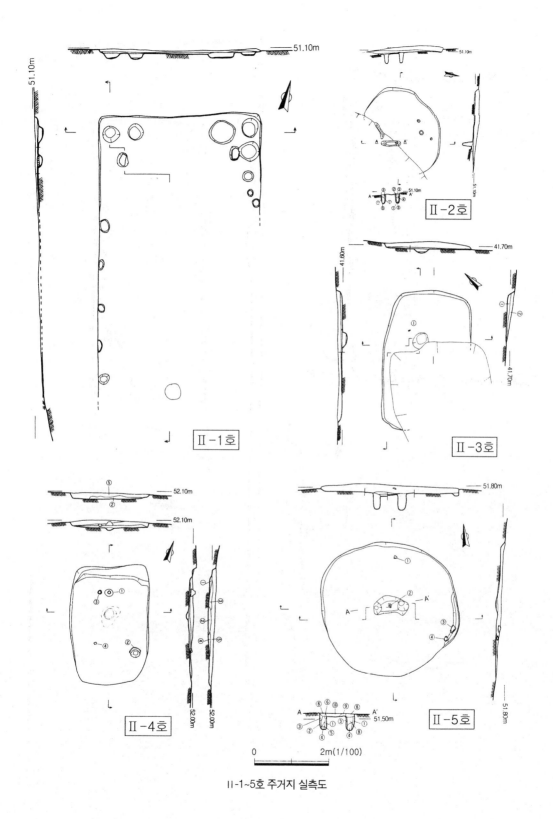

51.10m

51.10m

51.10m

Ⅱ-2호

41.70m

41.60m

41.70m

Ⅱ-1호

Ⅱ-3호

52.10m

52.10m

51.80m

52.00m

52.00m

51.50m

Ⅱ-4호

Ⅱ-5호

51.80m

0   2m(1/100)

Ⅱ-1~5호 주거지 실측도

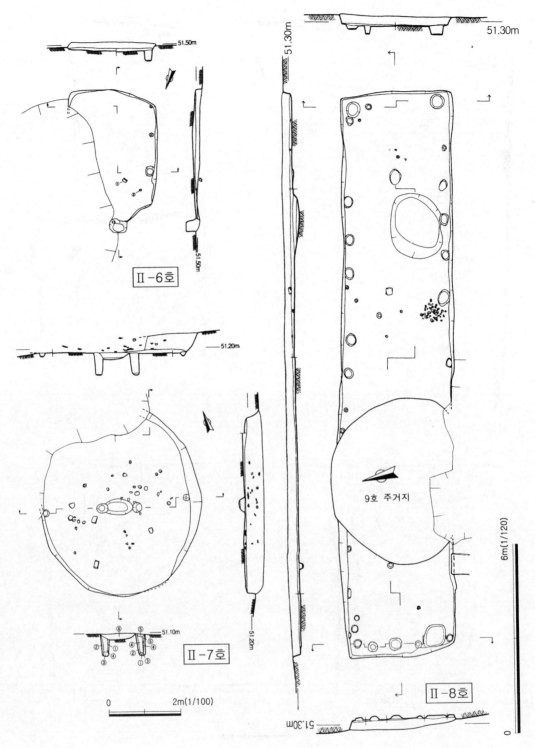

51.50m

51.30m

51.30m

Ⅱ-6호

51.50m

51.20m

51.10m

Ⅱ-7호

51.20m

9호 주거지

Ⅱ-8호

6m(1/120)

51.30m

0   2m(1/100)

Ⅱ-6~8호 주거지 실측도

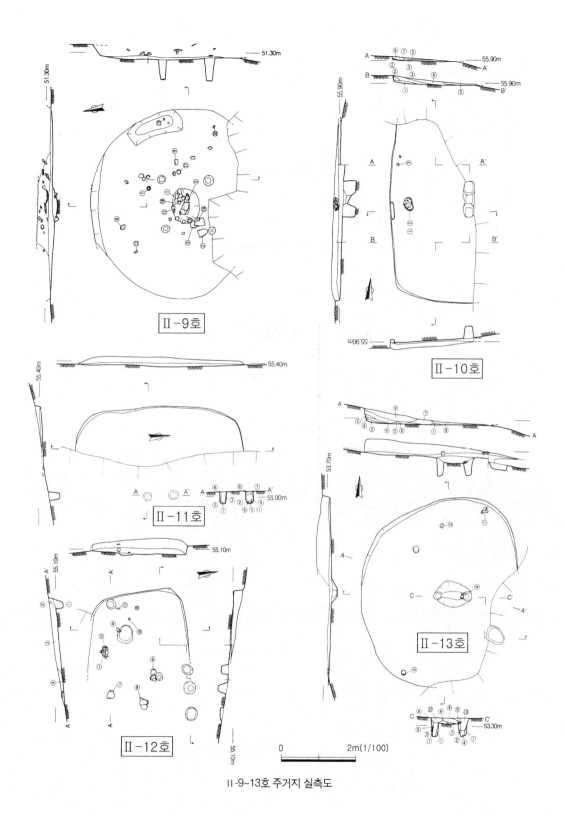

Ⅱ-9호

Ⅱ-10호

Ⅱ-11호

Ⅱ-12호

Ⅱ-13호

0   2m(1/100)

Ⅱ-9~13호 주거지 실측도

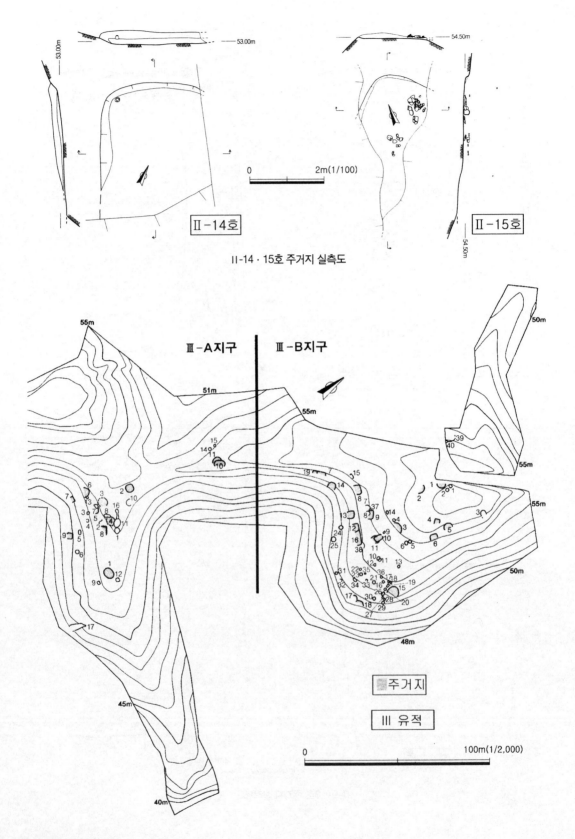

II-14·15호 주거지 실측도

0   2m(1/100)

II-14호

II-15호

III-A지구   III-B지구

주거지

III 유적

0   100m(1/2,000)

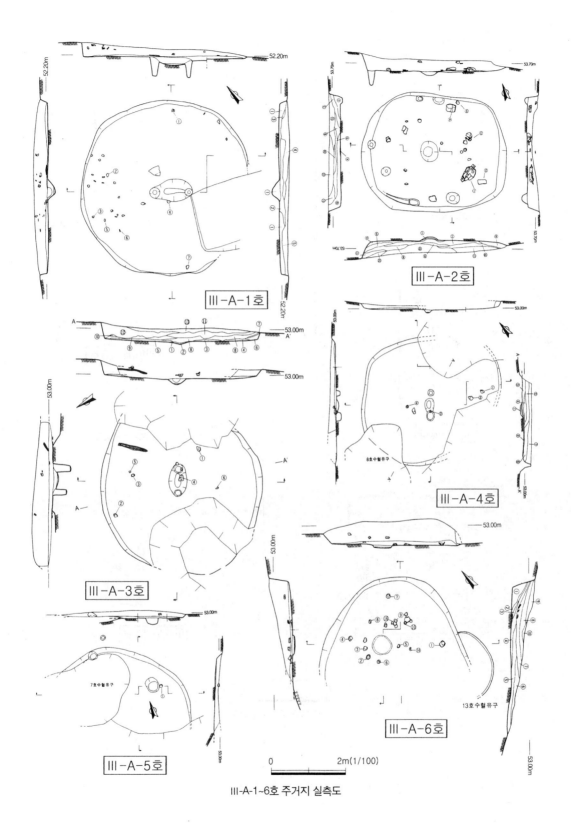

III-A-1호

III-A-2호

III-A-3호

III-A-4호

8호수혈유구

III-A-5호

7호수혈유구

III-A-6호

13호수혈유구

0   2m(1/100)

III-A-1~6호 주거지 실측도

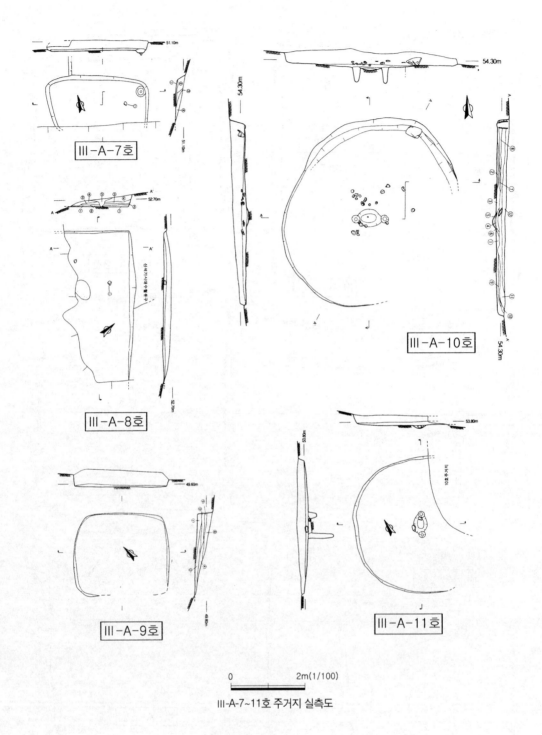

III-A-7호

III-A-10호

III-A-8호

III-A-9호

III-A-11호

0   2m(1/100)

III-A-7~11호 주거지 실측도

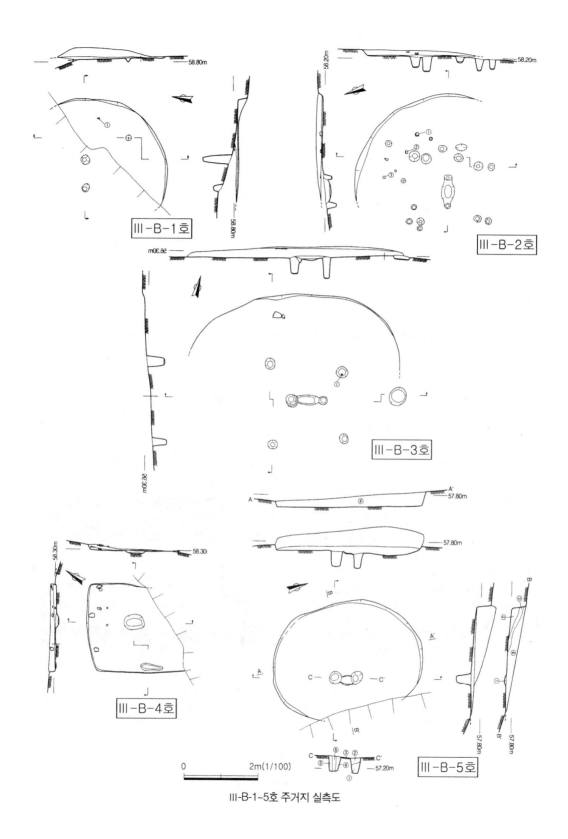

Ⅲ-B-1호

Ⅲ-B-2호

Ⅲ-B-3호

Ⅲ-B-4호

Ⅲ-B-5호

0   2m(1/100)

Ⅲ-B-1~5호 주거지 실측도

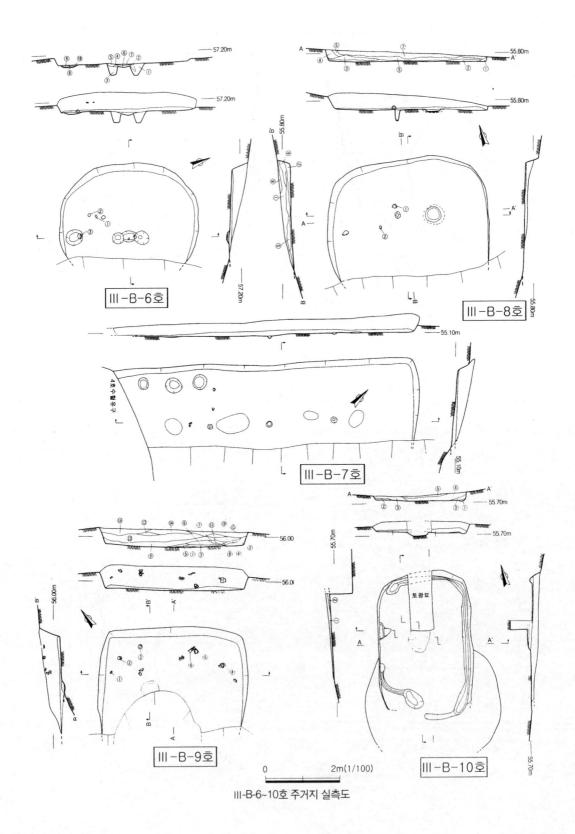

III-B-6호

III-B-8호

III-B-7호

III-B-9호

III-B-10호

토광묘

0   2m(1/100)

III-B-6~10호 주거지 실측도

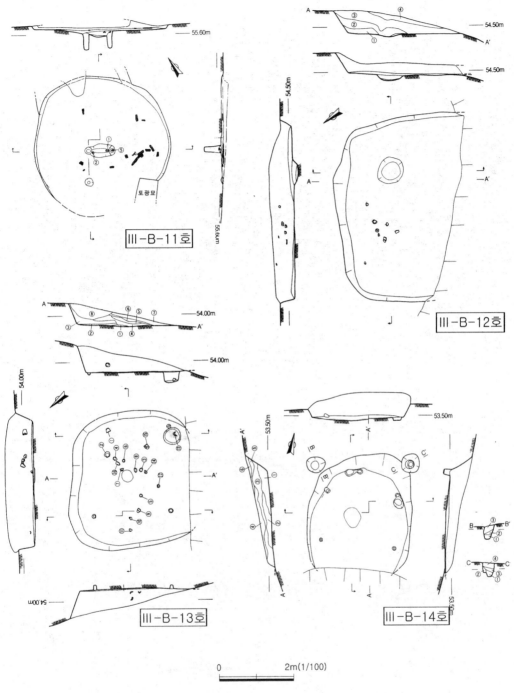

III-B-11호

III-B-12호

III-B-13호

III-B-14호

토광묘

0　　　　　2m(1/100)

III-B-11~14호 주거지 실측도

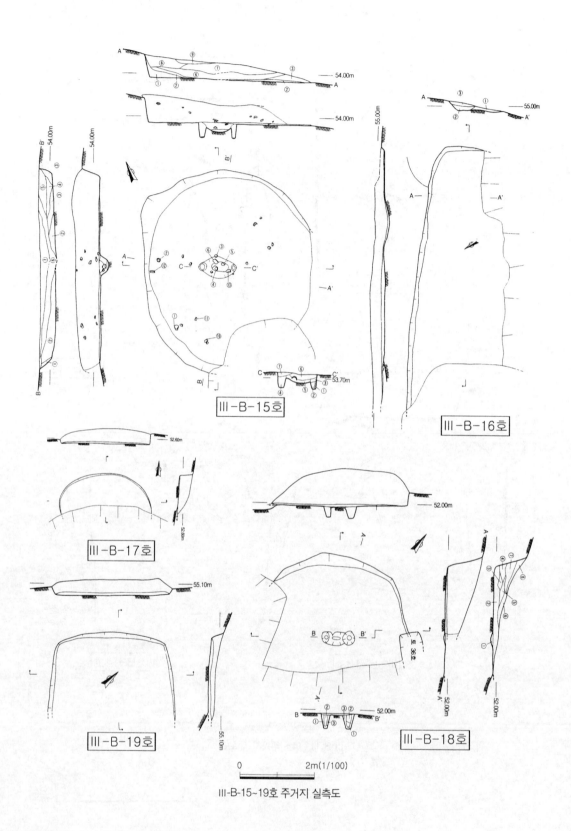

Ⅲ-B-15호

Ⅲ-B-16호

Ⅲ-B-17호

Ⅲ-B-19호

Ⅲ-B-18호

0   2m(1/100)

Ⅲ-B-15~19호 주거지 실측도

8. 청원 궁평리유적

1) 조사 개요

유적 위치	충청북도 청원군 강외면 궁평리 315·316번지 일대
조사 기간	1993년 10월 31일~1994년 1월 13일
조사 면적	1,641m²
조사 기관	충북대학교선사문화연구소
보고서	이융조·권학수·하문식·노병식·권기윤, 1994, 『청원 궁평리 청동기유적』, 충북대학교선사문화연구소
주거지 수	1
유적 입지	충적대지
추정 연대	기원전 13~9세기
관련 유구	요지 3기, 소형수혈유구 6기

2) 주거지 속성

유구 번호	형태	규모(cm)			면적 (m²)	내부시설	주요 출토유물	화재 유무
		장축	단축	깊이				
1호	타원형	348	234	지상식	6.4	무시설식노지, 주공렬	무문토기저부	무

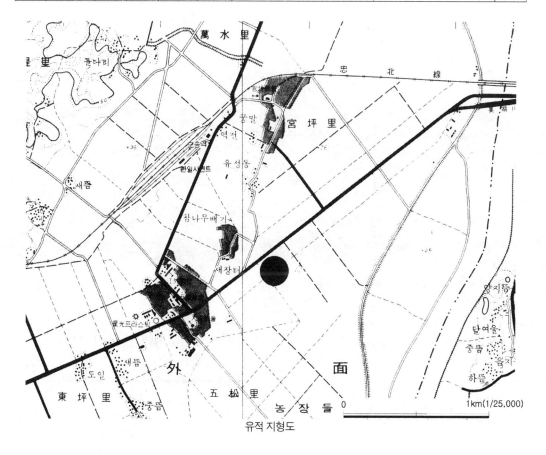

유적 지형도

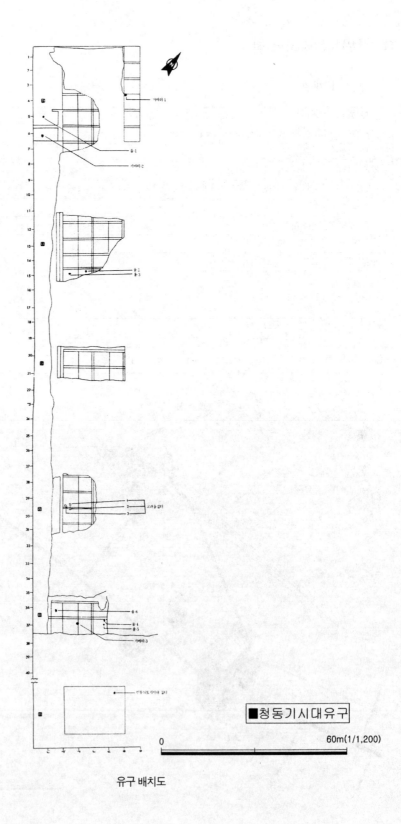

유구 배치도

1호 주거지 실측도

9. 청원 황탄리유적

1) 조사 개요

유적 위치	충청북도 청원군 강내면 황탄리 인대
조사 기간	1997년 5월 23일~7월 23일
조사 면적	A지구 1,344m², B지구 880m²
조사 기관	고려대학교매장문화재연구소
보고서	이홍종·강원표, 2001, 『황탄리유적』, 고려대학교매장문화재연구소
주거지 수	8
유적 입지	구릉(해발 60m 내외)
추정 연대	전기-용정동유적과 동일 시기, 후기-기원전 6세기 전후
관련 유구	석곽 4기, 토광 4기, 불명유구 1기

2) 주거지 속성

유구 번호	형태	규모(cm) 장축	단축	깊이	면적 (m²)	내부시설	주요 출토유물	화재 유무	선후 관계	절대연대 (BC)
KC 001	원형	368	340	66	9.8	타원형토광 2개, 점토다짐	발형토기, 일단경촉	무	004→ 001	
KC 002	원형	426 잔존	288 잔존	30	·		무문토기저부	무	005→ 002	
KC 003	타원형	542	444	34	18.9	타원형토광	적색마연토기, 일단경촉, 방추차	무	008→ 003	475 AMS
KC 004	원형	466	402	22	14.7	타원형토광	무문토기	무	004→ 001	
KC 005	장방형	574 잔존	220 잔존	50	·	소형수혈	무문토기저부, 지석	무	005→ 002	910 AMS
KC 006	원형	396 잔존	220 잔존	42	·	타원형토광	발형토기, 적색마연토기	무		600 AMS
KC 007	장방형	1,260 추정	432 추정	32	54.4 추정	위석식노지 2개	발형토기, 이단병검, 석착, 지석	무		
KC 008	타원형	268 잔존	248	36	·	타원형토광	지석	무	008→ 003	

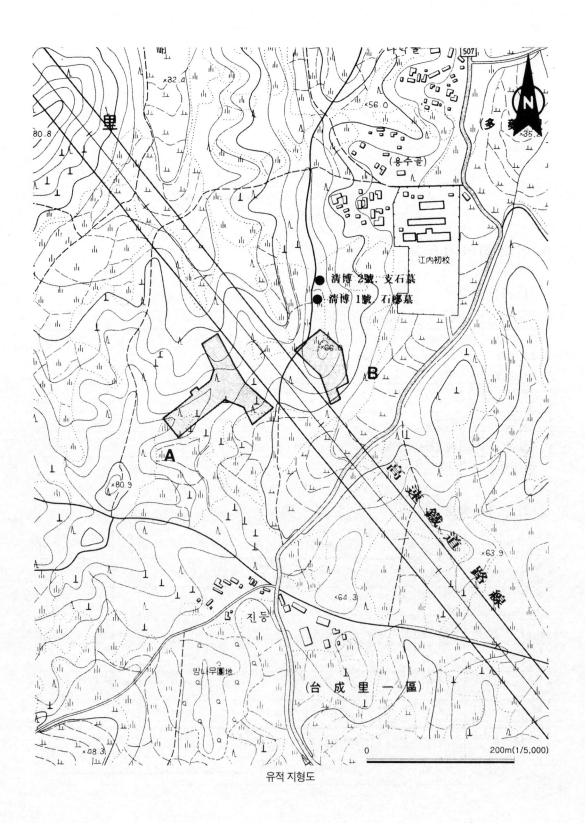

清博 2號. 支石墓
清博 1號. 石槨墓

江内初校

(多 ）

(用수골)

(台 成 里 一 區)

진등

랑나무■地

里

高速鐵道路線

0   200m(1/5,000)

유적 지형도

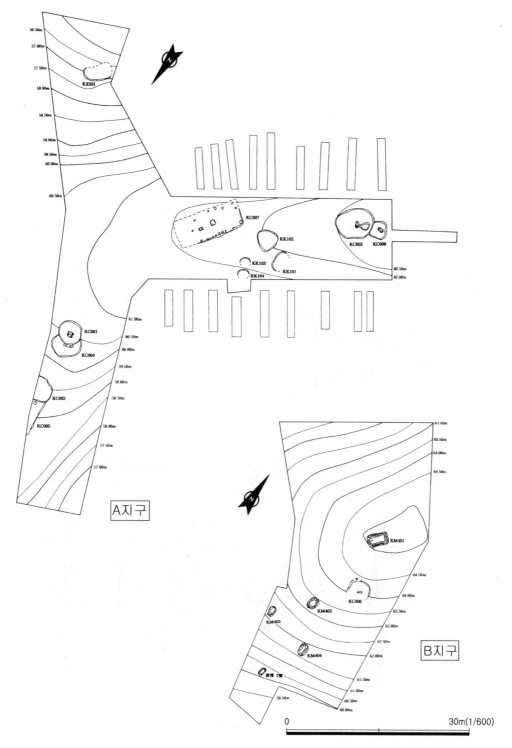

A · B지구 유구 배치도

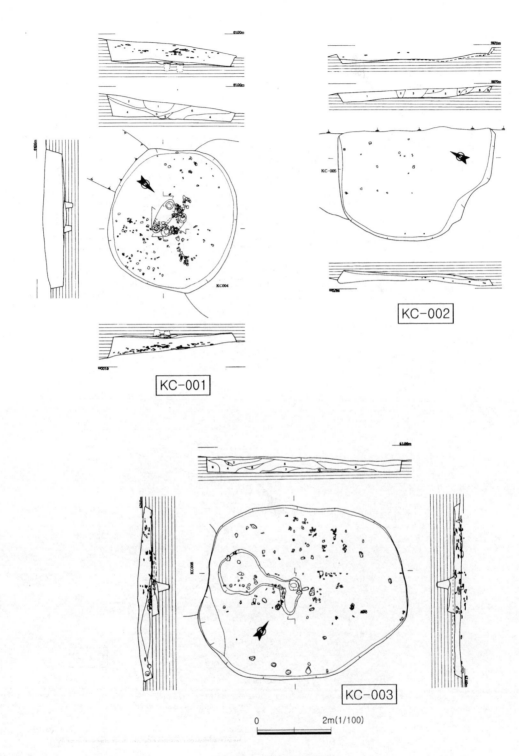

KC-001

KC-002

KC-003

KC-001~003 주거지 실측도

0   2m(1/100)

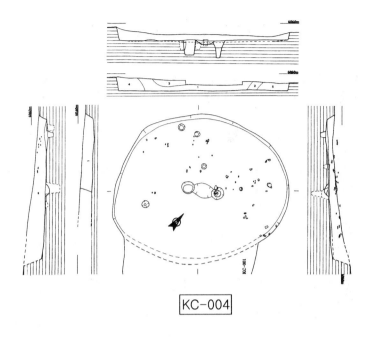

KC-004

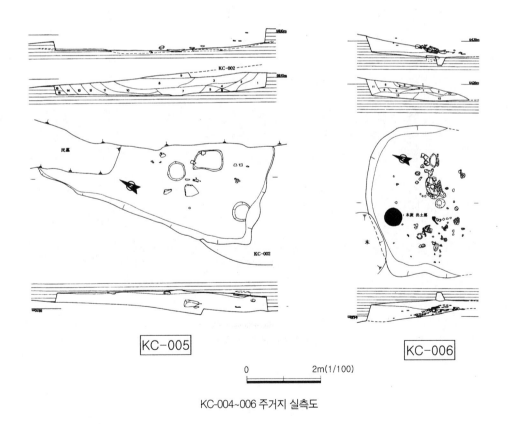

KC-005

KC-006

0　　　　　　2m(1/100)

KC-004~006 주거지 실측도

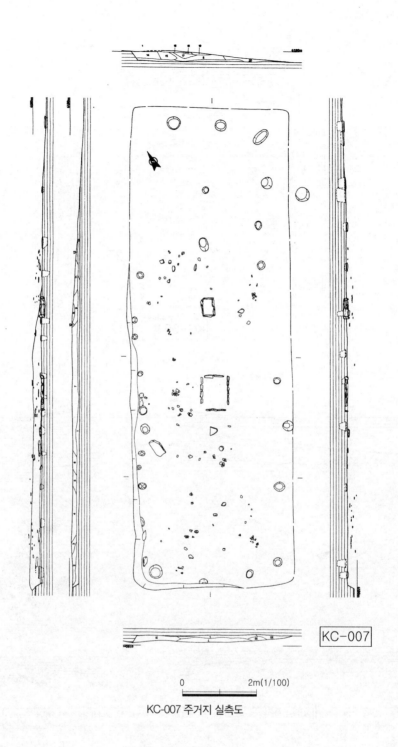

KC-007

0   2m(1/100)

KC-007 주거지 실측도

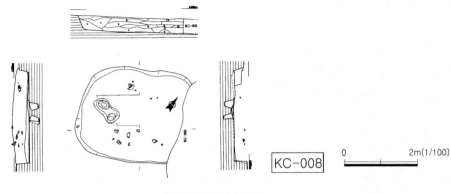

KC-008 주거지 실측도

1. 정북동유적
2. 내곡동유적
3. 향정/외북동유적
4. 봉명동유적
5. 비하동유적
6. 용정동유적
7. 원흥리Ⅱ유적
8. 분평동Ⅱ유적
9. 강서동유적
10. 가경 3지구 유적
11. 가경동유적
12. 가경동유적(전원주택부지)

청주시 유적 위치도

1. 청주 정북동유적

1) 조사 개요

유적 위치	충청북도 청주시 상당구 정북동 351·363번지 일대
조사 기간	1999년 6월 5일~8월 15일
조사 면적	35,483m²
조사 기관	충북대학교중원문화연구소
보고서	차용걸·노병식·박중균·한선경·김주미, 2002, 『청주 정북동 토성』II, 충북대학교중원문화연구소
주거지 수	1
유적 입지	충적대지
추정 연대	
관련 유구	없음

2) 주거지 속성

유구 번호	형태	규모(cm)			면적 (m²)	내부시설	주요 출토유물	화재 유무	절대연대 (BC)
		장축	단축	깊이					
1호	장방형	770	580	18	44.7	무시설식노지, 점토다짐	무문토기저부, 방추차	무	1,390~1,040/1,120~780 C14연대

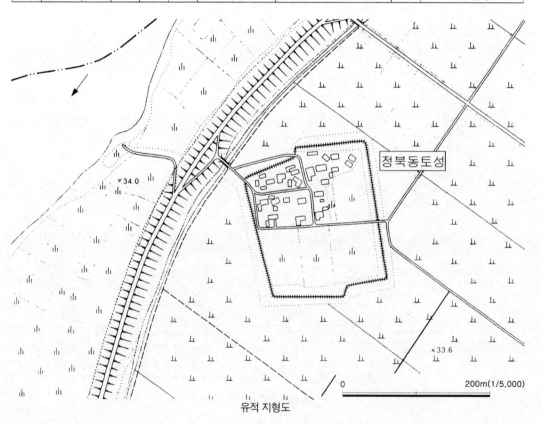

유적 지형도

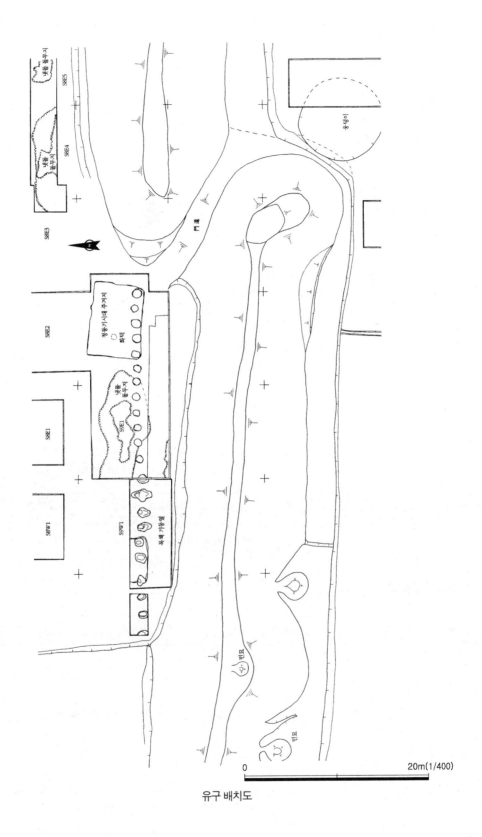

유구 배치도

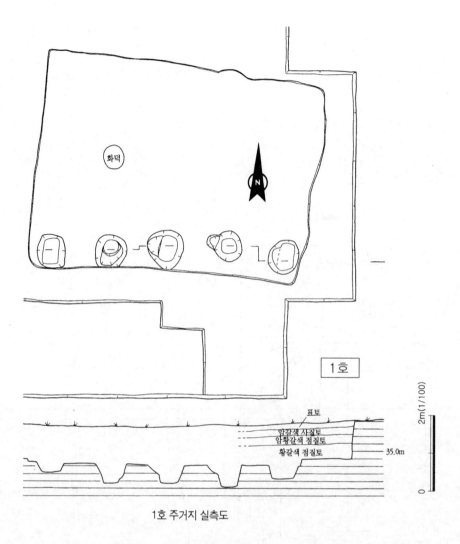

화덕

1호

표토
암갈색 사질토
암황갈색 점질토
황갈색 점질토 ————— 35.0m

2m(1/100)

1호 주거지 실측도

2. 청주 내곡동유적

1) 조사 개요

유적 위치	충청북도 청주시 흥덕구 내곡동 산4-1번지 일대
조사 기간	1986년 4월~11월
조사 면적	245㎡
조사 기관	충북대학교
보고서	차용걸, 1986, 「청주 내곡동유적 발굴조사보고」, 『중부고속도로 문화유적 발굴조사보고서』, 충북대학교 박물관
주거지 수	1
유적 입지	구릉(해발 74m 내외)
추정 연대	기원전 8~7세기
관련 유구	구상유구 1기

2) 주거지 속성

유구 번호	형태	규모(cm)			면적 (m²)	내부시설	주요 출토유물	화재 유무
		장축	단축	깊이				
1호	장방형	630	460	30	29.0	위석식노지, 저장공, 외부돌출구, 일부점토다짐	이중구연구순각목단사선문토기, 이중구연단사선문토기, 주형석도, 관옥	유

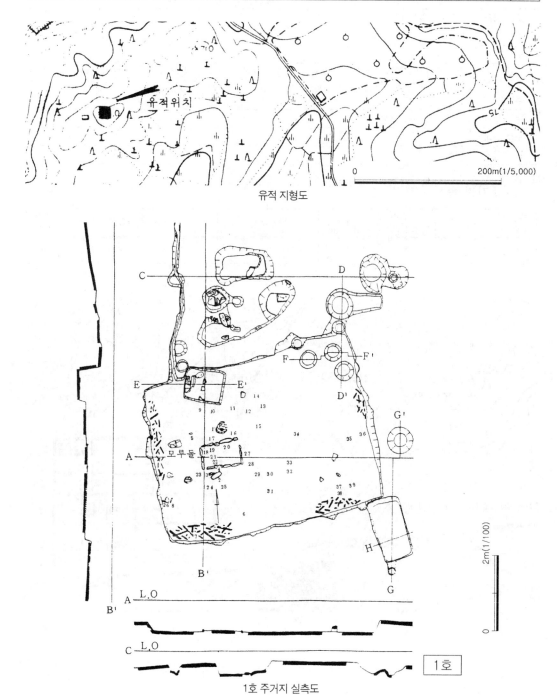

유적 지형도

1호 주거지 실측도

3. 청주 향정 · 외북동유적

1) 조사 개요

유적 위치	충청북도 청주시 흥덕구 향정동 산25번지, 신성동 산38 · 39-1번지 일대
조사 기간	1986년 4월~11월
조사 면적	365m²
조사 기관	충남대학교
보고서	윤무병, 1986, 「청주 향정 · 외북동유적 발굴조사보고」, 『중부고속도로 문화유적 발굴조사보고서』, 충북대학교박물관
주거지 수	1
유적 입지	구릉(해발 50m 내외)
추정 연대	
관련 유구	없음

2) 주거지 속성

유구 번호	형태	규모(cm)			면적 (m²)	내부시설	주요 출토유물	화재 유무
		장축	단축	깊이				
7호	말각세장방형	785	223	25	17.5	위석식노지 2개	즐문토기, 무문토기저부	무

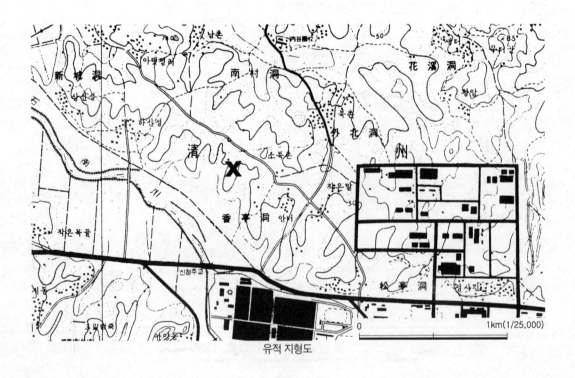

유적 지형도

1km(1/25,000)

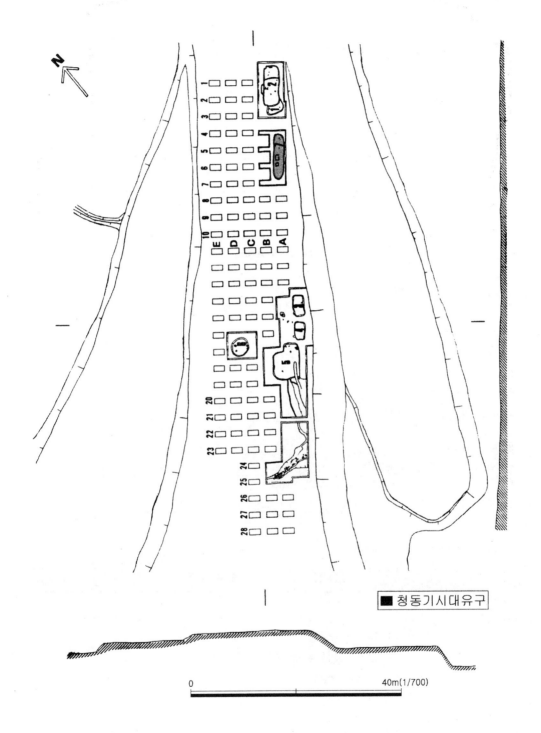

■청동기시대유구

유구 배치도

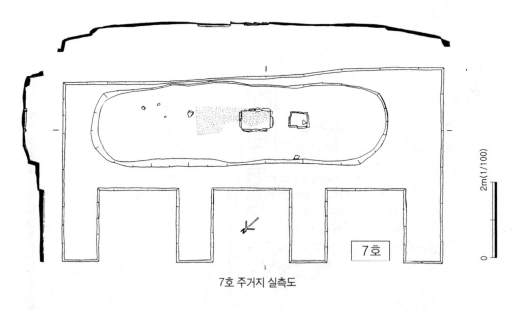

7호 주거지 실측도

4. 청주 봉명동유적

1) 조사 개요

유적 위치	충청북도 청주시 홍덕구 봉명동·송절동 일대
조사 기간	1998년 11월 18일~1999년 5월 31일
조사 면적	55,700m^2
조사 기관	충북대학교박물관
보고서	차용걸·박중균·노병식·한선경, 2004, 『청주 봉명동유적』Ⅲ, 충북대학교박물관
주거지 수	38
유적 입지	구릉(해발 60~70m)
추정 연대	전기-기원전 12~9세기, 후기-기원전 7~6세기
관련 유구	소형수혈유구 7기, 구상유구 3기, 폐기장 1기, 미상유구 3기, 옹관묘 1기, 무문토기매납유구 1기

2) 주거지 속성

유구 번호	형태	규모(cm)			면적 (m^2)	내부시설	주요 출토유물	화재 유무	선후 관계	절대연대 (BC)
		장축	단축	깊이						
A-1 호	말각장 방형	445	315	12	14.0	토광형노지	돌기부토기, 지석	무		
A-2 호	말각장 방형	390	340	20	13.3	타원형토광	무문토기동체부	무		
A-3 호	원형	410	400	32	12.9	타원형토광	이중구연단사선문토기, 점토대토기, 외반구연구순각목문토기	무		
A-4 호	말각방 형	350	265	27	9.3	토광형노지, 저장공	무문토기저부	무		
A-5 호	장방형	295	175	15	5.2	출입시설, 저장공	판석	무		
A-6 호	원형	320 잔존	260 잔존	7	·	무시설식노지	즐문토기, 무문토기동체부	유		

호번호	평면형태	길이	너비	깊이	면적	내부시설	유물	중복	비고	C14연대
A-8호	원형	180	170	16	2.4		외반구연토기	무		
A-9호	장방형	320	212 잔존	32	·	무시설식노지	편주형석도	무		
A-11호	말각장방형	310	140 잔존	22	·	무시설식노지		무		
A-12호	말각장방형	435	230 잔존	20	·	무시설식노지	외반구연토기	무		
A-13-1호	말각장방형	363	170 잔존	53	·	무시설식노지	적색마연토기, 장경호, 지석	유	13-1호→13-2호	
A-13-2호	말각방형	275	265 잔존	36	·		대형옹	무	13-1→13-2→미상유구	
A-14호	장방형	490	100 잔존	20	·		이중구연거치문토기, 이중구연토기, 돌기부토기	무		1,650-900 C14연대
A-15호	말각장방형	320	125 잔존	30	·	무시설식노지	적색마연토기	무		
B-1호	말각장방형	446	263	39	11.7	타원형노지, 저장공	무문토기저부, 편평편인석부	무		
B-2호	원형	300	280	10	6.6	무시설식노지	적색마연토기, 무문토기저부, 대석	무		
B-3호	원형	290	240 추정	48	5.5 추정		무문토기, 지석	무		850-AD50 C14연대
B-4호	원형	460	423	33	15.3	타원형토광	적색마연토기, 무문토기저부, 일단경촉, 지석, 석재	무		770-400 C14연대
B-5호	말각장방형	530	142 잔존	20	·		적색마연토기, 석도	무		
B-6호	말각장방형	340 추정	164 잔존	25	·	토광형노지, 저장공, 점토다짐	외반구연토기	무		1,130-790 C14연대
B-7호	타원형	588	500	46	23.1	무시설식노지 2개, 타원형토광	적색마연토기, 일단경촉, 지석, 관옥	무		
B-8호	원형	250	230	25	4.5		무문토기저부, 선형석기	무		
B-9호	말각장방형	316	196 잔존	32	·		적색마연토기, 편평만입촉, 지석	무		
B-10호	장타원형	302	148	38	3.5		발형토기, 적색마연토기, 지석	유		
B-12호	말각방형	200	200	20	4.0	무시설식노지	적색마연토기, 석촉, 지석	무		
B-13호	말각장방형	500	340	36	17.0	토광형노지, 타원형토광	무문토기저부, 합인석부	무		
B-14호	원형	526	502	42	20.7	타원형토광	무문토기저부, 일단경촉, 지석	무		
B-15호	원형	460	404	30	14.6	타원형토광	적색마연토기, 외반구연토기, 일단경촉, 지석	무		
B-16호	원형	440	440	100	15.2	타원형토광, 소토부, 점토다짐	발형토기, 외반구연토기, 석검, 일단경촉, 석도	무		900-410 C14연대
B-17호	말각장방형	400 잔존	290	30	·	토광형노지, 저장공	발형토기, 외반구연구순각목문토기, 유구석부	무		
B-18호	원형	400 추정	400 추정	30	12.6 추정	타원형토광	외반구연토기, 유구석부	무		
B-19호	말각방형	420	386	60	16.2	타원형토광	발형토기, 외반구연토기, 석검, 석촉, 편주형석도	무		
B-21호	원형	420 추정	420 추정	13	13.8 추정	타원형토광	석촉미제품	무		

B-22호	원형	520 추정	520 추정	12	21.2 추정	타원형토광, 벽구	무문토기저부, 유구석부	무	
B-23호	원형	580	520	44	23.7	타원형토광, 점토다짐	대석	무	
B-24호	원형	550 추정	550 추정	38	23.7 추정			무	24호→25호
B-25호	원형	550	520	40	22.5	타원형토광	적색마연토기, 일단병검, 편주형석도	무	24호→25호
B-26호	원형	610 추정	610 추정	40	29.2 추정	타원형토광	무문토기저부, 일단경촉	무	

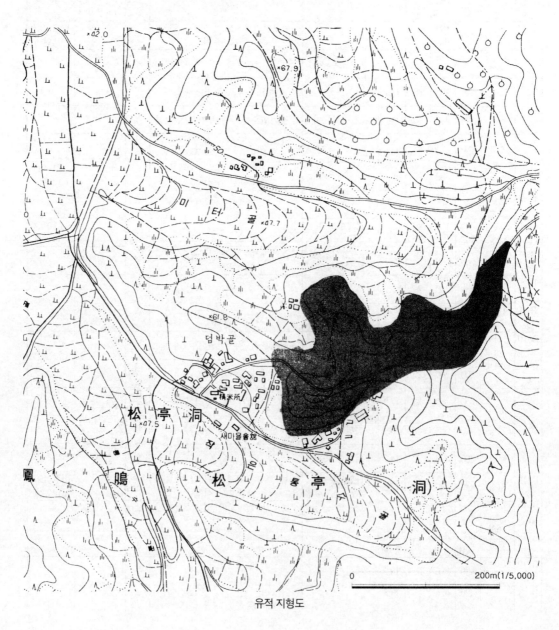

유적 지형도

B구역

C구역

■청동기시대유구

0   100m(1/2,300)

유구 배치도

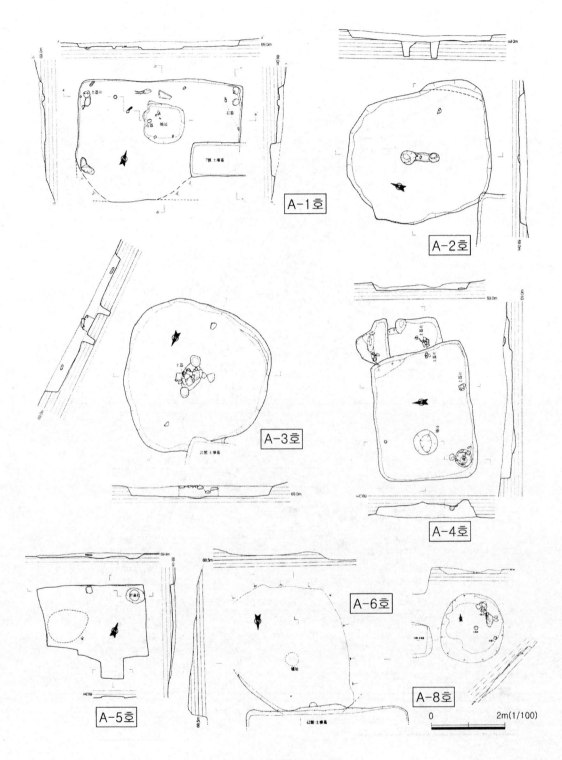

A-1~6 · 8호 주거지 실측도

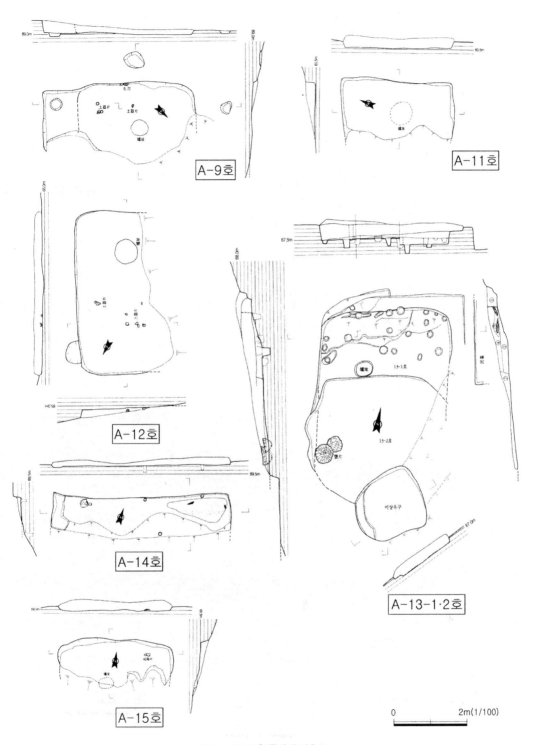

A-9 · 11~15호 주거지 실측도

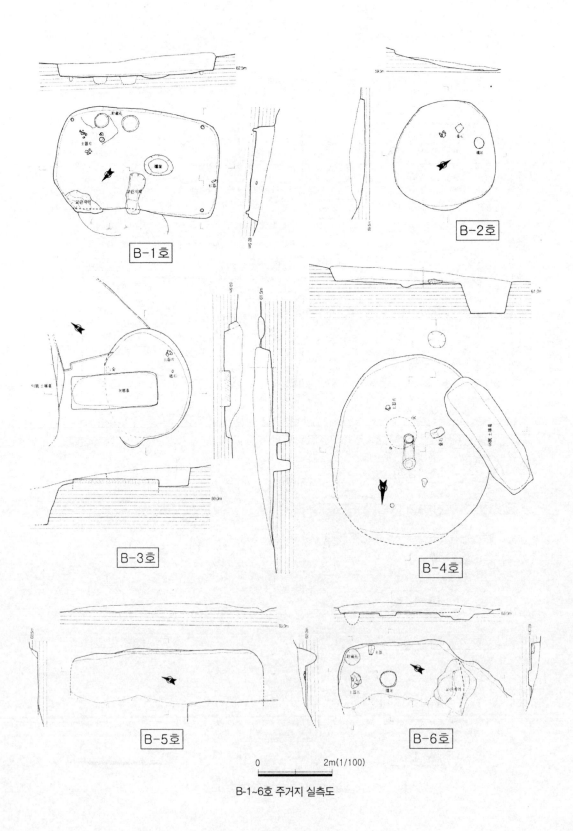

B-1호

B-2호

B-3호

B-4호

B-5호

B-6호

0   2m(1/100)

B-1~6호 주거지 실측도

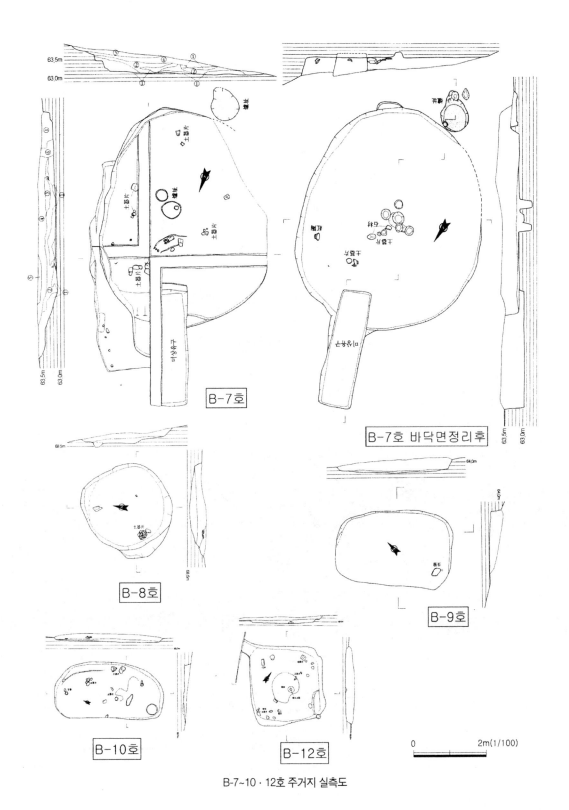

B-7호

B-7호 바닥면정리후

B-8호

B-9호

B-10호

B-12호

0   2m(1/100)

B-7~10 · 12호 주거지 실측도

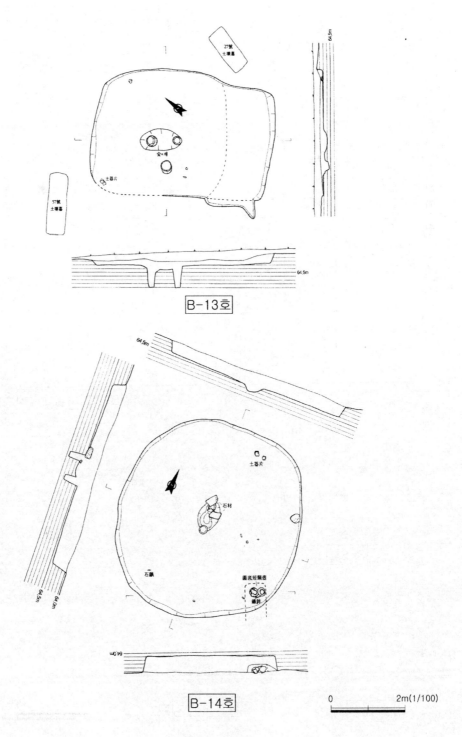

B-13호

B-14호

0   2m(1/100)

B-13 · 14호 주거지 실측도

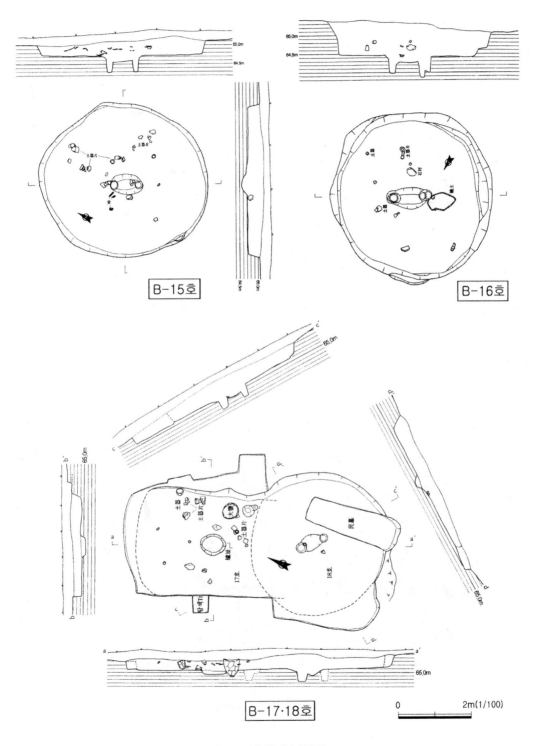

B-15호

B-16호

B-17·18호

0   2m(1/100)

B-15~18호 주거지 실측도

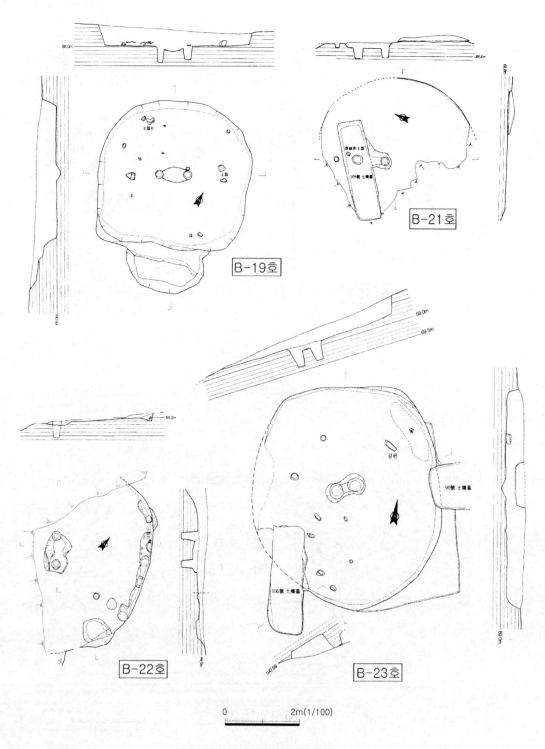

B-19·21~23호 주거지 실측도

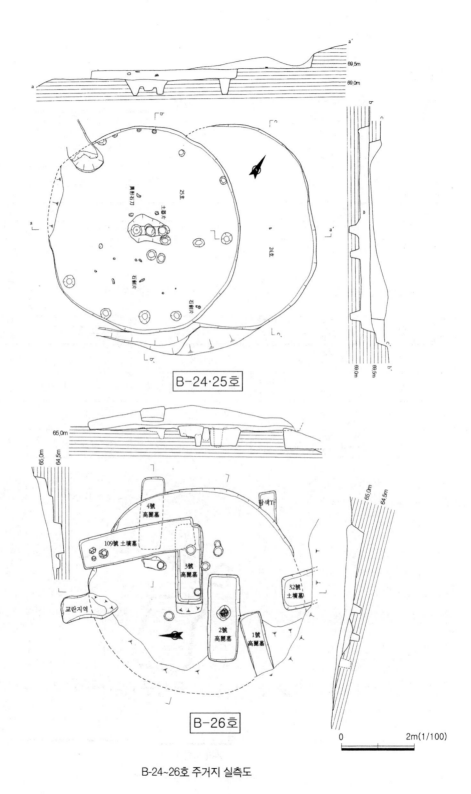

B-24·25호

B-26호

B-24~26호 주거지 실측도

0   2m(1/100)

5. 청주 비하동유적

1) 조사 개요

유적 위치	충청북도 청주시 흥덕구 비하동 산45-1번지 일대
조사 기간	2004년 5월 18일~7월 31일
조사 면적	9,306㎡
조사 기관	중원문화재연구원
보고서	김경호·이상훈, 2006, 『청주 비하동유적』, 중원문화재연구원
주거지 수	4
유적 입지	구릉(해발 55~70m)
추정 연대	전기-가락동유형이 금강유역 각지로 확산~주변 지역까지 확대되는 시기, 후기-기원전 6~5세기
관련 유구	옹관묘 2기, 구상유구 1기

2) 주거지 속성

유구 번호	형태	규모(cm)			면적 (㎡)	내부시설	주요 출토유물	화재 유무	절대연대 (BC)
		장축	단축	깊이					
2호	세장방형	434	358 잔존	10	·	위석식노지 2개, 초석	지석	무	1,310 AMS
3호	원형	438 추정	378 추정	15	13.0 추정	타원형토광, 점토다짐	지석	무	
5호	장방형	346 잔존	288	28		무시설식노지, 초석	단사선문토기, 석도	무	
9호	원형	201 잔존	200 잔존	22	·		무문토기저부	무	

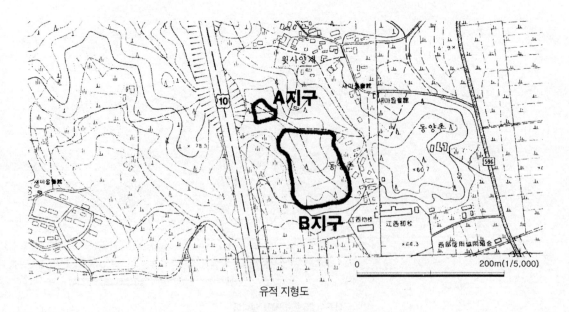

유적 지형도

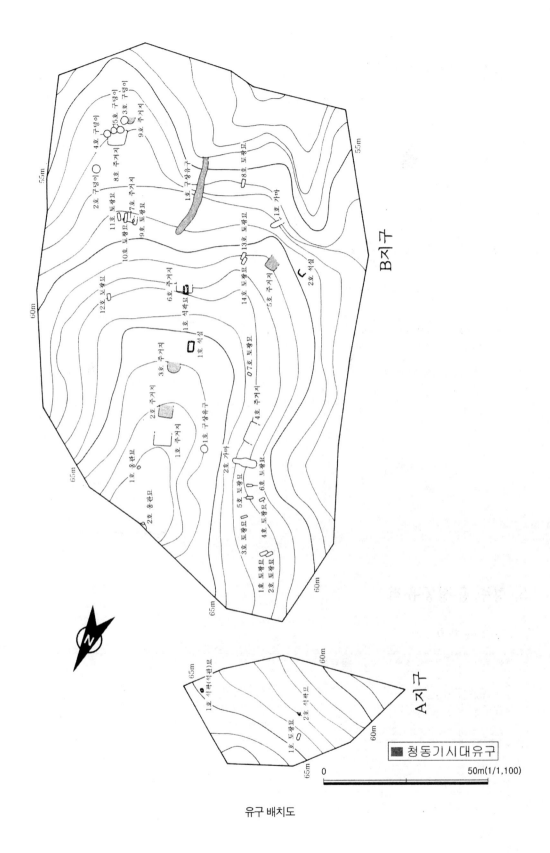

유구 배치도

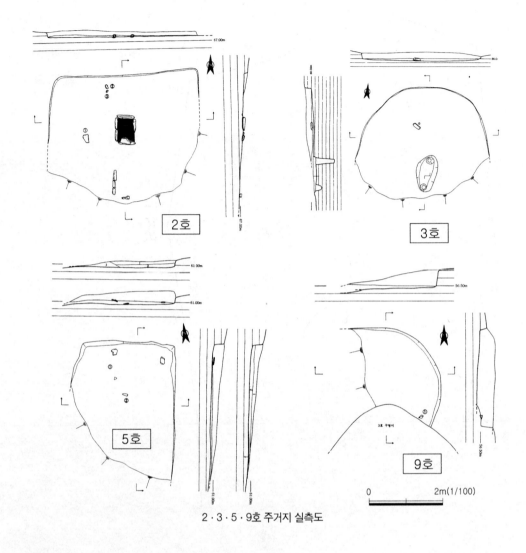

2 · 3 · 5 · 9호 주거지 실측도

6. 청주 용정동유적

1) 조사 개요

유적 위치	충청북도 청주시 상당구 용암동 348번지 일대
조사 기간	1999년 6월 말~12월
조사 면적	24,000m²
조사 기관	한국문화재보호재단
보고서	한국문화재보호재단, 2000, 『청주 용암유적』I
주거지 수	13
유적 입지	구릉(해발 85m 내외)
추정 연대	기원전 10~9세기
관련 유구	없음

2) 주거지 속성

유구 번호	형태	규모(cm)			면적 (m²)	내부시설	주요 출토유물	화재 유무	절대연대 (BC)
		장축	단축	깊이					
Ⅰ-1 호	장방 형	722	582	48	42.0	위석식노지, 무시설식노지, 초석, 저장공, 점토다짐	이중구연단사선문토기	무	1,270-930 C14연대 870 고지자기, 1,340 TL
Ⅰ-2 호		·	·	·		위석식노지 2개, 초석, 저장공		무	780 고지자기 990 TL
Ⅱ-1 호	장방 형	1,094	558	80	61.0	위석식노지 2개, 초석, 벽구, 저장공, 점토다짐	이중구연단사선문토기, 주형석도	유	1,260-920 C14연대
Ⅱ-2 호	장방 형	496	318	40	15.8	점토다짐	박편	무	
Ⅱ-3 호	장방 형	640 잔존	330	32	·	위석식노지, 초석	무문토기저부	무	
Ⅱ-4 호	장방 형	796 잔존	372	62	·	위석식노지, 초석, 저장공	편평만입촉, 지석	유	1,410-1,080/780-420 C14연대
Ⅱ-5 호	장방 형	690 잔존	440 잔존	20		무시설식노지	타날문토기	무	
Ⅱ-6 호	장방 형	618	426 잔존	15	·	위석식노지 2개, 저장공	무문토기저부	무	
Ⅱ-7 호	장방 형	800	537	41	43.0	위석식노지, 저장공	구순각목문돌기부토기, 이중구연단사선문토기	무	1,000-810/1,260-850 C14연대
Ⅱ-8 호	세장 방형	1,074	357	103	38.3	위석식노지 2개, 초석, 벽구, 저장공, 점토다짐	구순각목단사선문토기, 구순각목문토기	무	
Ⅱ-9 호	세장 방형	560 잔존	265 잔존	20		위석식노지, 저장공	구순각목문토기	무	
Ⅱ-10 호	세장 방형	1,136 잔존	340	60	·	위석식노지 2개, 초석	무문토기저부, 편평만입촉	무	
Ⅱ-11 호	장방 형	400	195 잔존	40		토광형노지, 저장공	단사선문토기, 주형석도	유	1,120-830 C14연대

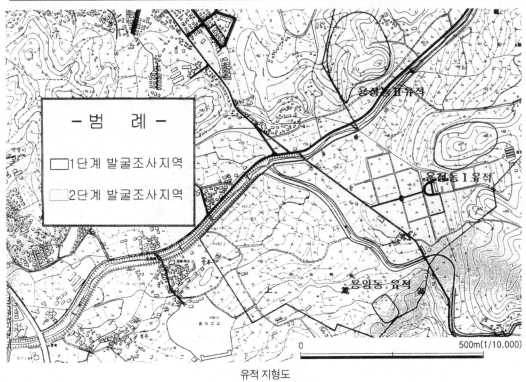

유적 지형도

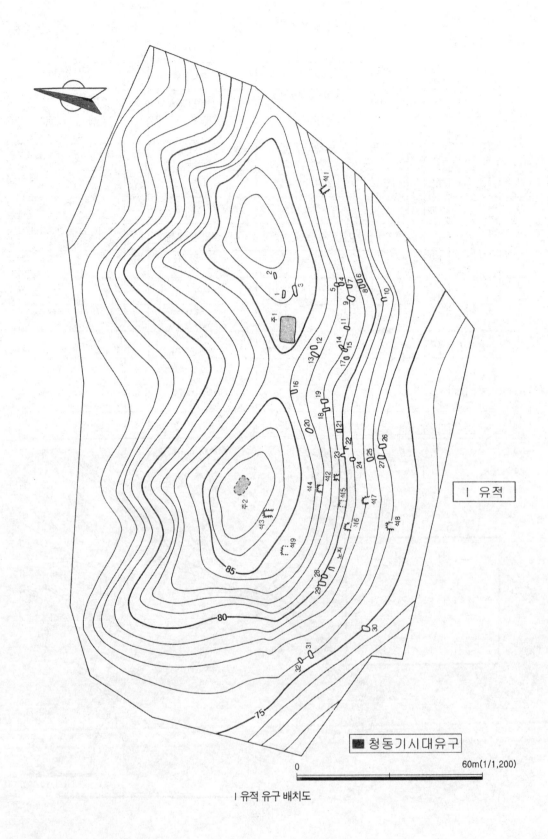

I 유적

■청동기시대유구

0 ⎯⎯⎯⎯⎯⎯⎯ 60m(1/1,200)

I 유적 유구 배치도

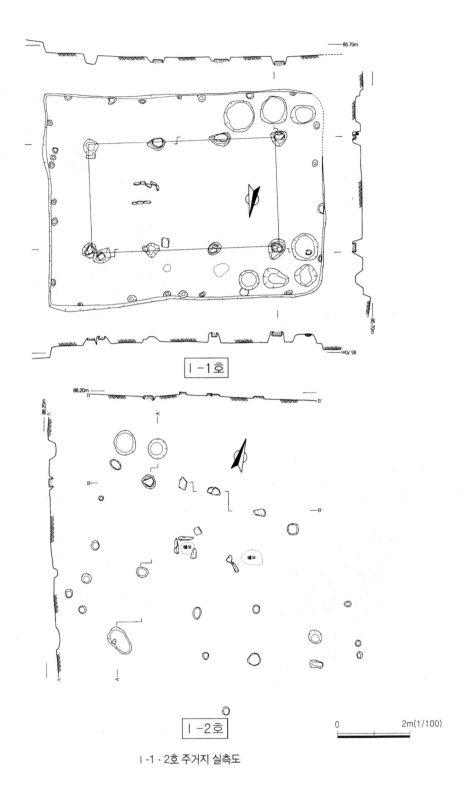

Ⅰ-1호

Ⅰ-2호

Ⅰ-1·2호 주거지 실측도

0   2m(1/100)

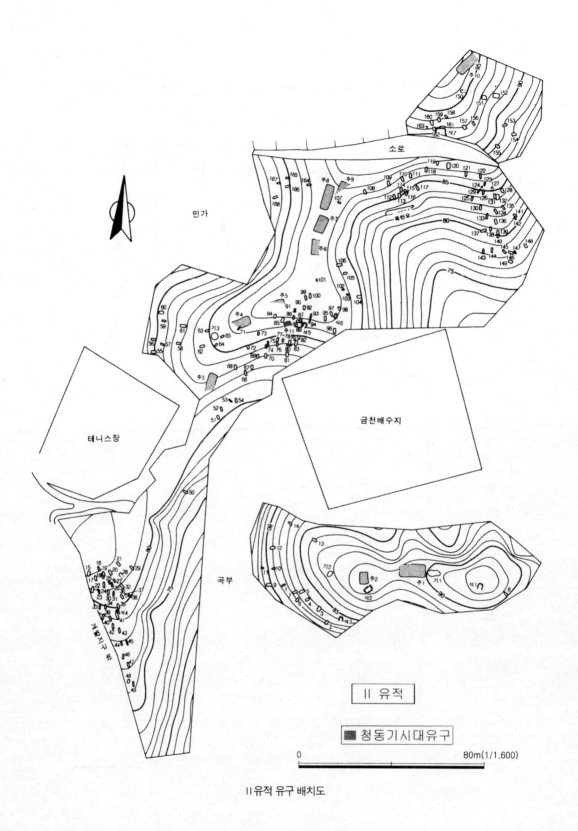

민가

소로

테니스장

금천배수지

곡부

Ⅱ유적

■ 청동기시대유구

0   80m(1/1,600)

Ⅱ유적 유구 배치도

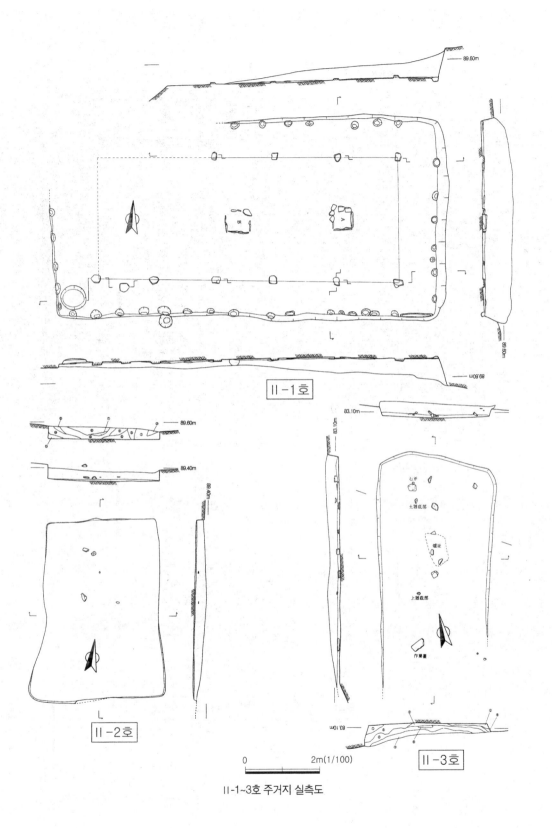

Ⅱ-1호

Ⅱ-2호

Ⅱ-3호

0 2m(1/100)

Ⅱ-1~3호 주거지 실측도

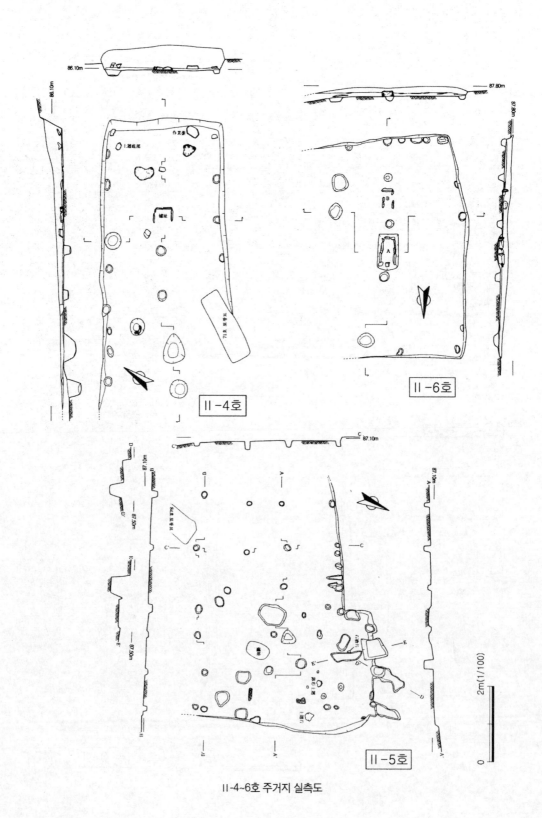

II-4~6호 주거지 실측도

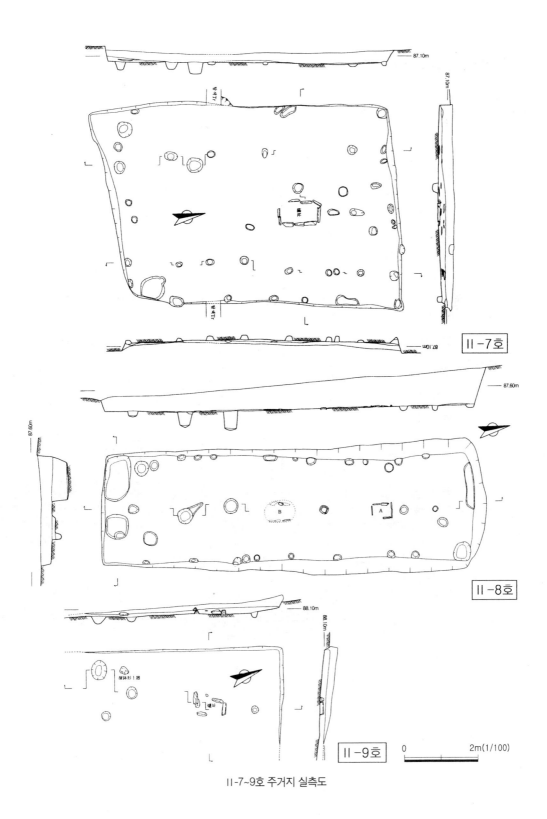

87.10m

Ⅱ-7호

87.60m

Ⅱ-8호

88.10m

Ⅱ-9호

0   2m(1/100)

Ⅱ-7~9호 주거지 실측도

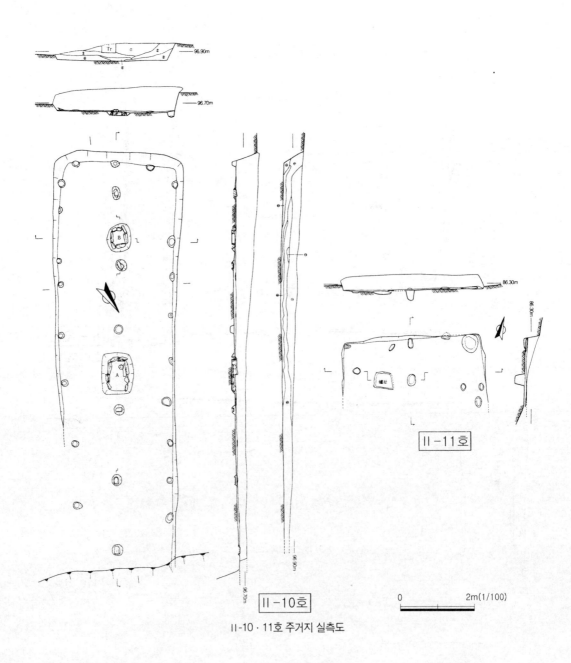

II-10·11호 주거지 실측도

Ⅱ-10호

Ⅱ-11호

0   2m(1/100)

7. 청주 원흥리 II유적

1) 조사 개요

유적 위치	충청북도 청주시 산남동 일대
조사 기간	2003년 12월 29일~2004년 12월 1일, 2005년 2월 23일~4월 9일
조사 면적	10,500㎡
조사 기관	중앙문화재연구원
보고서	중앙문화재연구원, 2006, 『청주 산남동유적』
주거지 수	1
유적 입지	구릉(해발 87m 내외)
추정 연대	청동기시대 전기
관련 유구	없음

2) 주거지 속성

유구 번호	형태	규모(cm)			면적 (㎡)	내부시설	주요 출토유물	화재 유무
		장축	단축	깊이				
1호	장방형	434	86 잔존	8	·		유혈구일단경촉	무

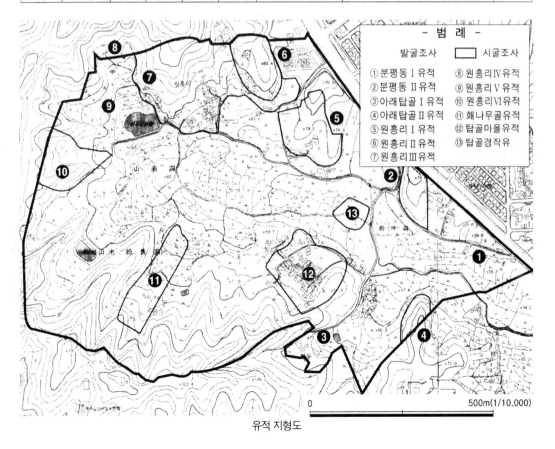

유적 지형도

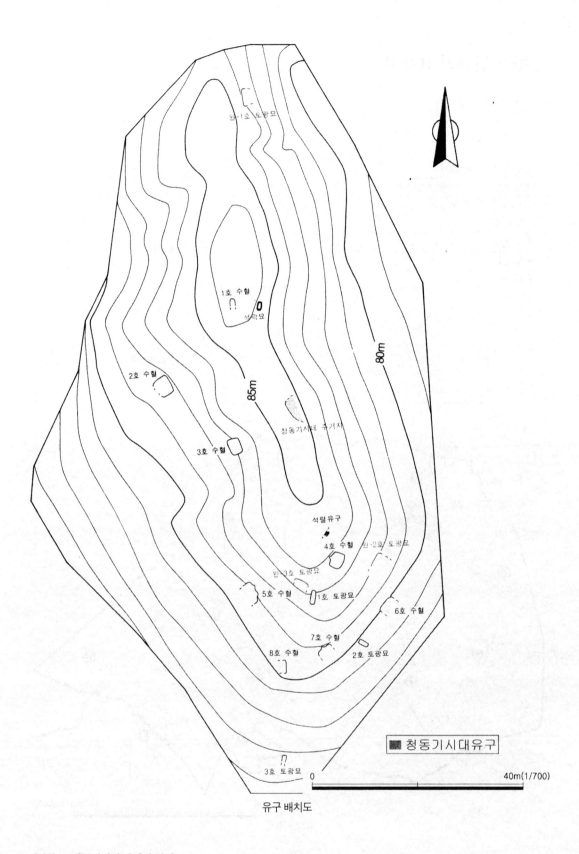

원-1호 토광묘

1호 수혈

석악묘

80m

2호 수혈

85m

3호 수혈

청동기시대 주거지

석렬유구

4호 수혈   원-2호 토광묘

원-3호 토광묘

5호 수혈   1호 토광묘

6호 수혈

7호 수혈

8호 수혈   2호 토광묘

청동기시대유구

3호 토광묘   0   40m(1/700)

유구 배치도

Ⅱ-1호

0   2m(1/100)

II-1호 주거지 실측도

8. 청주 분평동 Ⅱ유적

1) 조사 개요

유적 위치	충청북도 청주시 산남동·분평동 일대
조사 기간	2003년 12월 29일~2004년 12월 1일, 2005년 2월 23일~4월 9일
조사 면적	3,265m²
조사 기관	중앙문화재연구원
보고서	중앙문화재연구원, 2006, 『청주 분평동유적』
주거지 수	1
유적 입지	구릉(해발 81m 내외)
추정 연대	기원전 10~9세기
관련 유구	없음

2) 주거지 속성

유구 번호	형태	규모(cm)			면적 (m²)	내부시설	주요 출토유물	화재 유무
		장축	단축	깊이				
1호	장방형	995	398 잔존	16	·	위석식노지 2개, 초석, 저장공	무문토기저부	무

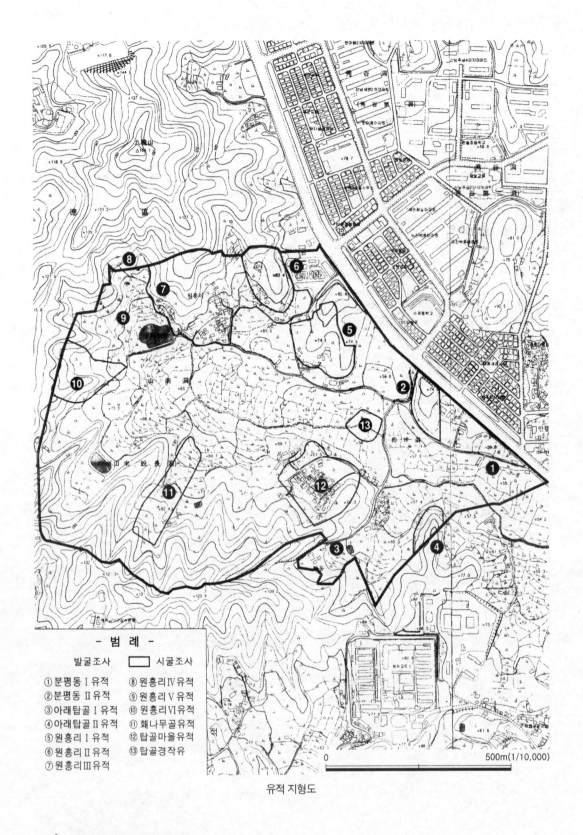

- 범 례 -

발굴조사 □ 시굴조사

① 분평동 I 유적   ⑧ 원흥리IV유적
② 분평동 II 유적   ⑨ 원흥리V유적
③ 아래탑골 I 유적   ⑩ 원흥리VI유적
④ 아래탑골 II 유적   ⑪ 홰나무골유적
⑤ 원흥리 I 유적   ⑫ 탑골마을유적
⑥ 원흥리 II 유적   ⑬ 탑골경작유
⑦ 원흥리III유적

0   500m(1/10,000)

유적 지형도

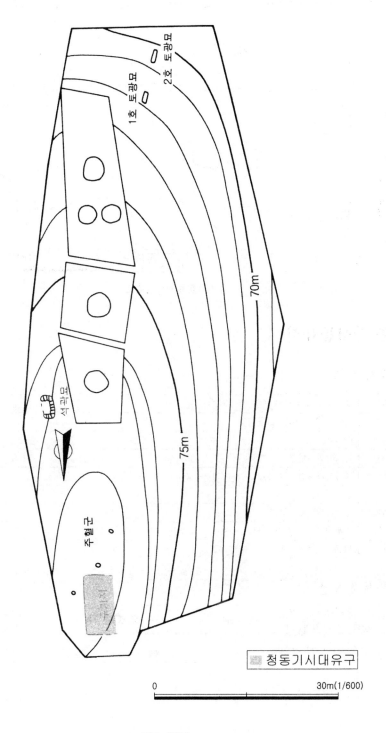

유구 배치도

청동기시대유구

0   30m(1/600)

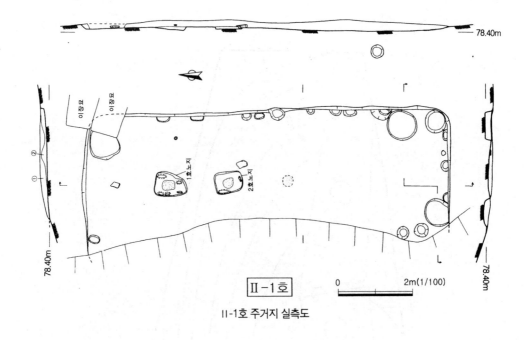

Ⅱ-1호

0   2m(1/100)

Ⅱ-1호 주거지 실측도

9. 청주 강서동유적

1) 조사 개요

유적 위치	충청북도 청주시 흥덕구 강서동 일대
조사 기간	2005년 8월 16일~11월 4일
조사 면적	6,500㎡
조사 기관	중앙문화재연구원
보고서	중앙문화재연구원, 2006, 『청주 강서동유적』
주거지 수	4
유적 입지	구릉(해발 60~70m)
추정 연대	기원전 13·12세기~가락동유형이 금강유역 각지로 확산되는 시기
관련 유구	없음

2) 주거지 속성

유구 번호	형태	규모(cm)			면적 (㎡)	내부시설	주요 출토유물	화재 유무	절대연대 (BC)
		장축	단축	깊이					
1호	세장 방형	1,190	560	60	66.6	초석, 저장공	이중구연단사선문토기, 대각부, 편평만입촉, 주형석도	무	1,320-1,010 AMS 1,320 OSL
2호	방형	650	510	50	33.2	위석식노지, 초석, 저장공	이중구연단사선문토기, 합인석부	유	1,460-1,050 C14연대 1,150 OSL
3호	장방 형	630 잔존	540	50	·	위석식노지, 저장공	이중구연토기	무	1,270 OSL 770 고지자기
4호	장방 형	900 잔존	140 잔존	30	·	초석, 저장공	무문토기저부	무	

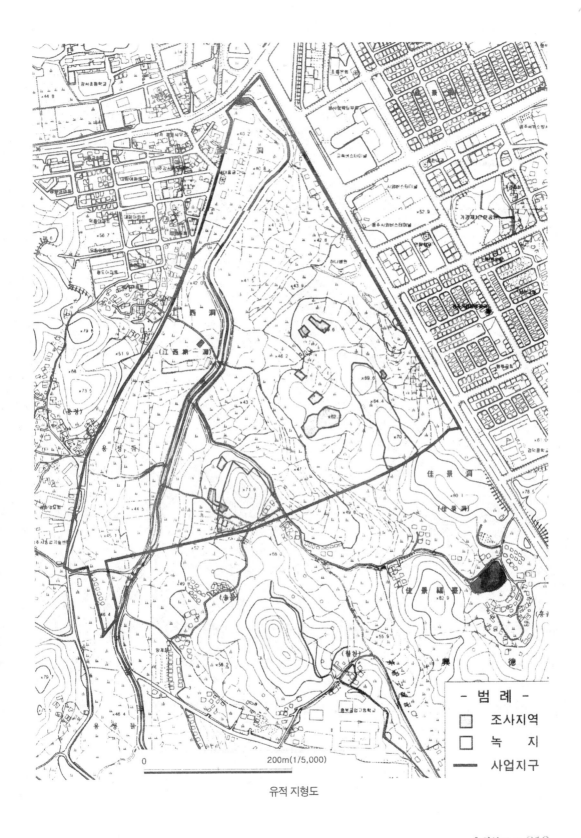

유적 지형도

0   200m(1/5,000)

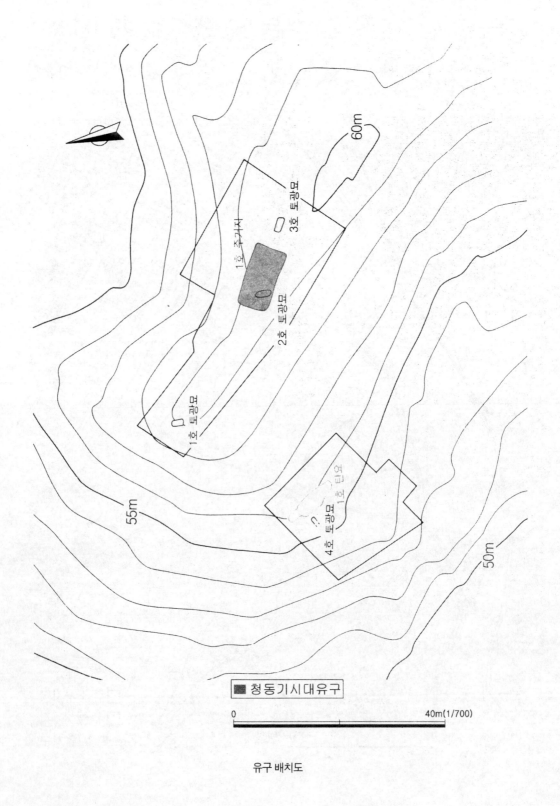

60m

3호 토광묘

1호 주거지

2호 토광묘

1호 토광묘

55m

4호 토광묘

1호 민묘

50m

■청동기시대유구

0   40m(1/700)

유구 배치도

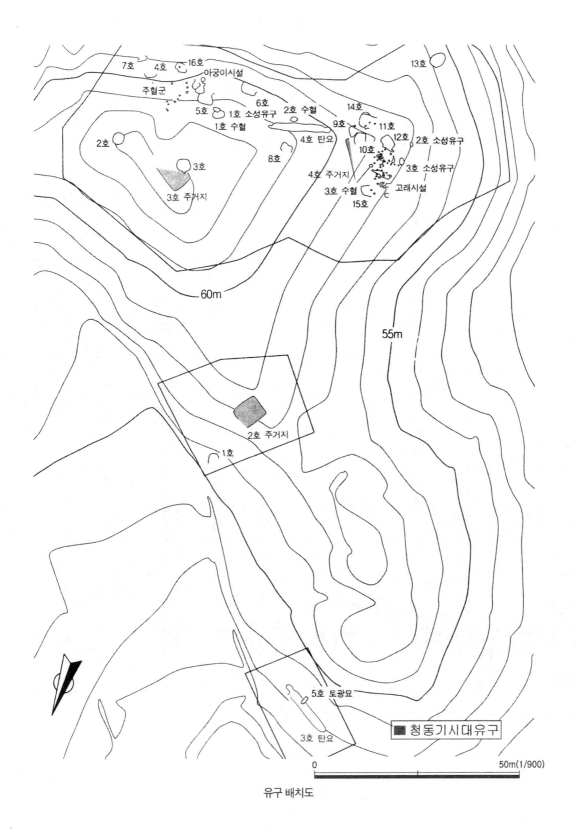

7호 4호 16호
아궁이시설
주혈군
5호 1호 소성유구 2호 수혈
1호 수혈 6호
2호 13호
14호
9호 11호
4호 탄요 12호 2호 소성유구
3호 10호 3호 소성유구
8호 4호 주거지 고래시설
3호 주거지 3호 수혈
15호

60m

55m

2호 주거지

1호

5호 토광묘

■ 청동기시대유구

3호 탄요

0   50m(1/900)

유구 배치도

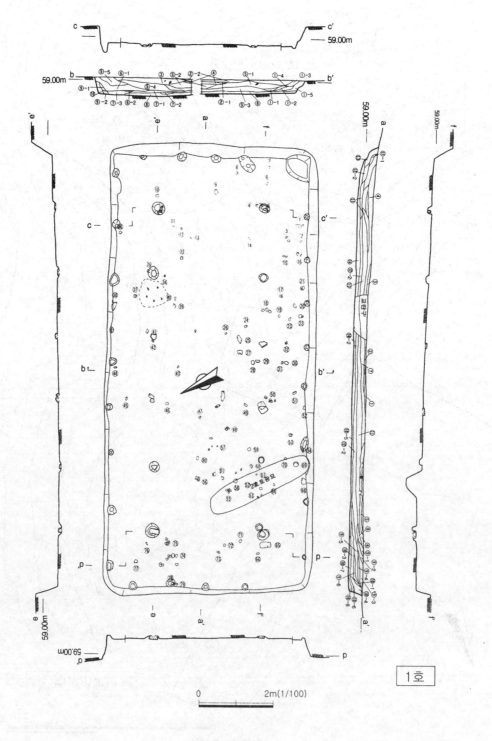

1호 주거지 실측도

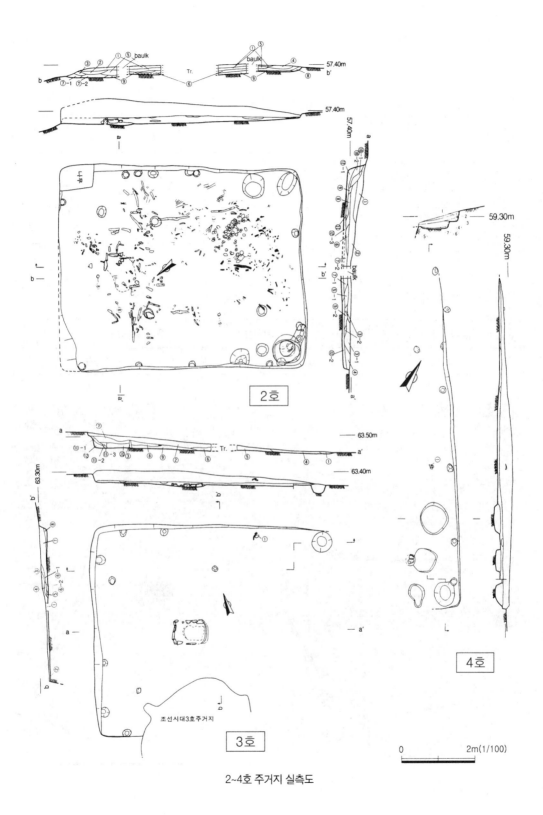

57.40m

57.40m

2호

59.30m

63.50m

63.40m

4호

조선시대3호주거지

3호

0   2m(1/100)

2~4호 주거지 실측도

10. 청주 가경 3지구 유적

1) 조사 개요

유적 위치	충청북도 청주시 흥덕구 가경동 363-9번지 일대
조사 기간	1995년 10월 22일~11월 20일
조사 면적	50,000m²
조사 기관	충북대학교박물관
보고서	이융조·우종윤·조상기, 2002, 『청주 가경 3지구 유적』, 충북대학교박물관
주거지 수	1
유적 입지	구릉(해발 55~60m)
추정 연대	기원전 750년
관련 유구	야외노지 6기, 토광 4기, 구상유구 4기

2) 주거지 속성

유구 번호	형태	규모(cm)			면적 (m²)	내부시설	주요 출토유물	화재 유무
		장축	단축	깊이				
1호	말각장방형	346	221	18	7.6		무문토기저부, 편평촉, 편주형석도	무

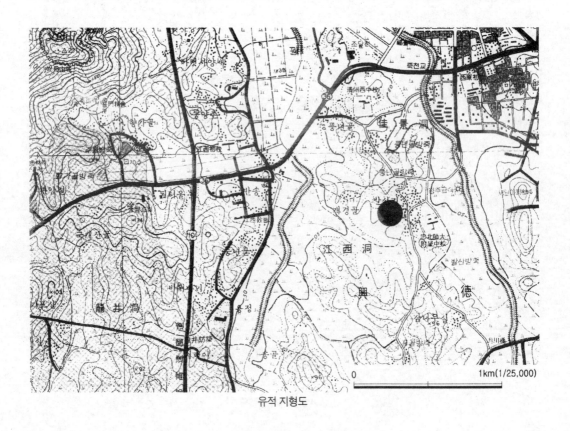

유적 지형도

1호 도랑

2호 불땐자리
1호 집터
3호 불탠자리

2호 돌덧널
11호

10호
3호
01호 돌덧널
5호 7호 8호
6호 9호
4호

1호 2호

4호 돌깐자리
3호 돌땐자리
4호 움
3호 도랑
2호 움
5호 1호 움
불탠자리 60m
2호 도랑
6호 도랑 1호 도랑
불땐자리

55m

65m

65m

0m

■ 청동기시대유구

0   100m(1/2,000)

유구 배치도

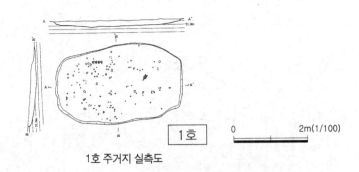

1호 주거지 실측도

11. 청주 가경동유적

1) 조사 개요

유적 위치	충청북도 청주시 흥덕구 가경동 352-8번지 일대
조사 기간	2004년 11월 5일~2005년 1월 3일
조사 면적	6,011m²
조사 기관	중원문화재연구원
보고서	한선경·김정인, 2006, 『청주 가경동유적』, 중원문화재연구원
주거지 수	5
유적 입지	구릉(해발 70~82m)
추정 연대	기원전 800년 전후
관련 유구	소형수혈유구 16기, 토광묘 2기, 구상유구 4기

2) 주거지 속성

유구 번호	형태	규모(cm)			면적 (m²)	내부시설	주요 출토유물	화재 유무	선후 관계	절대연대 (BC)
		장축	단축	깊이						
1호	타원형	550	480 추정	36	20.7 추정	타원형토광, 점토다짐	적색마연토기, 석촉, 석도	무		885·680 AMS
2호	원형	480	432 추정	18	16.3 추정	타원형토광, 벽구, 점토다짐	무문토기저부, 석촉	무		870 AMS
3호	원형	420 추정	420 추정	20	13.8 추정	타원형토광, 점토다짐	무문토기저부, 지석	무	3호→2호 수혈	
4호	말각장 방형	475	270 추정	30	12.8 추정		무문토기저부	무		
5호	말각장 방형	440	240 추정	45	10.6 추정	주공		무		925 AMS

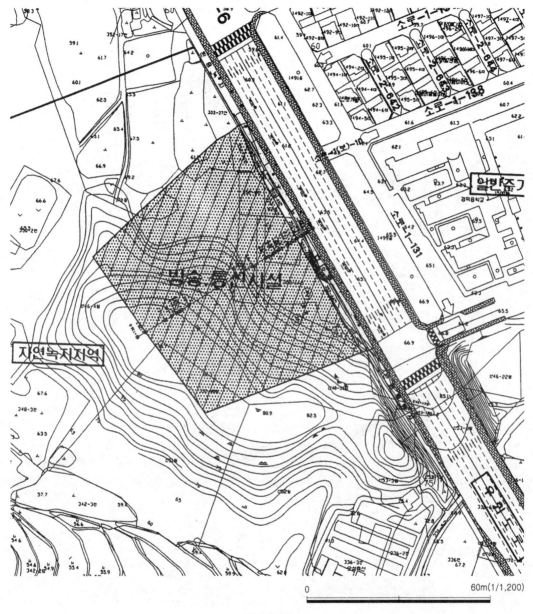

유적 지형도

0   60m(1/1,200)

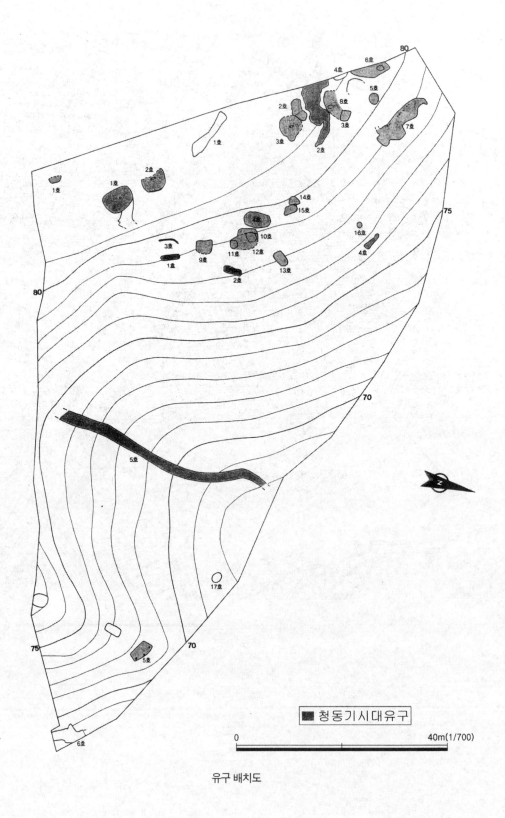

유구 배치도

청동기시대유구

0   40m(1/700)

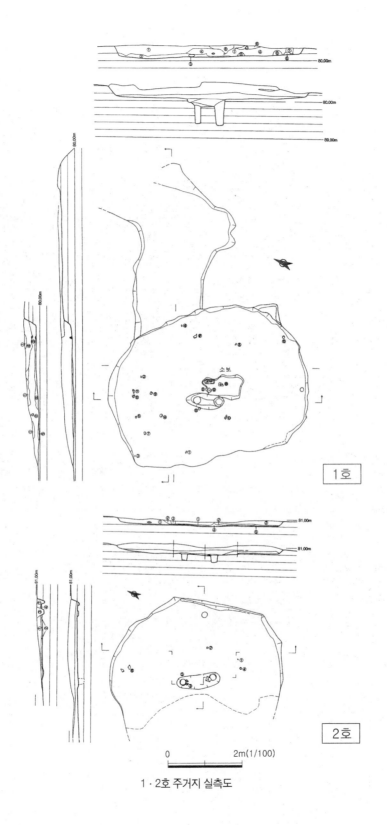

소보

1호

2호

0   2m(1/100)

1·2호 주거지 실측도

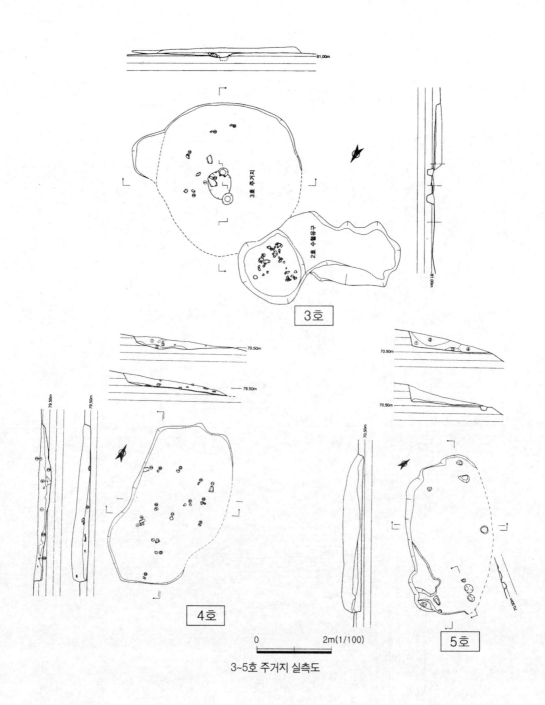

3호

4호

5호

0   2m(1/100)

3~5호 주거지 실측도

12. 청주 가경동유적(전원주택부지)

1) 조사 개요

유적 위치	충청북도 청주시 흥덕구 가경동 산52번지 일대
조사 기간	2005년 7월 28일~8월 6일
조사 면적	16,893m²
조사 기관	중앙문화재연구원
보고서	중앙문화재연구원, 2007, 「청주 가경동유적」, 『평택 칠괴동유적』
주거지 수	1
유적 입지	구릉(해발 103m 내외)
추정 연대	기원전 800년 전후
관련 유구	없음

2) 주거지 속성

유구 번호	형태	규모(cm)			면적 (m²)	내부시설	주요 출토유물	화재 유무
		장축	단축	깊이				
1호	원형	460	400	17	14.4	타원형토광		무

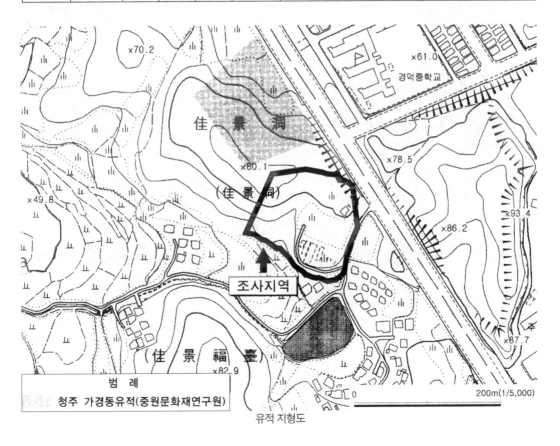

유적 지형도

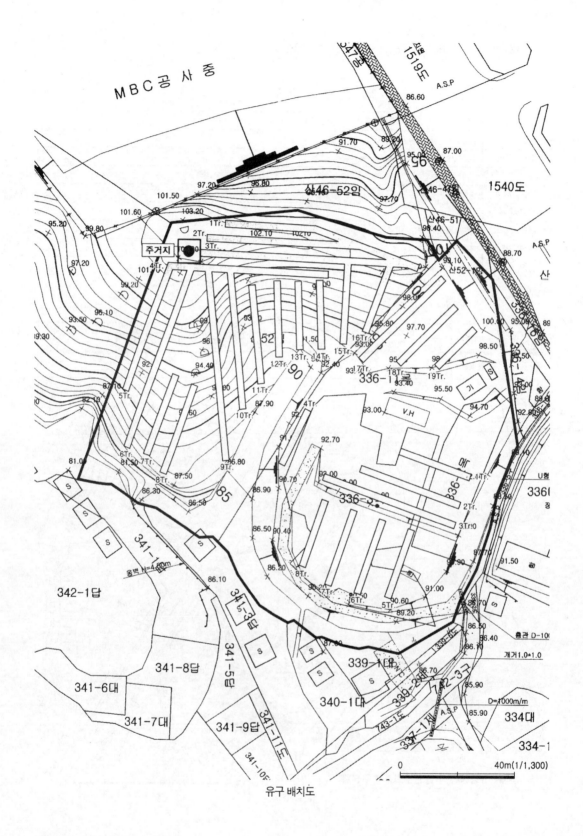

유구 배치도

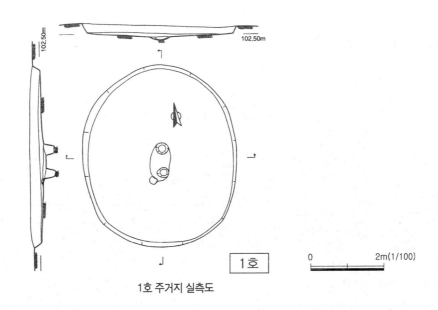

1호 주거지 실측도

보은군 유적 위치도

1. 상장리유적

1. 보은 상장리유적

1) 조사 개요

유적 위치	충청북도 보은군 탄부면 상장리 일대
조사 기간	2003년 4월 1일~12월 16일
조사 면적	5,754m²(I지구)
조사 기관	중앙문화재연구원
보고서	중앙문화재연구원, 2004, 『보은 상장리유적』
주거지 수	6
유적 입지	구릉(해발 190m 내외)
추정 연대	기원전 10세기 전후
관련 유구	없음

2) 주거지 속성

유구번호	형태	규모(cm) 장축	규모(cm) 단축	규모(cm) 깊이	면적(m²)	내부시설	주요 출토유물	화재유무	선후관계	절대연대(BC)
1호	장방형	992 잔존	398	26	·	위석식노지, 무시설식노지 2개, 저장공	무문토기	무		
2호	장방형	790 잔존	376 잔존	38	·	무시설식노지, 저장공	이단병검	유	2호→6호	860 AMS
3호	장방형	374 잔존	252 잔존	40	·		석촉, 석도	유		870 AMS
4호	세장방형	1,274 잔존	396	52	·	위석식노지, 무시설식노지	편평만입촉, 방추차	무		
5호	장방형	526 잔존	196 잔존	54	·	구시설	무문토기	유		860 AMS
6호	장방형	250 잔존	164 잔존	20	·	구시설		무	2호→6호	

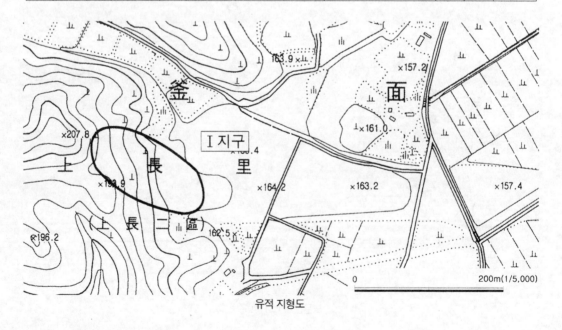

유적 지형도

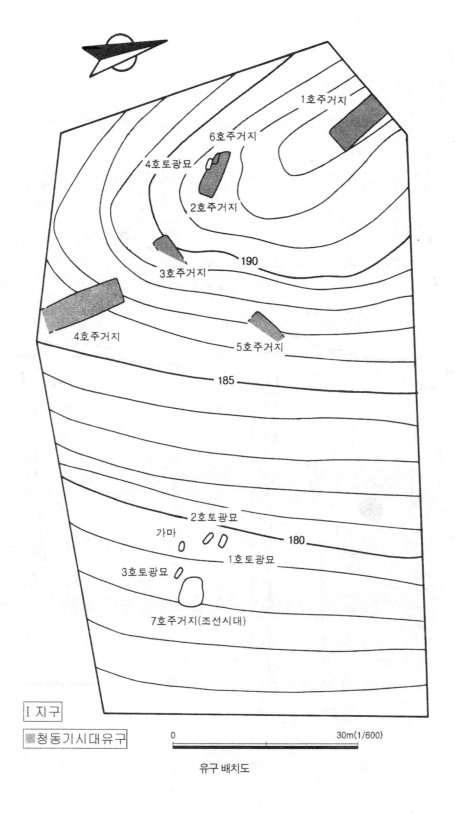

1호주거지

6호주거지

4호토광묘

2호주거지

3호주거지

190

4호주거지

5호주거지

185

2호토광묘

가마

180

1호토광묘

3호토광묘

7호주거지(조선시대)

Ⅰ 지구

청동기시대유구

0   30m(1/600)

유구 배치도

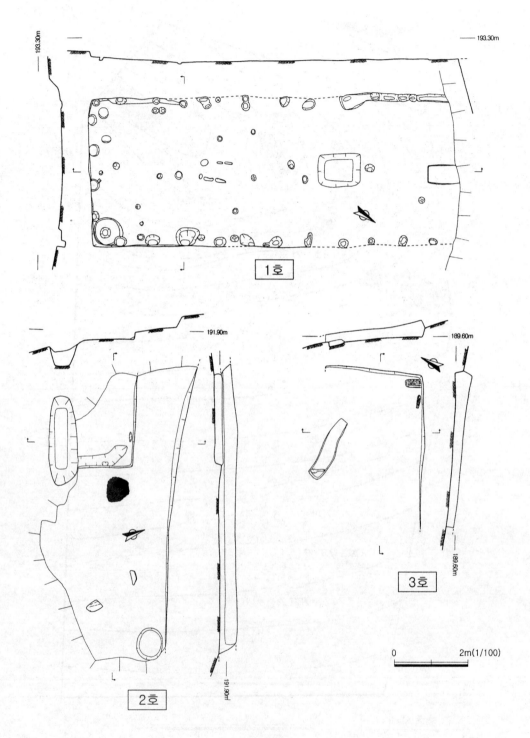

193.30m

193.30m

1호

191.90m

189.60m

191.90m

189.60m

3호

2호

0   2m(1/100)

1~3호 주거지 실측도

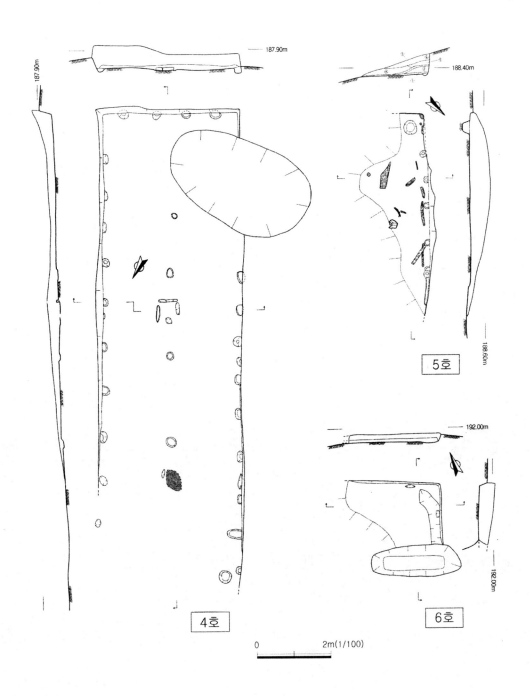

187.90m

187.90m

188.40m

188.60m

5호

192.00m

192.00m

4호

6호

0   2m(1/100)

4~6호 주거지 실측도